杨贤江

『全人生指导』思想与实践研究

2020年天津市哲学社会科学规划项目资金重点资助

张健华　钟彬　陈泽　樊晓敏 ◎ 著

天津出版传媒集团

天津人民出版社

图书在版编目(CIP)数据

杨贤江"全人生指导"思想与实践研究 / 张健华等
著. -- 天津 : 大津人民出版社, 2020.12
ISBN 978-7-201-16954-5

Ⅰ.①杨… Ⅱ.①张… Ⅲ.①青年-思想政治教育-
研究-中国 Ⅳ.①D432.62

中国版本图书馆 CIP 数据核字(2020)第 252652 号

杨贤江"全人生指导"思想与实践研究

YANGXIANJIANG"QUAN RENSHENG ZHIDAO"SIXIANG YU SHIJIAN YANJIU

出　　版	天津人民出版社
出 版 人	刘　庆
地　　址	天津市和平区西康路 35 号康岳大厦
邮政编码	300051
邮购电话	(022)23332469
电子信箱	reader@tjrmcbs.com

责任编辑	吴锻霞　张　凯
装帧设计	明轩文化·王　烨

印　　刷	高教社(天津)印务有限公司
经　　销	新华书店
开　　本	787 毫米×1092 毫米　1/16
印　　张	18
插　　页	8
字　　数	300 千字
版次印次	2020 年 12 月第 1 版　2020 年 12 月第 1 次印刷
定　　价	68.00 元

献礼中国共产党成立 100 周年（1921—2021）

纪念杨贤江逝世 90 周年（1931—2021）

天津市 2020 年度哲学社会科学规划后期资助项目

（项目编码：TJHQ2001）

□ 人生的目的，在对于全体人类有贡献，来促进人生的幸福。

□ 向来的学校教育，大都偏于知识的传授，而对于良好习惯的培养、青年问题的探索，未尝加以留意；换句话，就是未能为全人生的指导。

□ 没有"指导全人生"的观念存在，可以说是畸形的或蹩脚的教育。

□ 故我主张，学生生活内容应有健康、劳动、社交与文化的四要素，且更要求其适应、有趣。

——杨贤江

杨贤江（1895—1931），字英甫（英父），又名李浩吾，浙江宁波人。
1922 年加入中国共产党，卓越的马克思主义教育理论家、
杰出的青年运动领导人、坚定的共产主义战士。
（摄于 1925 年）

眸临一天星斗
手摇万里江山

贤江

杨贤江故居

杨贤江少时求学的溪山学堂（今余姚市郑巷小学）

1919年7月8日，杨贤江在《晨报》发表文章，译介日本教育学说。

1921年1月5日，杨贤江在《学生杂志》第8卷第1号发表《学生新生活》一文。

少年中国学会第二届年会全体人员合影（1921 年 7 月摄于南京）
自左起前排：蒋锡昌　恽代英　刘仁静　杨贤江　杨效青
二排：陈仲愉　刘国钧　高君宇　邵爽秋　阮　真
三排：王克仁　沈泽民　李儒勉　方东美　穆清波　张闻天
后排：左舜生　邓中夏　赵叔愚　沈　怡　陈愚生　黄日葵　陈启天

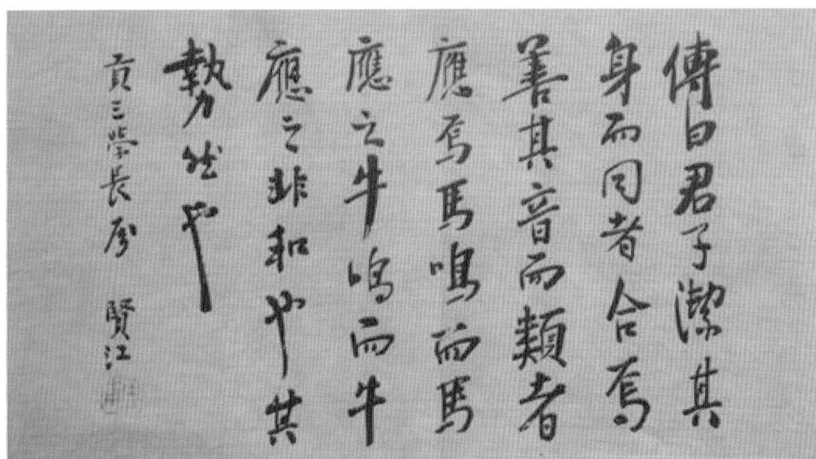

杨贤江手迹

1927年与战友们合影。后排左二为李一氓，左三为林伯渠，前排左二为郭沫若，前排右一为李富春，中排左一为杨贤江。

1927年4月23日，北京《益世报》刊载国民党"剿共"新闻，杨贤江位列其中。

杨贤江旅居日本期间与家人合照

杨贤江旅居日本期间写作近照

1929年出版的《教育史ABC》，是中国最早运用历史唯物主义观点研究教育史的著作。

1930年出版的《新教育大纲》，是中国第一部以马克思主义为指导，系统阐述马克思主义教育原理的著作。

楊賢江病死長崎

楊君學門研究新與教育心理學，曾編學生雜誌在「五卅運動後有莫大致力。一九二七年亡命日本，不久歸國，文化社會科學聯盟發起人之一，今春忠將書籍極多，用揀近島生，李浩吾，李康等筆名而終於長崎炎，且退狐男女三人。

前「學生雜誌」編者楊賢江于本月十二日病死日本長崎。當即舉行火葬，死灰已由楊夫人運回上海。

1931 年 8 月 24 日的《文艺新闻》刊载杨贤江去世的消息。

杨贤江烈士纪念碑

教育部、团中央关于举行杨贤江同志逝世五十周年纪念会的请示和
中共中央宣传部同意举行杨贤江同志逝世五十周年纪念会的批复

1981年8月9日，纪念杨贤江同志逝世五十周年大会召开

序

为献礼中国共产党成立100周年、纪念杨贤江逝世90周年,我和我的研究团队系统总结多年来对杨贤江教育思想研究的理论成果和"全人生指导"思想的实践经验,编写了《杨贤江"全人生指导"思想与实践研究》一书。经过我们的共同努力,本书即将付梓。多年来,我们致力于中国共产党早期教育思想家杨贤江教育思想的研究工作,先后出版《杨贤江现代教育理论体系研究》《杨贤江"全人生指导"思想文集》《杨贤江纪念画册》等图书,在《光明日报》等报纸期刊上发表《"全人生指导"教育思想的时代意义》《"全人生指导"思想的当代价值》等理论文章,为填补对杨贤江教育思想缺乏系统性研究的空白做出了一定的贡献,并受到学界同仁的高度评价。其中,《杨贤江现代教育理论体系研究》一书曾获天津市社会科学优秀成果二等奖。

杨贤江,浙江宁波人,1895年4月11日出生在余姚县云和乡杨家村(现慈溪市长河镇贤江村)。1922年加入中国共产党,1931年病逝于日本长崎。在极其短暂的三十六年中,他坚定信念,发愤苦学,艰难探索,最终走向革命道路,成为我国早期卓越的马克思主义教育理论家、杰出的青年运动领导人,坚定的共产主义战士。

杨贤江"全人生指导"思想是其现代教育思想体系的重要组成部分,也是其教育思想中最有特色、最突出的一部分。专门把杨贤江"全人生指导"思想及实践作为一个选题方向,进行深入系统地研究探讨,不但能够进一步开拓杨贤江现代教育思想体系研究新的学术领域,而且有助于深化和细化杨贤江现代教育思想体系的研究,具有较为重要的学术价值。这项研究无论是对于深入杨贤江教育思想的思想体系、学术体系、话语体系的研究,还是继承和发扬杨贤江的优秀教育思想,持续推进新时代杨贤江"全人生指导"思想的实践,都将产生积极的影响。此外,这项研究也为新时代我国各级学校落实立德树人根本任务,回答培养什么人、怎样培养人、为谁培养人这个根本问题具有较为重要的参考价值。纵观全书,主要贡献有以下几个方面。

首先,本书理清了"全人生指导"思想的发展脉络和基本框架,呈现给我们完整清晰的思想史过程。杨贤江在青少年时期就接受到良好的学校教育,为其后来提出"全人生指导"思想奠定了基础。他3岁开始接受识字教育;8岁到村里的私塾学堂读书开始接受启蒙教育;12岁到郑巷溪山学堂(初级小学)读书,开始接受正规的学校教育,并以优异成绩考入余姚县诚意高等小学堂;1912年,考入浙江省立第一师范学校,进预科班学习,次年升入本科。在浙江省立第一师范学校五年求学期间,杨贤江在努力学好各门功课的同时,广泛阅读教育书刊,潜心于教育学、心理学研究,并开始发表教育时论。在1917年9月至1920年4月南京高等师范学校任职期间,更是对教育理论产生了浓郁兴趣,并在此期间接触了马克思主义。此外,任职的经历也给杨贤江观察教育实际,接触青年学生提供了机会。1920年困居"愁城"肇庆的经历,加深了他对中国社会问题的认识。1921年2月至1927年2月,杨贤江受聘担任《学生杂志》编辑,更为他研究现实问题,理清理论思路,把马克思主义教育理论与中国教育实际相结合,全面阐述"全人生指导"思想提供了有利条件。1922年5月,杨贤江加入中国共产党,实现了人生观和教育思想的重大变革和根本转折,为"全人生指导"思想找到了科学依据。

其次,本书概括了"全人生指导"思想的核心内容和基本特征。本书从思想政治教育的角度审视,认为树立正确的人生观是"全人生指导"思想的核心,指导学生健康的生活、劳动的生活、公民的生活、文化的生活是其基本内容。"全人生指导"思想的基本特征,本书概括为三点:一是从来源、内容和实践三个维度论证了"全人生指导"思想的阶级性,认为阶级性(或政治性)是杨贤江"全人生指导"思想区别于同时期其他教育思想的根本特征。二是从"全人生指导"思想的形成过程和基本构成论证了"全人生指导"思想的科学性。三是从内容和范围上论证了"全人生指导"思想的全面性。

再次,本书阐述了"全人生指导"思想的历史价值和现实意义。20世纪20年代前后,在马克思主义刚开始传播,中国革命的曙光刚刚显出端倪,但又极其艰苦困难的形势下,杨贤江将马克思主义教育理论与中国教育实际相结合,创立了"全人生指导"思想。"全人生指导"思想是诞生于新民主主义革命时期的无产阶级教育思想,是马克思主义教育理论中国化的重要成果,是新中国素质教育的重要理论来源。直到今天,它依旧闪耀着思想的光辉,充满生机与活力。"全人生指导"思想与我国培养"德智体美劳全面发展的社会主义建设者和接班人"的根本育人目标内在的统一,对解决好培养什么人、怎样培养人、为谁培养人这个根本问题具有重要的借鉴意义。

最后,本书总结了"全人生指导"思想在当代我国大中小学实践的经验。理论认知和发掘的价值不仅在于体系的建构,更大的价值在于社会应用和指导实践。杨贤江的"全人生指导"思想是一种符合教育规律,内涵极为丰富的、系统完整的理论,是中国教育史和青年运动史上的一座丰碑,不仅在当时产生了积极的影响,而且在今天对教育青年一代仍然具有现实的指导意义。本书系统地总结了多年来慈溪市贤江小学、余姚市郑巷小学、余姚市泗门镇中心小学,慈溪市杨贤江中学和天津工业大学等大中小学践行杨贤江"全人生指导"思想的经验,这对新时代推动大中小学思想政治教育一体化建设具有重要的参考价值,体现出本书的现实意义。

2021年是中国共产党成立100周年、杨贤江逝世90周年,本书的出版无疑具有重要的纪念意义。

是为序。

张健华

2020年10月

前　言

　　杨贤江是我国早期卓越的马克思主义教育理论家、杰出的青年运动领导人、坚定的共产主义战士。他一生致力于传播马克思主义教育理论，是我国第一位运用马克思主义原理阐述教育理论的教育理论家。"全人生指导"思想是杨贤江在长期从事教育管理工作和指导青年运动的过程中，针对当时学校教育的弊端和青年学生实际需要，以马克思主义"人的全面发展"理论为理论基础，吸收借鉴古今中外优秀的教育理论而提出的新的教育思想。这一思想以青年学生为教育对象，始终围绕着要求青年学生树立正确的人生观这一核心内容，通过采取灵活多样的方法，指导青年学生过健康的生活、劳动的生活、文化的生活和公民的生活，培养青年学生"完全人格"的健康、劳动、文化、公民等核心素养，实现青年学生个体的全面发展。"全人生指导"思想具有阶级性、科学性和全面性等特征，它是马克思主义教育理论中国化的重要理论成果，是我国素质教育的重要理论来源。直到今天，它依旧闪耀着思想的光辉，充满生机与活力，不仅对当代我国各级学生思想政治教育具有重要的启示作用，还在当代我国大中小学的思想政治教育实践中被注入新的时代内涵。

　　本书包括理论研究和实践研究两部分。在理论研究中，本书始终坚持以马克思主义为指导，运用历史唯物主义方法论，梳理了"全人生指导"思想的形成过程；主要运用文本分析法，系统全面地总结了"全人生指导"思想的基本构成。站在思想政治教育的视角重新审视了"全人生指导"思想的基本特征、历史意义和当代价值，得到"全人生指导"思想对当前我国各级学校思想政治教育目标、内容和方法的启示作用，进一步丰富了大中小学生思想政治教育的内容和方法。

在实践研究中,本书较为系统地总结了杨贤江"全人生指导"思想在当代的实践经验。以慈溪市贤江小学、余姚市郑巷小学、余姚市泗门镇中心小学为例,总结"全人生指导"思想在小学的实践经验;以慈溪市杨贤江中学为例,总结"全人生指导"思想在中学的实践经验;以天津工业大学为例,总结"全人生指导"思想在大学的实践经验,提出"全人生指导"思想在新时代条件下实现创造性转化和创新性发展的新路径。

一、研究背景

青少年时期是人的世界观、人生观和价值观形成的关键阶段。但生理上的成熟和心理上的稚嫩之间的矛盾,致使青少年在自身成长中产生许多困惑。此外,当前国际国内形势发生深刻变化,各种思想交织、各类思潮涌流,意识形态领域形势严峻,阵地争夺日趋激烈。这都造成部分青少年的价值观多元化、道德水平下滑、社会适应能力弱、集体意识不强、精神文化匮乏等诸多问题。学生群体作为青少年的重要组成部分,也面临着这些突出问题。这给当前我国各级学校学生思想政治教育工作带来了新的严峻挑战。

学校作为思想政治工作的前沿阵地,肩负着学习研究宣传马克思主义,培养德、智、体、美、劳全面发展的社会主义事业建设者和接班人的重大任务。做好思想政治工作,加强意识形态阵地建设,事关党对学校的领导,事关全面贯彻党的教育方针,事关中国特色社会主义事业后继有人。2016 年 12 月 7 日至 8 日,全国高校思想政治工作会议在北京召开,习近平总书记在讲话中强调要"坚持把立德树人作为中心环节,把思想政治工作贯穿教育教学全过程,实现全程育人、全方位育人,努力开创我国高等教育事业发展新局面"。[①] 2018 年 9 月 10 日,习近平总书记在全国教育大会上进一步强调,培养什么人,是教育的首要问题。我国是中国共产党领导的社会主义国家,这就决定了我们的教育必须把培养社会主义建设者和接班人作为根本任务,培养一代又一代拥护中国共产党领

---

① 习近平在全国高校思想政治工作会议上强调:把思想政治工作贯穿教育教学全过程 开创我国高等教育事业发展新局面[N].人民日报,2016-12-09(1).

导和我国社会主义制度，立志为中国特色社会主义奋斗终身的有用人才。①
2019年3月18日，习近平总书记在学校思想政治理论课教师座谈会上再次强
调，我们党立志于中华民族千秋伟业，必须培养一代又一代拥护中国共产党领
导和我国社会主义制度、立志为中国特色社会主义事业奋斗终身的有用人才。②
这给各级学校思想政治工作提出了新的更高要求。

　　经过长期努力，中国特色社会主义进入了新时代，我国社会的主要矛盾发
生了转化，人民美好生活需要日益广泛，对教育也提出了更高要求。这在教育领
域体现为：学生不仅要求在科学知识和技能上突出，更要求拥有正确的世界观、
人生观和价值观，需要不断提升自身综合素质和道德水平，实现德、智、体、美、
劳等各个方面的全面发展。思想政治工作作为学校工作的中心环节，在面对学
生对自身全面发展的更高需求时，不能束手无策、畏惧不前，而是要不负众望、
迎难而上。这给各级学校思想政治工作明确了新的重要任务。

　　面对新的严峻挑战、新的更高要求和新的重要任务，如何在新时代条件下
继续坚持"立德树人"中心环节，实现全员、全方位和全过程育人，进一步做好各
级学校学生的思想政治教育工作，培养德、智、体、美、劳全面发展的社会主义建
设者和接班人，成为当前我国各级学校思想政治教育的重要课题。为此，我们可
以从中国共产党早期教育家的思想中寻求丰富的理论滋养。

　　杨贤江一生致力于传播马克思主义教育理论，是我国第一位运用马克思主
义原理阐述教育理论的教育理论家。"全人生指导"思想是杨贤江在批评当时社
会的教育风气和分析青年学生实际问题的过程中，运用历史唯物主义分析方
法，以马克思主义"人的全面发展"思想为理论基础，吸收借鉴古今中外教育思
想的合理内容而提出的新的教育思想。"全人生指导"思想不是对某一种思想的
翻版或者移植，而是杨贤江在马克思主义"人的全面发展"理论的基础上，融合
古今中外优秀教育理论的精华，结合中国教育实际而提出的独到见解。它是马

---

　　① 习近平在全国教育大会上强调：坚持中国特色社会主义教育发展道路 培养德智体美劳全面发展
的社会主义建设者和接班人[N].人民日报,2018-09-11(1).
　　② 习近平主持召开学校思想政治理论课教师座谈会强调：用新时代中国特色社会主义思想铸魂育
人 贯彻党的教育方针落实立德树人根本任务[N].人民日报,2019-03-19(1).

克思主义教育理论中国化的重要理论成果,是新中国成立以后提出的素质教育思想的重要理论来源,是杨贤江的现代教育思想体系中的精髓。"全人生指导"思想的目标与当前我国各级学校教育的根本目标在本质上是一致的,它还包含着丰富的思想政治教育的内容。因此,"全人生指导"思想不仅是一种青年教育思想,也是一种思想政治教育思想。它曾在新民主主义革命时期和社会主义革命时期都发挥过重要作用,对当时的青年产生了重要影响。直到今天,它依旧闪耀着思想的光辉,仍然充满着生机与活力,对当代我国现代教育特别是学校思想政治教育具有重要的启示作用。

二、研究意义

(一)理论意义

一是有利于丰富思想政治教育的内容和方法。深入挖掘"全人生指导"思想的当代价值,探讨"全人生指导"思想与当前我国大中小学学生信仰教育、爱国教育、道德教育、敬业教育和素质教育的关系,进一步探究"全人生指导"思想对新时代大中小学思想政治教育的启示,对于进一步丰富思想政治教育内容,创新思想政治教育方法都具有重要的意义。

二是有利于继承和发扬中国共产党早期教育理论家的优秀教育思想。对"全人生指导"思想的研究,对继承和发扬中共早期教育家的思想,进一步加深对马克思主义中国化理论的研究乃至进一步弘扬我国优秀革命文化都具有重要意义。

三是有利于实现杨贤江"全人生指导"思想的创造性转化和创新性发展。深入挖掘杨贤江"全人生指导"思想的当代价值,不断赋予"全人生指导"思想新的时代内涵,并在大中小学思想政治教育的实践中不断进行创新性发展,对于丰富"全人生指导"思想的内容,增强"全人生指导"思想的现代性、创新性和生命力具有重要意义。

(二)实践意义

一是有利于进一步创新思想政治教育的方式方法。对杨贤江"全人生指导"思想研究,目的是深入挖掘其当代价值,更好地指导当前大中小学思想政治教育实践。"全人生指导"思想可以用于当前各级学校思想政治教育中,以创新思想政治教育的方法,为今后大中小学思想政治教育一体化建设提供新的路径。

二是有利于反思并修正当前思想政治教育的问题和不足。对"全人生指导"思想的研究,有助于反思当前学校思想政治教育存在的问题和不足,并根据"全人生指导"思想寻找解决方法,修正各级学校思想政治教育中存在的问题,弥补当前各级学校思想政治教育中的不足。

三、研究现状

学界关于杨贤江"全人生指导"思想的研究主要集中在国内,国外的研究较少且相关文献的搜集存在困难。因此,主要侧重于对国内研究现状的阐述。

(一)研究历程概述

我国对于杨贤江"全人生指导"思想的研究起步较晚。1954年,厦门大学潘懋元先生发表第一篇研究杨贤江教育思想的理论文章,成为杨贤江教育思想研究的开拓者。但是,由于众所周知的原因,对杨贤江思想的研究被迫中断,直到1978年以后才逐渐恢复。1981年8月9日,教育部和团中央联合召开"纪念杨贤江同志逝世五十周年大会",会议对杨贤江同志的历史地位和杰出贡献给予充分肯定。为了推进杨贤江教育思想研究,1984年3月2日,胡乔木同志接受叶圣陶、胡愈之、吴亮平、李一氓、夏衍五位老前辈的建议,批示教育部筹备成立杨贤江教育思想研究会。1984年9月5日,杨贤江教育思想研究会在北京成立。1985年9月5日,全国第一次杨贤江教育思想学术研讨会在宁波余姚召开。自此,杨贤江教育思想的研究进入了繁荣时期,一大批关于杨贤江教育思想研究的优秀成果相继问世。比如,《杨贤江教育文集》(中央教育科学研究所、厦门大学合编,教育科学出版社,1982年)、《马克思主义教育理论家杨贤江》(潘懋元等著,人民出版社,1983年)、《杨贤江纪念文集》(杨贤江教育思想研究会编著,商务印书馆,1985年)、《杨贤江教育思想研究》(孙培青、郑登云编著,华东师范大学出版社,1989年)、《杨贤江全集》(任钟印编,河南教育出版社,1995年)、《杨贤江与中国教育现代化》(中国教育学会编,浙江大学出版社,2003年)、《纪念杨贤江诞辰110周年丛书》(潘懋元等编,光明日报出版社,2005年)、《杨贤江现代教育理论体系研究》(黄永刚、张健华著,浙江大学出版社,2015年)、《杨贤江"全人生指导"思想文集》(张健华、黄永刚编,天津人民出版社,2015年)、《杨贤江纪念画册》(张健华等编,天津人民出版社,2017年)等。

各类专著出版的同时,还有一批优秀的学位论文和期刊论文相继发表。代表性学位论文包括东北师范大学周颖华硕士学位论文《杨贤江"全人生指导"教育思想及现代意义》(2007年);河北师范大学张钊硕士学位论文《杨贤江"全人生指导"思想及在青年教育中的现实意义》(2008年);河南大学徐睿硕士学位论文《杨贤江"全人生指导"教育思想研究》(2009年);天津工业大学朱文博硕士学位论文《杨贤江思想政治教育观研究》(2012年);哈尔滨工业大学李彬硕士学位论文《杨贤江对马克思主义教育理论的探索与实践研究》(2014年);哈尔滨工程大学黄雪松硕士学位论文《杨贤江教育思想及当代价值》(2015年);天津工业大学陈泽硕士学位论文《杨贤江"全人生指导"思想及其对思想政治教育的启示》(2019年);浙江大学杨璐瑶硕士学位论文《杨贤江德育思想研究》(2019年);哈尔滨师范大学杨晓彤硕士学位论文《杨贤江"全人生指导"思想研究》(2019年)等。代表性期刊论文包括潘懋元在《河北师范大学学报(哲学社会科学版)》上发表的《素质教育思想的先驱——杨贤江的"全人生指导"思想》(2001年第3期);宋恩荣在《河北师范大学学报(教育科学版)》上发表的《"全人生指导"——中国特色的素质教育理论与实践》(2004年第1期);张健华在《光明日报》上发表的《"全人生指导"教育思想的时代意义》(2006年4月24日第8版);王晖在《教育探索》上发表的《杨贤江的青年人生观教育思想及其启示》(2007年第8期);诸葛沂在《浙江日报》上发表的《到青年中间去:杨贤江教育思想重温》(2017年2月20日第11版);陈泽和张健华在《光明日报》上发表的《"全人生指导"思想的当代价值》(2020年4月28日第13版)等。

除了各类论文论著的相继出版,纪念杨贤江同志的重要会议也陆续召开。继"纪念杨贤江同志逝世五十周年大会"之后,教育部和团中央以及中国教育学会,分别主持召开了"杨贤江逝世60周年"与"杨贤江诞辰100周年"纪念大会。中国教育学会杨贤江教育思想研究会还于1986年、1987年、1989年、1990年、1992年分别在上海、天津、慈溪、黄石、南昌等地召开了学术研讨会与理事会工作会议。进入新世纪,2000年4月,"杨贤江诞辰105周年纪念会暨杨贤江教育思想研讨会"在余姚市举行;2005 年 4 月 11 日,"杨贤江同志诞辰 110 周年纪念大会暨纪念杨贤江同志诞辰 110 周年学术研讨会"在慈溪市举行。2005 年以后,杨贤江同志纪念大会由"逢五逢十"举行改为每年都举行,如 2017 年 4 月 11 日在慈溪市胜山镇中心小学召开的"纪念杨贤江同志诞辰 122 周年暨杨贤江教育思想学术研讨会"。2020 年,杨贤江诞辰 125 周年纪念大会受新冠肺炎疫情影响,未能如期举行。

由此可见,历年会议都围绕着纪念杨贤江同志和杨贤江教育思想研究进行研讨,会议的影响力不断扩大,越来越多的青年学者、博士研究生、硕士研究生和教师参与到杨贤江教育思想研究的队伍中。另外,近年来杨贤江的教育思想开始由理论研究向理论与实践转变,应用研究成果颇丰。例如,宁波慈溪市和余姚市分别建立"杨贤江教育思想研究实践基地",以杨贤江命名的杨贤江中学和慈溪市贤江小学也相继成立,慈溪市贤江小学开设了校本课程《杨贤江的一生》,建设杨贤江文化走廊,根据杨贤江教育思想指导各类教学活动,培养全面发展的学生;杨贤江中学施行素质教育,在校内深入开展各类教学实践活动,还建设有"贤园"和杨贤江文化长廊,将杨贤江的教育思想融入校园文化,应用到教学实践中。

(二)研究现状综述

从 1954 年潘懋元写的第一篇研究杨贤江的理论文章开始,杨贤江教育思想的研究已经走过了 66 个年头。研究人员从个体转向团体研究,再到今天的群体化研究,越来越多的学者、研究生和教师等参与到杨贤江教育思想的研究中来。伴随着研究队伍的逐步扩大,杨贤江教育思想的理论研究和应用研究得到了继续深化,实践内容进一步丰富,形式得到不断创新。"全人生指导"思想作为杨贤江教育思想的精髓,也伴随着对杨贤江教育思想研究的深入而逐渐深入。同时,杨贤江"全人生指导"思想还在慈溪市贤江小学、宁波余姚市郑巷小学、余姚市泗门镇中心小学、慈溪市杨贤江中学和天津工业大学等各级学校得到广泛实践,不断被注入新的内涵。目前,学界关于杨贤江"全人生指导"思想的研究主要集中在以下四个方面:

1."全人生指导"思想的来源

关于杨贤江"全人生指导"思想来源的研究,学界主要从"全人生指导"思想

的理论基础、思想渊源、现实基础和主观条件这四个方面进行探讨,主要有:

(1)马克思主义是"全人生指导"思想的理论基础

潘懋元等人认为,杨贤江是在系统深入研究马克思主义的教育思想和掌握马克思主义的基本立场、观点和方法的基础上逐步形成了他的"全人生指导"思想。马克思主义为"全人生指导"思想提供了科学的理论依据。①肖朗等人认为,杨贤江"全人生指导"思想是近代中国马克思主义"人的全面发展"教育思想本土化范例,它的理论基础是马克思主义哲学及其"人的全面发展"教育思想。②

(2)古今中外教育思想是"全人生指导"思想的理论来源

喻立森认为,杨贤江"全人生指导"思想融合了古今中外教育思想史上的理论精华,其中包含了我国古代教育家的"完人"教育思想、古希腊以来西方教育家的和谐发展思想以及近代日本教育家小原国芳的"全人教育"思想。③王小丁认为,"全人生指导"思想的提出,是杨贤江以马克思主义教育思想为指导,对中西方全面发展教育理论和实践进行的历史回顾和反思,是他对西方教育思想中合理内核的吸收。此外,"全人生指导"思想还受到了日本近代教育家小原国芳的"全人教育论"的影响。④

(3)当时中国的教育实际是"全人生指导"思想形成的现实基础

肖朗等人认为,杨贤江批评中学训育在目标和方法上的错误,揭露学校德育本身存在的问题,还揭示学校片面重视智育的倾向,从而深刻地批判了当时中学训育及整个学校教育的孤立性、片面性和狭隘性,由此出发提出了"全人生指导"思想。⑤俞跃等人认为,"全人生指导"思想提出的一个主要背景,是杨贤江对当时教育内容与方法的不满。⑥

---

① 潘懋元,宋恩荣,喻立森.马克思主义理论教育家杨贤江[M].北京:光明日报出版社,2005:244.

② 肖朗,陈家顺.杨贤江的"全人生指导"思想——"人的全面发展"教育思想本土化的范例[J].教育研究,2006,(09):19-23.

③ 喻立森.杨贤江的创新教育理论与教育理论创新[J].中国教育学刊,2004,(01):11-14.

④ 王小丁.杨贤江"全人生指导"的内涵及当代价值诉求[J].四川文理学院学报,2008,(04):69-72.

⑤ 肖朗,陈家顺.杨贤江的"全人生指导"思想——"人的全面发展"教育思想本土化的范例[J].教育研究,2006,(09):19-23.

⑥ 俞跃,褚亚杰.杨贤江"全人生指导"思想的现实意义[J].宁波大学学报(教育科学版),2016,38(02):33-36.

（4）杨贤江的实践经历和个人素养是"全人生指导"思想形成的主观条件

熊耀认为，"全人生指导"理论思想的形成与杨贤江自身的成长经历密不可分。早在幼年求学时期，杨贤江就注意读书，注重修身养性，加强课外锻炼和社会实践活动，把自己的命运与国家的前途命运结合起来。这为后来"全人生指导"思想的提出奠定了浓厚的基础。①李彬认为，"全人生指导"思想是杨贤江将自己丰富的革命实践和教育实践与自我扎实的马克思主义理论素养相结合的产物。②

2."全人生指导"思想的基本内容

杨贤江"全人生指导"思想主张从德、智、体、美、知、情、意、行等各个方面对青年学生进行全面指导，实现青年学生的全面发展。

潘懋元认为，杨贤江"全人生指导"思想的内涵，包括强健的身体及精神、工作的知识及技能、服务人群的理想与才干、丰富生活的风尚与习惯，革命的人生观是"全人生指导"思想的核心。③宋恩荣认为，"全人生指导"思想的内容，概括地讲，就是以造就"完成的人"为目标的教育；具体说，就是以革命的人生观为核心，培养德、智、体、知、情、意等方面都得到充分发展的教育。④李安认为，杨贤江"全人生指导"思想是以革命人生观教育为核心，包括教导青年确立正确的学习目的，指导青年形成强健的身体和健全的人格，鼓励青年形成良好的审美情趣，教育青年养成劳动的习惯等多方面的深刻内涵。⑤张健华认为，"全人生指导"思想，就是让学生树立革命的人生观，养成健全的人格，实现德、智、体、美、知、情、意、行等各个方面协调发展。⑥

3."全人生指导"思想的基本特征

关于杨贤江"全人生指导"思想的特征，学界也展开了讨论。

① 熊耀."全人生指导"理论的现实意义[J].黄石教育学院学报,2006,(03):69-70.
② 李彬.杨贤江对马克思主义教育理论的探索与实践研究[D].哈尔滨工业大学,2014.
③ 潘懋元.素质教育思想的先驱——杨贤江的"全人生指导"思想[J].河北师范大学学报(教育科学版),2001,(03):5-6.
④ 宋恩荣."全人生指导"——中国特色的素质教育理论与实践 [J].河北师范大学学报(教育科学版),2004,(01):5-11.
⑤ 李安.基于高校思想政治教育视阈下的杨贤江 "全人生指导" 思想研究 [J].大众科技,2014,16(10):219-222.
⑥ 张健华,黄永刚.杨贤江"全人生指导"思想文集[M].天津:天津人民出版社,2015:前言1.

李安认为,杨贤江"全人生指导"思想的特征表现为:以青年的全面发展为培养目标、以青年的素质教育为培养路径、坚持唯物辩证法的方法论原则、尊重并发挥青年的自觉能动性。①周颖华将杨贤江"全人生指导"思想的特征概括为全面性、针对性、前瞻性、创造性和方向性五个方面。②

4."全人生指导"思想的价值和启示

"全人生指导"思想价值和启示研究是学界讨论的热点,不少学者都围绕着杨贤江"全人生指导"思想的当代价值和启示展开讨论。

潘懋元等人认为,杨贤江是我国素质教育思想的先驱,是创新教育理论的较早倡导者。他的"全人生指导"思想对我们今天实施新课程改革、全面推进素质教育,具有重要的现实意义。③张健华认为,杨贤江"全人生指导"思想中,以学生为本、学生全面和谐发展的思想和我们当前青年学生素质教育的理念是一致的,对于当今青年学生素质教育有着重要的借鉴意义。"全人生指导"思想中"具有健全人格"是大学教育的首要目标,"革命的人生观"的确立是大学教育的核心,全面和谐发展是素质教育的基本内容,建立良好的生活环境是素质教育的重要环节。④周颖华认为,"全人生指导"思想的当代启示体现为以人为本,促进青少年全面可持续发展;与时俱进,树立学会生存的全面发展的教育理念;引申扩展,界定素质教育的科学内涵;除旧布新,明晰素质教育的学科结构;融汇古今,推进素质教育的良性发展。⑤

通过对杨贤江"全人生指导"思想国内研究现状和相关文献的分析可以看出,学界对杨贤江的"全人生指导"思想的研究取得不少的成绩,但也存在一些不足。

一是多基础理论研究,而应用研究还有待进一步深入。当前学界对"全人生指导"思想的研究较多地停留在基础理论层面,这对于"全人生指导"思想的进

---

① 李安.基于高校思想政治教育视阈下的杨贤江"全人生指导"思想研究 [J].大众科技,2014,16(10):219-222.
② 周颖华.杨贤江"全人生指导"教育思想及现代意义[D].东北师范大学,2007.
③ 潘懋元,宋恩荣,喻立森.马克思主义理论教育家杨贤江[M].北京:光明日报出版社,2005:255.
④ 张健华."全人生指导"教育思想的时代意义[N].光明日报,2006-04-24(008).
⑤ 周颖华.杨贤江"全人生指导"教育思想及现代意义[D].东北师范大学,2007.

一步发展是远远不够的。必须要在深入研究杨贤江"全人生指导"思想基础理论的基础上,进一步挖掘杨贤江"全人生指导"思想的当代价值,加强应用研究。这不仅是杨贤江"全人生指导"思想实现自身进一步发展的内在需求,也是解决当前我国思想政治教育现实问题的需要。

二是多内容研究,而系统性研究还有待进一步加强。"全人生指导"思想的内容一直是学界研究的热点。伴随着研究的不断深入,更多新的思想、新的观点、新的理论被挖掘出来,"全人生指导"思想的内容在不断扩充,也随着教育实践不断更新,被赋予更多的时代意义。但是仅仅研究"全人生指导"思想的内容是不够的,还需要加强对其系统性研究。

三是多基础教育阶段研究,少高等教育阶段研究。杨贤江在认真考察和研究分析当时社会的教育问题和青年学生问题后提出"全人生指导"思想。因此,"全人生指导"思想不仅适应于基础教育阶段的青年学生,也应适用于在高等教育阶段的青年学生。但是,现阶段的研究主要面向基础教育,关于杨贤江"全人生指导"思想在高等教育中的应用研究很少。

四是多教育范畴研究,少思政视角研究。根据笔者搜集的相关著作、学位论文和期刊论文来看,目前学界对于杨贤江"全人生指导"思想的研究主要是在教育学范畴。研究者大都是站在教育学理论和教育史的角度,研究其教育学理论和对素质教育的意义,如潘懋元、喻立森、肖朗和黄永刚等专家学者。很少有从思想政治教育的视角对"全人生指导"思想进行研究的成果。

四、研究的重点和难点

(一)研究重点

1.全面概括总结杨贤江"全人生指导"思想的丰富内涵

杨贤江的"全人生指导"思想内容丰富,包括教育对象、教育目标、核心内容、基本内容和教育方法。学界目前的研究还主要集中在"全人生指导"思想的内容方面,对于"全人生指导"思想的系统性研究还不足。研究团队在前人研究的基础上,回归杨贤江生前的相关著述,主要采用文本研究法,尽可能按照杨贤江的本意,系统地概括总结"全人生指导"思想的对象、目标、内容和方法。

2.探求"全人生指导"思想的当代价值和启示

"全人生指导"思想诞生于民国时期,今天的社会、时代和教育发生了天翻地覆的变化,思想政治教育也呈现出新的特征。因此,我们既要肯定"全人生指导"思想的历史价值,也要将"全人生指导"思想的"合理内核"与新时代思想政治教育实际相结合,对"全人生指导"思想进行解构和重新建构,得到杨贤江"全人生指导"思想对当前我国大中小学思想政治教育的启示作用。

(二)研究难点

实现"全人生指导"思想的创造性转化和创新性发展。必须积极主动推进杨贤江"全人生指导"思想的创造性转化、创新性发展。这不仅是进一步创新大中小学思想政治教育实践的客观需要,也是"全人生指导"思想与时俱进、创新发展的内在要求。而推动"全人生指导"思想创造性转化、创新性发展的关键,就是使其与新时代思想政治教育实际相适应。

五、研究方法

(一)文本研究法

文本研究法是本书采用的最主要方法。杨贤江的"全人生指导"思想深刻体现在他的著述之中,原著是研究杨贤江"全人生指导"思想最重要的文献资料。因此,本书采用文本研究法,通过对杨贤江原著文本的梳理和研究,寻找有关"全人生指导"思想的论述,重新梳理、分析和总结"全人生指导"思想的丰富内涵。同时,还要充分吸收和借鉴前人对杨贤江"全人生指导"思想的研究成果,为本书对"全人生指导"思想的进一步研究提供借鉴。

(二)交叉研究法

交叉研究法是进行论文写作和课题研究的重要方法,它是运用多学科的理论、方法和成果从整体上对课题进行综合研究的方法。本书始终坚持以马克思主义为指导,在思想政治教育学科方法论的基础上,借鉴教育学、政治学和社会学等学科的研究方法,充分吸收、整合、发挥各个学科研究方法的优势,为本书提供方法论上的辅助。

六、创新之处

(一)研究视角新

本书是站在思想政治教育的新视角,坚持以马克思主义为指导,以思想政治教育学科方法论为基础,全面系统地研究杨贤江的"全人生指导"思想。坚持历史唯物主义,全面地梳理了"全人生指导"思想的形成过程,主要采用文本分析法,并吸收借鉴其他学科的方法论,系统地总结了"全人生指导"思想的基本构成,客观地分析了"全人生指导"思想的历史价值和现实意义,最终得到了杨贤江"全人生指导"思想对新时代我国各级学校学生思想政治教育在目标、内容和方法上的重要启示。

(二)观点结论新

本书立足新时代,根据当前党和国家对学生的要求和学生对自身发展的要求,结合新时代中国特色社会主义的时代特征,站在思想政治教育这一全新视角研究杨贤江的"全人生指导"思想,产生了一些新的论点和新的表述,得出了一些新的结论。例如,本书重新定义了"全人生指导"思想的基本内涵,将"全人生指导"思想的基本特征概括为阶级性、科学性和全面性三个方面,将"全人生指导"思想的历史价值总结为中国化的马克思主义教育理论和我国素质教育思想的重要来源。本书还分析了"全人生指导"思想的现实价值,并结合新时代学校思想政治教育的新变化对"全人生指导"思想进行创造性转化和创新性发展,最终得到了"全人生指导"思想对当前我国各级学校学生思想政治教育的重要启示。

目　录

第一章
杨贤江"全人生指导"思想的形成

"全人生指导"思想是杨贤江在长期从事教育管理工作和指导青年运动的过程中，针对当时社会的教育问题和青年学生实际需要，以马克思主义人的全面发展理论为理论基础，吸收借鉴古今中外优秀的教育理论而提出的新的教育思想。它不是对某一种思想的翻版或者移植，而是杨贤江结合中国教育实际，对马克思主义教育理论的继承和发展，以及对古今中外教育理论的取精用弘。

第一节　酝酿阶段(1895 年—1919 年)

任何理论的产生都有其深厚的历史渊源和现实物质基础,决不是凭空想象臆造产生的。杨贤江的"全人生指导"思想与其他思想体系一样,它的产生是由一定的历史条件决定的,有其深刻的历史背景和理论渊源,并与杨贤江自身的努力和丰富的实践是分不开的。

一、求学于浙江一师

1895 年 4 月 11 日,杨贤江出生于浙江余姚县云和乡杨家村(今浙江省慈溪市长河镇贤江村)的一个成衣匠家庭。杨贤江 3 岁开始接受识字教育,8 岁到村里的私塾学堂读书开始接受启蒙教育。1907 年,杨贤江完成了私塾所有课业,到郑巷溪山学堂(初级小学)读书,开始接受正规的学校教育。经过两年学习,杨贤江完成郑巷溪山学堂所有课业,以优异成绩考入余姚县诚意高等小学堂。1911 年 10 月,辛亥革命爆发,杨贤江在未征得父母同意的情况下,在学堂内剪去辫子,认为革命为"所铭心而不能忘者"。①次年,杨贤江以优异成绩毕业于诚意高等小学,并接受诚意高等小学堂的聘职,在诚意学堂任初年级国文助教。为继续求学,同年,杨贤江辞去教职,考入浙江省立第一师范学校,进入预科班学习后升入本科,开始新的生活,决心献身于教育事业。

在学期间,杨贤江专心课业,并修习英文、日文,成绩优异。同时注重身心健康,养成了良好的生活习惯。他大量阅读教育相关书籍,其中就包括康德的《人心能力论》、杜威《教育学》,以及《心理学要领》《论理学》《地理学》《地文学》《修辞学原理》等,还有当时盛行的《教育杂志》《学生杂志》《明儒学案》《京师教育报》《现代教育》和《英文杂志》等。杨贤江深受实用主义教育思想的影响,他关注教育问题,结合自身实际,在相关杂志上发表文章揭露当时教育的种种黑

---

① 任钟印.杨贤江全集(第 6 卷)[M].郑州:河南教育出版社,1995:826.

暗,对封建的旧的学校教育进行猛烈批判,阐述自己的教育主张。

1913年,杨贤江在《浙江省立第一师范校友会志》第1号发表《论教育当注重实用》,指出"我国兴学校。迄今几二十年,历时非不久也","区域非不广也","职权非不专也",但学校教育不适应社会生活的需要,建议"采用实用主义以药之",目的是使我国学校皆能培养出实际有用的学生,以与列强相见于未来之舞台。杨贤江认为,"今之言教育之宗旨者,不外公民教育、军国民教育、实利教育。然在根本上言之,实用主义实为救济之方"。①

1915年2月,杨贤江在浙江一师发表《学生自动之必要及其事业》演讲。杨贤江认为,自动即自能之事而自为之,注重自动已成为世界教育的趋势。事事以自动出之,方能养成他日做事的能力和处应社会的手腕,而且"于社会之中,自能自为活动,有强固立足之地"②,此皆自动的必要。个人自动有自修、勤劳和作日记、笔记及账簿三法,团体自动的途径则是集会。8月,杨贤江在《学生杂志》第2卷第8号发表《我之学校生活》一文,认为国家的基础在于青年教育,而修业之地,莫如学校。学校时代是人一生中最重要的、最宝贵的时代,学校生活自然与其他生活不可同日而论。师范学校以造就合格教员为目的,是教育以及人格的专修学校,师范生的生活应当与其他学校的学生的生活有所不同。杨贤江把师范生活概括为:秩序的生活、自动的生活、服从的生活、简约的生活、愉快的生活、礼法的生活、假日的生活。他认为,"由学生之资格而言,一身所负担者,已觉任重而道远;由教师之责任而言,益觉艰巨难堪"。因此,杨贤江立志,"将来于教育界必当有所尽力,务勉为世界上三育均备的人,而以'高尚纯洁'四字为吾前程之鹄","高尚纯洁,固为教师所必具之美德,亦即人世终极之目的也"。③

1916年11月,杨贤江在《学生杂志》第3卷第11期发表《说人》一文,认为"人格者,为吾人权利及本务之基础条件"。"人格之所以当尊敬者,因人有绝对的价值及意志之自由故也","人格之特色有四,曰自己意志、自己活动、自己发

---

① 任钟印. 杨贤江全集(第1卷)[M]. 郑州:河南教育出版社,1995:1-4.
② 任钟印. 杨贤江全集(第1卷)[M]. 郑州:河南教育出版社,1995:9.
③ 任钟印. 杨贤江全集(第1卷)[M]. 郑州:河南教育出版社,1995:48-49.

展、自己牺牲也","人格之内容实分两种,一曰道德,二曰理性"。①12月,杨贤江撰写《浙江中等学校第一次联合运动会之感想》[载于《浙江中等学校联合运动会报告》(自刊)],陈述自己对首届浙江中等学校联合运动会的感想,认为自己已从本次运动会得到精神上最深切的教训,即足以振起社会尚武之精神,足以鼓励活动之兴味,足以涵养共同一致之意志。"此次联合运动会,影响于一般事业者甚大。学校教育,在我国本负有提倡社会教育之责。吾侪学生,即为实施社会教育之人。今以三日之光阴与劳力,博得此最切要之效果,庶几为不负初衷钦钦。"②次年6月,杨贤江在《学生杂志》第4卷第6号发表《学生本务论》一文,认为学生的本务有三方面:勤学以期自得,修养以完成人格,造就善良校风以实现自我。总而言之,就是自律、发展良能、以我益友。

二、受聘于南京高师

1917年7月,杨贤江以全优成绩毕业于浙江省立第一师范学校,经校长经亨颐向郭秉文推荐,受聘南京高等师范学校学监处事务员。教师李叔同赠予他"神聪"条幅,鼓励他献身教育事业。任职期间,杨贤江利用公余旁听大学教育、心理等课程,与南京高师的教师探讨教育问题,并广泛阅读教育相关书籍,接触到了众多国外教育思想,这使他更加深刻地体会到教育对个人发展和社会进步的重要作用。此外,杨贤江直接参与学校日常教学和管理活动,通过长期与青年学生接触和观察,他逐渐发现青年学生身上存在的各类问题,开始关注青年学生的学校生活。其间,他结识了武汉中华大学(今华中师范大学)的恽代英,二人一见如故,成为知交挚友,并开始通讯联系,讨论社会改造等问题。

在此期间,杨贤江在《教育杂志》和《学生杂志》上发表文章,阐述自己的教育主张。1917年11月,杨贤江在《学生杂志》第4卷第11号发表《我之个人卫生谈》,认为"卫生者何?图保持健康,增进活力,健全心意之谓也"。"卫生之道,即在兴盛细胞之新陈代谢,护持心意之安宁和平,以助长吾人之生活能力也。故

---

① 任钟印.杨贤江全集(第1卷)[M].郑州:河南教育出版社,1995:81-85.
② 任钟印.杨贤江全集(第1卷)[M].郑州:河南教育出版社,1995:89.

其方法有二:一曰物质,一曰精神。二者调和,效果乃全;偏务一端,缺憾未免。盖心、身相关,有如水、波,古今学者,言之已悉。"①物质卫生有勤务,精神卫生有快乐、善意、中庸、心意的贞洁、默祷。

1918年2月在《学生杂志》第5卷第2号发表《学生之兼善思想》,认为"学生界亦有不相亲善之弊","今欲矫其弊,窃以为,非铲除所遗传之'独善思想'不可。其致力之法,不外二途:一曰取,二曰兴。取者资于人,兴者发之己(人之生活本赖此二重作用以成,非此断难生存)。故贤于我者,奋心力以则效之;不如己者,兴同情而启迪之。刚柔相济,长短相补,互励美行,互戒过恶;实行泛爱亲仁之德。克除意必固我之私;且感且施,相扶相助,于以养成积极进取之行动与夫愉快恳挚之校风"。"《论语》载:'子与人歌而善,必使反之而后和之。'孟子称'莫大乎与人为善',又称'乐取于人以为善'。窃取其义,以贶学生,而名之曰'兼善思想'"。②6月在《学生杂志》第5卷第6号发表《个体之觉悟》。杨贤江认为,无论是自然界还是人类社会的任一个体,均不可缺少,也不可侮,是谓"个体虽然小而微,然其效则大而著。不由此小,无以成天地山川之大;不由此微,无以呈事功风俗之奇"。杨贤江呼吁学生们作为家族、学校、社会、国家的一个个体,应该赶紧觉悟,认识到自己的作用和使命,不为无意识、欺骗、害群、依赖的举动,时时自勉以守规、服务、协助、造成善良校风。"吾之谓前言,一鉴于学生之病,一鉴于学生之所阙,皆属鞭辟近里之言,而非浮光掠影之谈。故敢叙述以供阅者诸君之省览,苟能循斯而进,庶几与群有补。而个体之职,亦庶几乎其无愧"。③

三、译介国外教育学说

杨贤江在任职期间还参加了当时商务印书馆附设函授部英文科的学习,并开始翻译国外教育论著,介绍国外教育学说。例如1917年10月在《学生杂志》第4卷第10号发表《读〈自助论〉》(《自助论》作者为英国学者 Samuel Smiles)和译作《意志之修养》(作者为日本学者井上哲次郎)。文章指出,"自助者,首贵

---

① 任钟印. 杨贤江全集(第1卷)[M]. 郑州:河南教育出版社,1995:115.
② 任钟印. 杨贤江全集(第1卷)[M]. 郑州:河南教育出版社,1995:124.
③ 任钟印. 杨贤江全集(第1卷)[M]. 郑州:河南教育出版社,1995:130-131.

成己,继则成人,终乃全德。故自助之实,在乎发挥良能,克尽本务"①。"大凡人间中之最可贵者,莫自助之人,若挺立两大之间,不受外物之支配,不赖他人之惠与,而常由自己之动力、自己之思想,为勇猛之进行,以博最后之成功。故自助者,当先图自养,当甘为劳动"②。"盖天助自助者,非真有天助之也。世界以活动而成,由活动所得之成功,即世界最神圣之报酬,而亦自然所必至之势也。故诚欲为自助之人,有不可不知者八,分别为:(一)不可不安于苦役;(二)不可不具勇往之气概与坚忍之意志;(三)不可不有集中之意志;(四)不可不有担当人生大事之能力;(五)不可不有规则;(六)不可不有刚强与柔顺调和之性情;(七)不可不有高尚之品格;(八)不可不修学"。③《意志之修养》一文指出,"人欲有所建树表白,其必先有强固之意志"。文章分析了意志的特性,认为意志"非如知识之冷静,又非感情之盲目","而常为活动,即常常自立目的,以促吾人之进行"。意志修养的方法是克己、进取、精力、冷静和正鹄。④

1919 年 4 月,杨贤江在《教育潮》第 1 卷第 1 期发表译作《现代教育主张与现代哲学》(译自美国《现代教育杂志》)。文章指出,现代教育主张与现代哲学的关系是"皆为现代思潮之支流,两者为时代趋势所迫,自不能不相一致,而有共通之方向"。但"考察两方者,不能同等处置之,惟就现代各种之教育主张,探其根据,究其本质,而考其有一致根本思想之现代哲学说耳。提倡自动教育,"反对他动,尊重自律,不设程式,不施干涉,以限儿童,又可谓为自由主义",此教育主张,"与现代哲学之主义倾向,相为一致"。自发活动,在教育实际方面,又分为以活动为中心,以意志之表现为主的作业教育和以美为中心,以感情之表现为主的艺术教育。无论是作业教育还是艺术教育,皆有其哲学根源。"以社会为中心之教育主张,鉴于社会实际之要求,又分为职业教育与公民教育之二种"。并对职业教育与公民教育的哲学根源进行了分析。以个人中心之教育主张,提倡人格教育,重视人格个性之塑造。认为"人格教育主张,虽谓为综合现代思潮之种

---

① 任钟印. 杨贤江全集(第 1 卷)[M]. 郑州:河南教育出版社,1995:104.
② 任钟印. 杨贤江全集(第 1 卷)[M]. 郑州:河南教育出版社,1995:112–113.
③ 任钟印. 杨贤江全集(第 1 卷)[M]. 郑州:河南教育出版社,1995:113–114.
④ 任钟印. 杨贤江全集(第 6 卷)[M]. 郑州:河南教育出版社,1995:1–2.

种方面,本于思想根柢,最有意义之教育主张可也"①。

总之,早在学生时期,杨贤江就满怀爱国激情,立下求学救国的雄心壮志,积极探求救国救民的道路。在浙江省立第一师范学校学习期间,他深知作为一名师范生的本分,并立志成为一名"高尚纯洁"的教师,为国家培养优秀的人才。在南京高等师范学校任学监处事务员期间,杨贤江接触到了"日式教育学""美式教育学"和"德式教育学"的相关内容,了解到诸如夸美纽斯、赫尔巴特、杜威和桑代克等人的教育思想,进一步提高了他对教育的重要性的认识。此时的杨贤江还注意观察青年学生的各种问题,并撰写了大量与学生学习和生活相关的论文。这些经历都为后来"全人生指导"思想的形成产生了重要的影响。但那时候,杨贤江还是一位倾向于"教育万能论""教育救国论"的唯心主义者。

第二节　形成阶段(1919年—1920年)

1919年4月,受胡适、陶行知、蔡元培等人邀请,美国实用主义哲学家杜威来华讲学,先后在上海、奉天(今沈阳)、山东、山西、江苏、浙江、福建、湖南、湖北、广东、江西等地讲演百余次,宣传其教育思想,并发表对中国教育问题的看法。杨贤江受江苏教育会委托接待杜威,并和刘伯明一同陪杜威前往徐州演讲并作翻译。5月4日,五四运动爆发,工人阶级登上中国的历史舞台。五四运动后,陈独秀、李大钊等率先对马克思主义进行了系统的宣传介绍。《新青年》出版了"马克思主义研究专号"。1919年到1920年,包括陈望道翻译的《共产党宣言》等一批介绍马克思主义的著作陆续出版。《每周评论》《民国日报》等一批报刊也纷纷发表介绍马克思主义的文章。五四运动促进了马克思主义由理论传播转向革命实践,成为指导中国革命的思想武器,为中国共产党成立做了思想上干部上的准备。杜威的实用主义哲学和五四运动中的青年学生的表现,引发了杨贤江对中国教育问题的思考和对青年学生的关注。

---

① 任钟印.杨贤江全集(第6卷)[M].郑州:河南教育出版社,1995:6-13.

一、提出"完人"教育理念

1919 年 5 月,杨贤江在《学生杂志》第 6 卷第 5 号发表《论修养宜与教育并行》一文,首次提出"全人"教育理念。他认为,"学校有教育,学生当有修养。修养者,自己之教育,亦可谓为对于教育感动之反应也"。"然修养与教育之关系,不仅一施一受,有对待之意义已也"。"教育为一般之影响,修养为个人之陶冶,则有调整之意义焉。教育教人以知,修养修己以行,则有实验之意义焉。故有教育行之于先,必有修养继之于后,方有功效可见"。"修养之法,举之有三:一曰自治,二曰自学,三曰自强。所以举此三端者,以学校施教以德育、智育、体育之故"。"学校教育之目的,造就完全之人格","学生修养之目的,学成完全之人格"。"教育曰'造就',修养曰'学成',目的不同也。然教育之究竟目标,为'完全之人格';修养之究竟目标,亦为'完全之人格',其目的物则同也。目的物同,则教育有功、修养有效。何以故?趋向一致也"。"修养之要素,举要言之,又有三端:一曰谦让,二曰热诚,三曰实力"。"总而言之,学生之求教育,无非为异日服务社会之地步"。"真求教育者,不以但应学校程式为满足,必将注目于将来,谋所以应用、所以发展之道,务先有以预备之。如是,则吾以为非从事实地修养不可"。①

二、支持五四运动,提倡五四精神

5 月 9 日,杨贤江参加了南京学生集会游行,支持"五四"反帝爱国运动。在这场运动中,青年学生起到先行者、思想文化传播者、革命实践主导者的作用。这引发杨贤江对青年学生肩负的责任与担当的思考。6 月 5 日,杨贤江在《学生杂志》第 6 卷第 6 号发表《理想之势力》,阐述了自己对青年理想的深刻认识。杨贤江认为,"理想者,人生之特色","惟具理想,乃求正鹄,乃定方针,乃有发明事物,增进文化诸种现象"。"西谚曰:'理想者,事实之母。'伟哉理想乎!""故理想者,人类智力之上乘。其理想高尚者,必能向导意志,不趋歧路;必能规正感情,不流偏激;发而为事业,又必能改良文物,增进公利"。"虽然理想者,所以发挥历

---

① 任钟印. 杨贤江全集(第 1 卷)[M]. 郑州:河南教育出版社,1995:142-144.

史之生活者也,故创立理想,必本诸记忆历史之能力,以营更新生涯之事业"。"盖真正之理想,必具纯洁之性,必应时势所趋"。"历史本为理想之产物,决不能再为理想之生母。理想本质实具创作、改造之能力,屡欲破坏风习而更新之。故知理想者,必超出乎历史之范围者也"。"吾侪青年,既负改造民格之责,其应如何自勉哉?"①

7月5日,杨贤江在《学生杂志》第6卷第7号发表《新教训》,反思青年学生运动。杨贤江认为,"民国成立,于今八年矣。八年中,吾侪等学生除在校所得书本上之教训,复得何种事实上最大之教训乎?自吾言之,则有两种:其一则民国五年十二月二十五日,云南倡议拥护共和之纪念日,其二则此次救国运动。北京学生发难于前,各地学生响应于后,即所称为'五四运动''六五运动'者是也。而此次所得之教训为尤大,则以此次运动为学生直接所参与,为学生空前之事业,足为吾学生界生色、为新中国增光者也"。杨贤江认为,此次救国运动的教训有五点:"其一曰正义之不灭,其二曰去恶之不易,其三曰合力之成效,其四曰坚忍之必要","然上述之四端,不过就此次运动行事上所得之教训,尚非本体上最根柢、最深切之教训也。以言最根柢、最深切之教训,则惟在此次运动为足表示'自我实现'之精神是也。故其五曰自我之实现"。

杨贤江指出,"盖真正之人格、真正之民治与解放必赖自我实现而后见也"。"吾学生此次之举动……为自我实现之初步,可谓为之民治与解放之先声亦无不可"。"故此最大之教训,吾望吾学生永维护之而永发之"。"然此次运动为之先导者,学生也;为之中枢者,亦学生也。学生之责任,实居领袖之地位"。"故自今而后,……则吾学生界不能不尽先觉之天职,而为他界之表率也"。他认为,"故今后学生之又一责任,即当作国民负责之模范是也"。"于为学生的时代,当谋今后救国的实在能力。此又学生对于自身最大之责任也"。"然经此次之运动,吾以为今后学生之修养,又不当仅为个人之自动,而当谋团体之自动;不当仅为同学间之兼善,又当谋国民间之兼善。必有团体之自动、而后民治之精神可以实现;必有国民间之兼善,而后国民之程度可以增高"。②

---

① 任钟印. 杨贤江全集(第1卷)[M]. 郑州:河南教育出版社,1995:145-147.
② 任钟印. 杨贤江全集(第1卷)[M]. 郑州:河南教育出版社,1995:148-151.

三、加入"少年中国学会"

1919 年 10 月,经左舜生、邓中夏等介绍,杨贤江参加了以改革社会为宗旨的"少年中国学会",结识一批进步青年,并担任"少年中国学会"南京分会书记,负责编辑会刊《少年世界》和南京高等师范学校学生刊物《少年社会》。这对步入社会不久、急于救国救民之道的杨贤江来说,无疑是一个获取新知、经受锻炼和增长才干的极好机会。

杨贤江积极参与学会的各项活动,与进步青年讨论社会问题,探讨和介绍国外新出现的社会思潮和学术流派。这期间,他充分利用南京高师图书馆的丰富馆藏,如饥似渴地广泛阅读国内外名著,大量浏览各种报刊资料,并在与李大钊、恽代英、邓中夏等早期共产主义者的交流中,初步掌握了马克思主义的基本知识,懂得了苏联"十月革命"的重大意义,坚定了反对帝国主义,争取民族独立的民主主义的革命立场。与此同时,杨贤江还在南京高等师范学校组织马克思主义研究会,并继续在《学生杂志》和《教育杂志》上发表文章阐述自己的教育主张。此时的文章明显开始具有马克思主义的色彩。

10 月,杨贤江在《学生杂志》第 6 卷第 10 号发表《学生与新思潮》一文,认为新思潮为适应于现代之思潮;新思潮之精神为"人本主义";学生对于新思潮,"应取顺应之态度,注重于自由研究与共同活动,以谋个性与群性之调和发展,因以完成人格"。①

1920 年 1 月,杨贤江在《学生杂志》第 7 卷第 1 号发表《时代与人格》一文,全面阐述在"德谟克拉西"(Democracy 音译,即民主)的时代条件下,自己对人格的认识。他认为,"时代是有变迁性的,一时代有一时代的特色,时代变了,做人的格式也要跟着同变,然后可以共同进化"。"其实,变迁的根柢,原是在人而不在时代。明白了这点,来讲时代与人格的关系,才有意义,现在的时代,是个德谟克拉西的时代,这是大家知道的"。"讲到德谟克拉西的本质,就是自由、平等、友爱三项"。"自由与平等两项,是我们人格必然的要求"。"但有了自由与平等,

① 任钟印.杨贤江全集(第 1 卷)[M].郑州:河南教育出版社,1995:159.

而不以互助为究竟,也是不行",所以"德谟克拉西"的社会,重自由,重平等,而尤重互助。生在"德谟克拉西"时代的人,要有自由的人格,有平等的人格,而更要有互助的人格。这种人格是怎样的人格?就是贡献的人格;就是谋共同进化、普遍幸福的人格。所以我的结论是:"在德谟克拉西的时代,要有贡献的人格。唯有贡献的人格,才能实现德谟克拉西的时代。"①

2月,在《学生杂志》第 7 卷第 2 号发表《学生自治何以必要》一文,认为,"'五四'运动以后,学生活动的范围骤然扩张;学生责任的觉悟,益加深切","而学生自治问题,更和学生有切己的关系"。第一,学生自治是练习做人的方法;第二,学生自治是发挥共和的精神;第三,学生自治是实行共同的生活;第四,学生自治是担负团体的义务。"现在,还要附说几句对于学生自治应该注意,不可误会的地方:有的认为学生自治是脱离学校关系,这是大大的误会了"。"有的认为学生自治是脱离一切约束,这更不对"。"有的认为学生自治以后便可放纵,便可随意,这更是相反的话"。②

3月和4月,杨贤江分别在《学生杂志》第 7 卷第 3 号和第 4 号发表《学生社会服务何以必要》和《学生与文化运动》两篇文章,提倡学生社会服务,认为学生的社会服务是学生生活的一种,是必要的。杨贤江指出,社会服务就是"完成人类全体的幸福、促进社会的进步"③。"新时代的学生,要有社会服务的一种生活"。他认为,文化运动就是社会服务的一种。"文化运动本来是个各种社会改革运动的基本运动;不过我还认为学生做文化运动,更应当做一种文化运动的根本运动。这个根本运动就是:一方面加重自己的研究功夫;又一方面普及文字的势力范围"。"如果能这样做去,我相信文化运动定有很好的成绩。文化运动果然收效,一切社会问题、政治问题,也都容易解决了"。④

四、继续译介国外教育学说

杨贤江继续译介国外的教育著作,介绍国外教育学说。如 1919 年 6 月,杨

---

① 任钟印. 杨贤江全集(第 1 卷)[M]. 郑州:河南教育出版社,1995:163-166.
② 任钟印. 杨贤江全集(第 1 卷)[M]. 郑州:河南教育出版社,1995:170-174.
③ 任钟印. 杨贤江全集(第 1 卷)[M]. 郑州:河南教育出版社,1995:189-190.
④ 任钟印. 杨贤江全集(第 1 卷)[M]. 郑州:河南教育出版社,1995:196-197.

贤江在《教育潮》第 1 卷第 2 期发表译作《近代教育上之需要》和《理科教授之目的》，分别介绍美国学者泰勒和杜威的教育思想。《近代教育上之需要》一文指出，"今夫吾人之所需者，尚非此（即教育）完备精确之定义也"，而应考察现代教育制度，以"求发见改良之方法也"。①针对我国学校"尚多闭户读书之陋习，而社会趋势，又复群趋于享乐一途，以谋目前之快乐，文章提出"今日学校宜注重男女学生之体育，以补救文明社会缺乏肌肉练习之劣点；并论享乐竞争之非，因崇拜金钱之故，群思率获，不肯苦思，不肯力作，长在忧急烦闷之中，其结果神经衰弱，生活力低下，大足为未来人种之害；末论教育所当养成之人，为德智体三育完全发达，足以应付危难把持机会之男女，而教育之道，又当利用自然以遂其生长"。②

《理科教授之目的》一文指出，过去理科教授存在的缺点是用科学的方法传授专门科学之体系，"凡关于自然各学科……皆用抽象的专门术语，儿童闻之，干燥无味，故终归失败"；自然研究的方法，"可以引起儿童兴味，发达观察力与感觉机官"，但"散漫无有统系，不能养成彻底的理科思想，故与前法，同为不能达理科教育之真正目的之也"。文章认为，理科教授之真正目的在于"发达科学的精神，养成科学的兴味"；达到理科教授目的之方法应为：从接近儿童日常生活之事项出发；利用儿童之好奇心，以增进其研究之倾向；教授事项须为动，而非静；理科教授最良之资料，当取诸社会生活。③

8 月，杨贤江在《教育潮》第 1 卷第 3 期发表译作《汤申（Townsend）氏之美国教育哲学论》和《勤作教育》，分别介绍美国教育哲学理论和德国教育家凯兴斯泰纳提出的教育主张。《汤申（Townsend）氏之美国教育哲学论》一文认为，美国教育哲学可分为贵族的智力主义与平民的自然主义两大类型。文章对美国教育哲学的变迁过程（即由贵族的智力主义过渡到平民的自然主义）和两种类型的区别进行了分析，认为美国当时流行的"实验主义"（即实用主义）乃为平民的自然主义，其代表人物赫尔和杜威虽"就表面观之，二人之性质大相径庭"，然

① 任钟印. 杨贤江全集(第 6 卷)[M]. 郑州：河南教育出版社，1995：14.
② 任钟印. 杨贤江全集(第 6 卷)[M]. 郑州：河南教育出版社，1995：22-23.
③ 任钟印. 杨贤江全集(第 6 卷)[M]. 郑州：河南教育出版社，1995：24.

"至其根本,实相类同,故列为一派",即平民的自然主义。①

勤作教育,通译劳作教育,是德国教育家凯兴斯泰纳提出的教育主张。《勤作教育》一文反对受纳、受动之教育法,提倡勤作教育,并对勤作教育的种种相异之潮流进行了分析,认为"相同之思潮中产生差别者,则由思潮发生之原因甚多,又有与之并行之他种思潮故也"。认为勤作教育产生的原因有如下几点:"一、对于以知识受纳为主之反动,心理学说之变化。二、以修养与劳动为不相容之倾向之反运动。三、实业界之要求,艺术运动,实用主义。四、由于生活之教育要求。"②

11月,杨贤江在《教育潮》第1卷第5期发表译作《教育的改造》,译自美国1919年7月《学校与社会》杂志。文章认为"近世各种教育制度,是从前专制政治的结果,专门来适应贵族阶级的欲望和需要,束缚劳动阶级,使他不能活动",这种教育制度应当完全改造,使之向更真实的民主化迈进。"但是,要改造教育来适应民主主义和人民全体的需要,不是一件容易的事。因为没有标识可以来指导"。认为"教育上专制主义之发生,是和政治上专政主义相连带的,而且还是他的一部分,但和宗教上专制主义还要密切"。"专政主义原不是完全错误的……所以坏的缘故,实在是因为少数专权的人,硬要支配管辖民主主义的群众"。主张"对于现在组织的教育机关……一切都要改造为民主化";还"必须将教育的思想、教育的习惯统统改造了,使他适于人间最重要的需要和民主主义之原理。……此后教育将要成为个人切身的事体,要发展创造力和自动力,使他能够发现自己的地位,发现自己的责任和价值,还要把他高尚的善良的感情用理性的组织,来统御卑劣的、鄙陋的感情。此后教授法将不像从前的一味注入知识,强令个人去适应没有实效不关自身的标准;却要指导儿童用他自己的创造力,来觉悟自己,见到他自身所属大国的美,使他保有自己最高的可能性,使他的服务非常高贵"。"这种重要的根本的教育改造,是这次大战所注重,且证明是可能的"。认为"教育改造上最根本的一点,恐怕是在社会的革新,不但全体人

---

① 任钟印. 杨贤江全集(第6卷)[M]. 郑州:河南教育出版社,1995:41—42.
② 任钟印. 杨贤江全集(第6卷)[M]. 郑州:河南教育出版社,1995:44—45.

民之精神都要充实,就是身体也要个个强健"。同时谈及民主主义的本质,并认为只有在真正的民主主义社会,专制和扰乱才不会发生。①

五、批判应试教育,提出"个人改造"的主张

1920年5月,杨贤江在《教育杂志》第20卷第5号发表《考试制度》一文,批判社会盛行的应试教育。杨贤江指出,"现在提倡改造教育底声浪当中,对著考试制度的改良,议论得更加多了。学校行了考试制度,学生的勤勉努力,就大半注意到考试上面,对于学问上的态度,倒反疏懒,教育的能率,也就自然低减;所以考试这回事,确在学生的精神上能率、肉体上能率,都有很大的关系。教育家把这样重大的问题,全不放在心上,实在是极不应该的"。"考试制度的不好,影响到个人的及社会的,很是不少"。"不单妨碍精神的能率,并且能够减少肉体的能率"。"考试制度盛行,真正的教育就难于普及了"。"况且把考试做本位的教育,大有害于个性的发挥,师弟间的信用必薄,授业上就容易成功机械的弊病,所以真正的教育,也就不能进步"。"考试的制度,照现在我国的教育状态,毕竟还是不能废除的;既然不能废除,只有在现行制度上大加改良,总以不妨害个人及社会的能率增进为第一义"。

5月5日,杨贤江在《学生杂志》第7卷第5号发表《论个人改造》一文,标志着"全人生指导"思想开始形成。杨贤江认为,"种种制度的改造,应当和个人的改造同时并进。制度改造了,固然可以发生促起个人改造的影响;但是个人改造了,更可以使制度改造格外彻底、格外有意义"。"学生自治、社会服务、文化运动……这几种制度上改造的中心的一种改造,就是个人改造"。"个人改造当中,第一著要做的","必得先定个人生观"。②"彻底的个人改造,是在'社会我'的觉醒。故我以为,今后的个人生活法,应当向著充分地发挥社会我的责任一条路上走"第一,身体方面,以坚强康健为目的;第二,精神方面,以充实、愉快、活泼为目的;第三,道德方面,发挥共和精神;第四,学问方面;第五,才识方面,注重观

---

① 任钟印. 杨贤江全集(第6卷)[M]. 郑州:河南教育出版社,1995:72-78.
② 任钟印. 杨贤江全集(第1卷)[M]. 郑州:河南教育出版社,1995:198-199.

察批评。个人改造时,有几点应当要注意的:(一)改造的意义;(二)改造的必要性;(三)改造的条件;(四)改造的步骤。①《论个人改造》一文所阐述的内容,可以被视为"全人生指导"思想的雏形。

6月,杨贤江在《学生杂志》第7卷第6号发表《动的青年修养》一文指出,"人间本来是动的人间,而人间中的青年,更是富于动的天性。故从生理上看,从心理上看青年生活的要素,就是这个'动'字"。"动的意义:不是肉体的暴动,不是心思的妄动,乃是发挥内心的蕴藏,丰富人格的内容,多与人类全体的生命有关系、有交涉,用奋斗的精神,来创造人生的价值"。"近来,我们青年的生活,比较从前,已是活动些了"。"但是,不动的青年依旧很多。而动的青年之中;也难免有不经济、不切实的地方。故我现在要对动的青年的修养,特别提出两点来讨论。第一点要提出来的就是:用力须专精。因为我们的活动,当求有效,如何能有效?就要重在'专精'两个字上"。"第二点要提出的就是:志趣要纯洁。我们求学、我们做事,都有他正当的动机。这个动机是什么? 就是为了贡献人类,为了利益社会。出于这个动机而求学、办事的,就是纯洁"。"上面所讲'用力专精''志趣纯洁'两句话,就是我这篇所说'动'的青年的两个修养条件。因为我们无论做什么事,都要讲究效率,而忠诚是效率上的要素,又是做人应有的德性"。"我们对于包容各个人的社会,表示一种献身的服务,就是忠诚"。

9月,在《学生杂志》第7卷第9号发表的《主动与被动》,是对《动的青年修养》一文的补充,文章进一步指出,"主动与被动第一个不同的地方,就在有没有发动的力量","主动与被动第二个不同的地方,就在于是不是用智慧来做事,是不是预定好一个目的"。"主动的人对于社会事业抱参与的态度;被动的人对于社会事业只有旁观的态度。主动的人有创造进取的倾向;被动的人只有屈服保守的倾向。照尼采的说法:主动的人是有主人的道德的;被动的人是有奴隶的道德的"。杨贤江总结道:"主动的是成人的,被动的是成器的。器只有被利用的价值,自身并没有什么价值。若是一个人,就能利用器以达其目的。""做前面一种主动的青年,那是做人的材料;做后面一种被动的青年,那是做器的

---

① 任钟印.杨贤江全集(第1卷)[M].郑州:河南教育出版社,1995:203–204.

材料。做人的能够用器,能够造器,做器的只被人用,只听人造。"①这些文章的发表,都是对《论个人改造》一文中观点的进一步阐述,"全人生指导"思想的内容逐渐丰富。

六、困居"愁城",促进教育观念的变革

1920 年 9 月 20 日,杨贤江辞去南京高师职务,前往广东肇庆市,受聘为高要县(今肇庆市)"国民师范补习所"教务主任。10 月,粤桂战争爆发,国民师范补习所未能开办,致使杨贤江困居"愁城"50 天。也正是这次"人生苦旅",加深了杨贤江对人生和社会的认识,激起了他对人生价值的重新审思、判断与抉择,引发了他对社会问题的广泛关注和深入分析,促进了他的教育观念乃至思想观念的深刻变革。"非把社会组织从根本上改革一番",就不足以拯救中国。11 月18 日,杨贤江返回故里后,继续阅读进步书刊,学习马克思主义的观点。

11 月 25 日,杨贤江撰写《学生与新生活》一文(后发表在 1921 年 1 月 5 日《学生杂志》第 8 号第 7 卷),提出"有计划,负责任、重实力,是我观察目前青年所得的感想;以为应把这三件切实做到,然后种种运动方得推行无阻"。他说,"养成良习惯是改造个人生活的起点,我们缺少上述三种习惯,应得设法养成",最后杨贤江提出他了对于日常生活的意见,"以为应当做个圆满发达的人,而营全人的生活"。②《学生新生活》一文提出了"做个圆满发达的人"和"营全人的生活"的内容,是"全人生指导"思想形成过程中的重要节点。自此,杨贤江就围绕如何"营全人的生活"发表了大量文章,不断丰富和完善"全人生指导"思想的内容。

---

① 任钟印. 杨贤江全集(第 1 卷)[M]. 郑州:河南教育出版社,1995:226–229.
② 任钟印. 杨贤江全集(第 1 卷)[M]. 郑州:河南教育出版社,1995:235.

第三节 成熟阶段(1921 年—1924 年)

1919 年至 1920 年间的杨贤江,还未实现世界观的转变,依然是一个倾向于"教育万能论"的唯心主义者。但自加入"少年中国学会"后学习马克思主义以及被困肇庆 50 天的经历,都极大地触动了他的"教育救国"思想。杨贤江开始从民主主义转向马克思主义,为"全人生指导"思想寻找科学的理论依据。而他的政治信仰以及教育思想的深刻变革,则发生在 1921 年到上海工作以后。从 1921 年起,杨贤江担任《学生杂志》的编辑工作近六年,经常在该刊发表短评,揭露帝国主义侵略,抨击军阀黑暗政治,剖析旧中国半殖民地半封建社会,解答学生思想、学习、生活等方面的问题。短评立论新颖,简要生动,揭露深刻,批判尖锐,深为广大学生青年所喜爱。同时发表一些教育专论,也很受读者欢迎。

一、担任《学生杂志》编辑

1921 年 2 月,杨贤江受聘于上海商务印书馆,担任《学生杂志》编辑,着手对杂志进行改革工作,将刊物变成了青年思想修养和科学教育的园地。环境的改变和工作的稳定,极大地激发了杨贤江的内在动力。他废寝忘食地致力于《学生杂志》改版刷新的同时,又日以继夜地学习新事务,研究新问题。这期间,陈独秀主编的《新青年》、李达主编的《共产党》在上海发行,陈望道翻译的《共产党宣言》在上海出版,中国共产党第一次党代会在上海召开。这给追求进步的杨贤江提供了良好的外部条件与强大的精神动力。杨贤江供职的商务印书馆又是上海共产党的主要活动场所之一,上海党组织的主要负责人沈雁冰任商务印书馆编译所英文编辑,与杨贤江交往甚密,情谊笃深,两人经常一起交流心得体会,讨论人生、信仰、社会与时局问题,并一同前往渔阳里拜访陈独秀。杨贤江自己更是拳拳以诚,孜孜求索。他反复研读了英文版的《共产党宣言》《国家与革命》等马列名著,后来还翻译出版了恩格斯名著《家庭、私有制和国家的起源》。种种因素促使杨贤江快速地成熟起来，成为一名坚定的马克思主义者。1921 年 7 月，杨贤江参加了"马克思主义研究会"的学习讨论。

在此期间，杨贤江就如何"做个圆满发达的人"并"营全人的生活"而在《学生杂志》上陆续发表了大量文章。例如为鼓励学生学习科学文化知识而发表《关于爱因斯泰因的一个好消息》(《学生杂志》第 8 卷第 4 号)、《科学研究的精神和现代思潮》(《学生杂志》第 8 卷第 5 号)、《中国的两大富源》(《学生杂志》第 8 卷第 6 号)；为提高学生劳动意识，培养劳动能力而发表《教育与劳动》(《民国日报·觉悟》"劳动纪念号")；为培养学生健康的体育观而发表《体育之四大要素》(《教育杂志》第 13 卷第 4 号)；为提高青年学生的审美水平而发表《生活与艺术》(《学生杂志》第 8 卷第 3 号)、《美育的价值》(《学生杂志》第 8 卷第 5 号)、《青年的艺术感》(《学生杂志》第 8 卷第 6 号)、《文艺与人生》(《学生杂志》第 8 卷第 8 号)等等。此时的杨贤江虽然更多地倾向于唯物主义，但还是没有彻底地摆脱唯心主义的影响，是一个处在唯心主义和唯物主义之间的"徘徊者"。

1922 年 1 月 5 日，杨贤江在《学生杂志》第 9 卷第 1 号发表《思想与革命》一文认为，思想好比流动的水，也同水般要激成潮流。社会上种种制度的形成和改变，都以思想为先导。一切的社会改造运动，如政治的、经济的，都不及教育的有根柢，能永久。因为教育的改造，是改造人的思想的。人的思想是足以支配政治及经济的。民国有了十年，只是个有名无实的，即因为国人的思想还未有个清澈的改造。思想未变，因而制度也不变。假若思想界还未有个清澈的改造，学生界的种种运动就不能持久。所谓思想的革命仍是：要做改造运动，先须有个"不得不"的需求，还须有个"所以然"的了解。①

《思想与革命》显然还是一篇阐述"教育万能论"的文章。但杨贤江在此后发表的文章，明显有逐渐摆脱唯心主义的影响，转向马克思主义的痕迹。特别是 3 月 5 日发表的《个人心与社会心》，是杨贤江运用马克思主义的观点和方法阐释人与社会的关系问题的一篇文章。《个人心与社会心》(《学生杂志》第 9 卷第 3 号)一文中认为，个人是社会的个人，个人与社会是同一物的两面：一面

---

① 任钟印.杨贤江全集(第 1 卷)[M].郑州：河南教育出版社，1995：479.

看为个人;另一面看为社会。各个之心即社会心,各个之我即社会我,心的内容是人人共通的,是交互授受的,一个人的思想感情也是这样。因为人类在长期的交往中,彼此相互影响和作用,所以各个之心是很难截然分开的。大家的心都以社会我的形式存在,只是发展的程度有差异而已。个人不是纯粹孤立的,不是全无关系的,自己的思想、情感、生活方式都受着前人和今人的影响。要自己好,便要人人都好;要自己有益,便要人人都有益;自己望社会、学校进步,便须自己及人人都进步、都优良。在这里,人人都有责任,人人都不能自暴自弃、自矜自伐。

二、明确青年学生问题,关注青年学生发展

杨贤江在同期《学生杂志》(第9卷第3号)上发表的《第二诞生期》一文,把自己关注的对象直接瞄准青年学生。什么是第二诞生期? 杨贤江指出,所谓第二诞生期,也即青春期的别名。我们人类从出生到成长,就是从胎儿到大人,要占据一个长达25年的时期。在这个生长期中,又可分为几个短时期。普通的分法,有以下5个时期:胎儿期即第一诞生期;乳儿期即人生第一危险期;幼儿期;少年期;青年期或青春期即人生第二危险期。

在青年期,个人身心急剧变化,是一个不安定的状态,死亡率也会增多。青年期也是个人改造期,把少年期的小规模完成打破了,再进而谋大规模的向上和发展,使身体和精神的内容更为丰富,并且在这种破坏动摇时期,就可规定其人将来的生活:或是向上,或是堕落,故青年期的教育是非常重要的。青年期的身体,男儿到20岁,女儿到19岁,身高的发育已经完成。当未完成之前,身高与体重的发育是交互的、律动的。青年期的精神,也随身体的激变而产生激变,第一属于感情生活的,第二属于思想生活的。青年期的特征,除了上述身体和精神两种以外,还有一种就是青年期是各种疾病萌生的时期,故青年期存在一种处在既不生病又不健康的中间状态的倾向。这时期的疾病,有关于血液的萎黄病、贫血症及关于神经性的歇斯底里、癫痫、舞蹈病,此外,还有消化器病及赤痢、窒扶斯(即伤寒病,又称肠热症)等等。青年期还有多种心理疾病,如沉思冥想、空想、伴于自我意识发达而生的自己批评及病的意识过敏、自己过信和极度

卑下、忌社交的独居癖,对于美术、文学、科学及其他种种职业的新兴味的勃发,不平、破坏、疑惑、浮浪、彷徨等等。青年期在人生发育的历程中,占据重要的位置,因人生到了这个时期,发生一大波澜,随后风暴平息,遂入壮年期了。这一时期,若教育不良,青年就要遭受人生堕落者的恶名。故从教育上讲,青年期的指导万一贻误,不但青年个人会遭受不幸,而且社会群体也会受到消极影响。青年期最该注意的事情有5种:第一,注意体育;第二,注意性欲;第三,培养自发的向上心;第四,培养理性;第五,准备独立的生活。

4月5日,杨贤江在《学生杂志》第9卷第4号发表《好学生当怎样》一文中提出好学生的四条标准,表达了自己对青年学生的期望。文章指出,好学生首先要觉醒人是什么?这是一切生活的前提,一切生活的纲领。有了这个觉悟,一切生活便有个标准可寻,有个尺度可凭。好学生的标准有四:第一,要有为全体人类谋普遍幸福的决心而从事于求学;第二,要有爱护学校的真诚而协谋本校教育日趋于理想的方法;第三,要有见识,有魄力;第四,要有体力,有美感,有研究心,有怀疑心,有协作尚好,有正直、切实、刚健的品格。

5月5日,杨贤江在《学生杂志》第9卷第5号发表《青年! 往哪里走?》和《复活"五·四"精神》两篇文章,强调青年参与社会改造的重要性。在《青年! 向哪里走?》一文中,杨贤江认为,在我们的进程上,有两条路可以让我行走:一条是现成的,一条是待辟的。现在已经有不少人已从迷梦里觉醒过来了,他们考虑人的意义,研究人的生活,对于现在的社会制度,已经看出弊病,要计划根本地改造了。可是这正像条待辟的路,有许多的困难,所以他们当中为改造而牺牲的已经不少。俄国青年学生间流行"到民间去"这句话:他们鉴于政治的腐败、贵族的混账,要到离文明中心很远的村落,去和平民为伍,要唤醒平民同来干改造社会的事情。虽然他们遭受官吏的摧残、贵族的猜忌、牧师的怨恨以及头脑简单、不识不知的农夫的惊怪,但他们并不因此灰心。等到他们的工作完成了,俄国已经得救了。现在研究俄国革命史,谁能不赞美他们那种热烈的精神和牺牲的行为呢? 杨贤江号召中国最有希望的青年迅速准备着到民间去和平民为伍,唤醒他们同来做改造社会的事情。《复活"五·四"的精神》一文指出,"五·四"运动有一种不可磨灭的精神,这就是发扬青年的特性,发扬公众意志的精神。

换句话说,"五四"的精神是在表示国民责任的觉醒。复活"五四"的精神是要本着这个精神,更图扩大、充实。因为现代是要人觉醒的时代,是要社会革命的时代。现在的社会组织是不合理的、非人道的。大家要觉醒,大家都要有人的责任的觉醒;大家要团结,大家都要走上社会革命的道路。①

此外,杨贤江还就青年学生理想和习惯的养成问题进行了分析。5月5日,杨贤江在《发生动作的两个条件》(《学生杂志》第9卷第5号)一文中认为,任何动作的发生,必有它发生的两个必须的条件,即为适宜的需要和为这需要的意识。我国教育的不发达、实业的不振兴,也可归于缺少了这两个条件。学校中有应该兴办的事业,也有应该矫正的事业。有些虽然因为环境的困难而不能实行,但好多仍然是由于没有需要和意识而致。推及个人身上,也有好些要养成或改过的品格行为。若不觉得有养成或改过的必要,也就归于无形消灭。我们最好是个人具有高尚的丰富的理想;能对于新的环境谋求适宜的反应。其次,反省也是不可少的。故理想和反省是两个发生动作的条件了。在同期的《好习惯怎样造成?》一文中,杨贤江指出,习惯的力量比生命还要大。同样一种行动,因屡次反复的结果,能机械地向着一定的方向而有使行动反复的倾向的,叫做习惯。习惯养成的成就律要件有:聚精会神,注意的反复练习,不要有例外,抓住第一个机会去实行,有快感的反动的结果。除前述5种习惯成就律外,还有两个条件:一是最初养成的习惯,必须是正确而有益的;二是同时不应养成多数同样的习惯。因为养成习惯时要专心、要热诚、要没有间断。我们有了恶习,要及早破坏。破坏之法有四:断行;杜绝诱惑,另用代替物;不许有例外;自己暗示。我们青年应该养成的好习惯有以下几种:留心自己健康的习惯;保持优良姿势的习惯;游戏的习惯;读书的习惯;勇敢的习惯;负责任的习惯;有规律的习惯;自信的习惯;协作的习惯;不断修养的习惯。

三、加入中国共产党,实现人生观的彻底变革

1922年5月,在早期共产主义者思想的影响下,在马克思主义革命真理的

---

① 任钟印. 杨贤江全集(第1卷)[M]. 郑州:河南教育出版社,1995:594.

熏陶下,杨贤江的人生观和教育思想发生了重大变革和根本转折,产生了质的飞跃。经沈雁冰和董亦湘介绍,杨贤江加入了中国共产党,并投入到青年学生运动和工人运动的革命斗争中。这标志着杨贤江的人生观及其教育思想发生了重大变革与根本转变,一个马克思主义教育理论家的素养与品格业已形成。他亲身感受到了帝国主义和封建官僚的政治、经济和文化侵略和迫害,以及各类改良主义的教育思想对中国革命和青年的危害。他终于彻底抛弃"教育万能论"、"教育救国论"等资本主义国家教育思想,按照新兴社会科学即马克思主义的基本立场、观点和方法,认真开展教育理论的研究,为"全人生指导"思想找到了科学的理论依据——马克思主义人的全面发展理论,并逐步形成了马克思主义的教育观。加入中国共产党以后,杨贤江发表了大量传播马克思主义教育理论和指导青年运动的文章,系统阐述了他的教育理念,形成了他的"全人生指导"思想。这些文章在当时教育理论界和青年学生中产生了强烈的反响,使《学生杂志》成为青年学生生活道路上的指路明灯,杨贤江也因此被誉为"青年一代最好的指导者"。①

1922年6月至12月发表的阐释"全人生指导"思想的文章主要有:6月5日,在《学生杂志》第9卷第6号发表《从救国运动到社会运动》,认为学生的救国运动是可敬的,但倘若现代的社会组织不根本改造过,一切热心的救国都是枉然的,因为救国的目的是为了保护这块国土的人民的福利。但是照现代的社会组织,就是在那些号称最富最强的美国、英国居住的人民,还是不能得到同样普遍的公平的福利。从这看来,我们盲目地讲救国,只可说是上了国家主义论者的当。纵使救国运动成功了,还不是一个强凌弱、富劫贫的世界!现代人所过的都是非人的生活,这种生活是最不自然、最不公道、最不合理的,我们要觉悟到这一点。到民间去的呼声正急迫而且真挚,青年们快快预备,快快起来吧!

7月5日,在《学生杂志》第9卷第7号发表《从现代我国学生生活所见的青年心理现象》,文章只是就杨贤江观察到的现代我国的学生生活,从而推论我国青年所独有的心理现象。同期,杨贤江还发表《青年生活的本质》一文,认为活

---

① 杨阳.杨贤江:中国第一位马克思主义教育理论家[N].中国教师报,2018-07-04(13).

动、奋斗和执着是青年生活的本质,青年时代应有多方面的活动:理智的生活与情意的生活、学术的生活与实际的生活、工作的生活与游戏的生活、个人的生活与群众的生活均要并行。7月20日,在《教育杂志》第14卷第7号发表《德国之劳动教育》《英国劳动教育之达》和《美国工厂教育之设施》,介绍国外劳动技术教育;8月5日,在《学生杂志》第9卷第8号发表《健康第一》《快乐的源泉》,阐述了自己对学生健康生活的认识;9月5日,在《学生杂志》第9卷第9号发表的《教学相长》《口与舌的训练》《心理主义和论理主义》;11月5日,在《学生杂志》第9卷第11号发表的《观察力的联系》《怎样保持健康?》;12月5日,在《学生杂志》第9卷第12号发表的《全我的活动》《青年与个性》。

四、"全人生指导"思想的全面阐述

1923年以后,杨贤江以《学生杂志》和《教育杂志》为理论阵地,全面阐述自己的"全人生指导"思想。这一阶段的文章主要有:1月5日,在《学生杂志》第10卷第1号发表《新年与青年》,认为青年只要认识了青年的特征——长育,并把这个特征尽量地发展, 就可以享受无穷了。因为青年的心身尚未完全成熟,正处在生长和发育之中。又因青年在这个时期能够做有意识的努力,有目标的进行,与幼儿时期的长育状态不同,故青年的长育就成为青年的特征,看青年对长育的态度, 就可看到青年的前程了。长育的态度就是要具有长育的理想,肉体的长育是有限制的,而精神的长育是无限制的,青年应以长育理想保持心理的青春。在同期的《青年应注意时事》一文中,杨贤江倡议青年学生留心时事和中国现状,这样才能成为有用的不落伍的青年。

2月5日,杨贤江在《学生杂志》第10卷第2号发表《什么叫做公民常识》,文章认为,中小学校的公民课程不应狭隘地理解为专讲政治、法律的课程,而应是从个人生活到国际生活;公民课程的旨趣是培养群体和自己之间的生活常识及习惯,使学生具有做一个好公民的资格;2月20日,在《教育杂志》第15卷第2号发表《教育者与政治》,文章指出,从教育的本体上讲,教育不容不问政治。现代教育制度处处和现实政治发生关系,只有革命的教育,才是中国需要的教育,只有革命的教育者,才是中国需要的教育者。教育者不但应当指导学生去

革命,还应当指导群众去革命。

3 月 5 日,杨贤江在《学生杂志》第 10 卷第 3 号发表《团结力怎样养成?》《好学生当怎样奋斗》《青年与春天》。在《青年与春天》一文中,杨贤江劝告青年在春天里到自然界里去活动,这样才能促进生机,保住生命且熟识周围的一切。4 月 5 日,杨贤江在《学生杂志》第 10 卷第 4 号发表《青年对于体育的自觉》。文章指出,"体育是造成健全人格、养成具足生活的一种工具。重视体育,实行体育,是个个人应有的态度、应尽的义务"。我们的体育的目的,在于塑造强健而美的体格和体质。青年在自己每天的生活里不能忘了体育生活,"缺少体育生活的人生,决不是具足的人生"。青年所需的体育生活,一方面是运动,另一方面是卫生。青年对于体育生活应有不可"不",也不可"过"这两种觉悟。

5 月 5 日,杨贤江在《学生杂志》第 10 卷第 5 号发表《学生与政治》和《勖自学者》。在《学生与政治》一文中,杨贤江主张学生应该与闻政治,即学生平时对于政治有研究、对于本国政象能留心、在必要之时还能有相当的表示。学生参与政治,并不是叫学生去做官、做议员,而是去研究政治的原理以及民主国家政治的设施,去观察眼前的政治情状,去做宣传运动、示威运动一类的事情。只要大家认清了民主政治的敌人——国内军阀和国际帝国主义,就不难确定我们对于政治应采取的态度了。杨贤江提出学生"干政"的七种政治目标:保持中华民族的独立;实现民主的政治;确立人民集会、结社、言论出版的绝对自由;实行义务教育;实行普通选举;制定劳工保护法;确立男女平权,并认为"以上七端是实现平民政治的要件"。①

6 月 5 日,杨贤江在《学生杂志》第 10 卷第 6 号发表《学习法概论》。文章认为,"学习时自力的价值化","自力是区别学习与教授的唯一的观念"。价值化是明白学习真意的重要属性,简单地说,就是要比现在好。学习是自力的价值化这个命题中,含有个人的与社会的两方面。从主观方面看,有精神的价值化与身体的价值化。从认识形成方面看,有理想的认识的形成与实践的认识的形成这两种意味。学习的作用是由内心发动的作用、是选择的作用、是保持的作用、是改

---

① 任钟印. 杨贤江全集(第 1 卷)[M]. 郑州:河南教育出版社,1995:858.

造的作用并且是以人的本性或本能的倾向为根基的。提倡学习法,无非要把学习作用的经过变得容易些、改良些、确实些罢了。学习经济的意义,是在最短的时间内,用最少限的精力以得学习上的最大的效果。这也称为学习的技术,可分为外的条件与内的条件两种。由于学习作用的自身已经认定是自力的,故正当的学习态度的养成,应当是发动的创造的。这样说来,学习者的自觉,实为学习法的生命。而这种自觉,却非自家体验不为功。我国的学校教育太不讲究学习法,这是一个缺点。近来小学教育有人提倡设计教学法,而中学教育却仍因袭注入式、讲演式的旧习,这更是一个缺点。为改进中学教育,增进中学生学力起见,提倡学习法不无裨益。

7月5日,杨贤江在《学生杂志》第10卷第7号发表《再勖自学者》《再论学生与政治》《青年的大敌》等文章。《再勖自学者》一文,意在坚定自学者的勇气,证明辛苦求学的必要以为中产以下社会中的青年男女因困于经济而不得入校求学者开一个方便之门。劳动奋斗是解决自学问题的利器、解决社会问题的武器。杨贤江寄望有因解决自学问题并想解决社会问题者成为社会主义者。在《再论学生与政治》一文中,杨贤江认为,青年学生不能仅仅停留在澄清政治、打倒军阀的革命呼声以及产生不出影响来的群众运动中,而应有普遍的猛烈的青年运动作为创造新中国的基础,不能受惑于"文化"或"资本化"而忘天职。在《青年的大敌》一文中,杨贤江指出,顽固头脑、时髦朋友、颓唐习气,厌世思想是青年的大敌,他奉劝青年做符合新时代要求的进步青年。

8月5日,杨贤江在《学生杂志》第10卷第8号发表《中国的学生运动与青年运动》和《意力的训练》。在《中国的学生运动与青年运动》一文中,杨贤江认为,中国目前尚没有青年运动,因为青年中除去青年学生外,还应有青年工人、青年学徒、青年农民和青年士兵,但中国的学生运动有其特殊的地位和价值,自身缺少教育和组织的青年工人、青年学徒、青年农民和青年士兵正待有觉悟的青年学生去教育、组织;学生运动应当扩大范围,积极进行政治运动和青年劳动群众的运动并节制自己的运动,同时与青年运动渐渐化为一致,做中国青年运动的先锋。在《意力的训练》一文中,杨贤江指出,许多青年有志未成,原因就在意力薄弱,薄弱之因就在见理不明和热情不足。意力的训练方法有:养成胆力、丰富知识、培养热情。9 月 5 日，杨贤江在《学生杂志》第 10 卷第 9 号发表《团体纪律与个人自由》一文，倡议青年赶快觉醒所遗传的不守纪律的恶根性而急谋铲除，赶快组织或加入有改造性质的团体而力图自拔，只有遵守纪律才能获得自由。

五、"全人生指导"思想的成熟

1923 年 9 月 27 日，杨贤江参加中共上海地方兼上海区执行委员会第十五次会议，议决改组、扩大"国民运动委员会"。杨贤江被推举为中共上海地方兼区委国民运动委员会会员，与恽代英、黄让之、阮永昭在该委员会中共同负责青年学生工作，指导青年学生运动。10 月 14 日，参加少年中国学会在苏州召开的第四次大会。与邓中夏、恽代英等为学会制定"求中华民族独立，到青年中去"的方针，以及"反对国际帝国主义"等九条纲领，并协助恽代英编辑《中国青年》杂志。12 月 5 日，杨贤江在《学生杂志》第 10 卷第 12 号发表《到青年中去》。杨贤江有感于近来青年学生界的风气实在太萎靡、太无力——享乐和颓唐，认为青年自身不改造便无希望去改造社会。故号召有觉悟、有能力的青年学生先做一种青年阶级的运动即先做一个"到青年学生中间去"的工作，为青年阶级奋斗，为青年阶级改造风气，待青年阶级的基本势力强固了，方能承担起到民间去唤起民众同来改造社会的责任。

在此期间，杨贤江还担任中共中央与各地党组织的秘密通讯与联络工作，兼任浙江春晖中学教务主任。他还任上海大学社会学系教授，并利用闲暇在上海大学附中、景贤女中兼课，前往复旦大学学习心理学课程。这些工作使杨贤江能够近距离观察青年学生，从而丰富和发展了"全人生指导"思想。1924 年，杨贤江被选为中共上海地区兼区委候补委员，不久递补为正式委员，任改组后的国民党上海市党部青年部部长。负责组织国民党委员会，指导国共合作的统战工作，兼任上海《时报》"教育周刊"编辑。杨贤江一边工作一边撰写文章，在《学生杂志》中全面阐述自己的教育主张，"全人生指导"思想走向成熟。

1924 年，杨贤江全面阐述"全人生指导"思想的主要文章有：1924 年 2 月 5 日，在《学生杂志》第 11 卷第 2 号发表的《青年的生活》和《列宁与中国青年》；3

月 5 日,在《学生杂志》第 11 卷第 3 号发表的《我对于人生观的见解》和《现在中国青年的生活态度》;4 月 5 日,在《学生杂志》第 11 卷第 4 号发表的《求学与救国》《怎样讲修养》和《告青年学生之从事于平民教育运动者》;5 月 1 日,在《民铎》第 5 卷第 3 号发表的《中国青年之敌》;5 月 5 日,在《学生杂志》第 11 卷 5 号上发表的《青年学生救国的途径》和《略论团体训练》;6 月 5 日,在《学生杂志》第 11 卷 6 号上发表的《青年求学问题》《莫忘了体育》和《暑假中的乡村运动》;7 月 5 日,在《学生杂志》第 11 卷 7 号上发表的《青年觉悟的关头》;8 月 15 日,杨贤江在《民国日报·觉悟》上发表的《教育问题》,文章全面批评社会教育问题,提出要实现"教育的革命"和"革命的教育","要彻底的根本解决现在的'教育问题',老实地说,只有一条路可走——'革命',就是'国民革命'";[①]9 月 5 日,在《学生杂志》第 11 卷 9 号上发表的《青年的道德观念》;10 月 5 日,在《学生杂志》第 11 卷 10 号上发表的《学生与群众》和《事业与实学》;11 月 5 日,在《学生杂志》第 11 卷 11 号上发表的《青年运动的几个要点》;12 月 5 日,在《学生杂志》第 11 卷 12 号上发表的《课外活动与实际生活》。

1925 年,杨贤江全面阐述"全人生指导"思想的主要文章有:1 月 5 日,在《学生杂志》第 12 卷 1 号上发表的《学风与校风》和《校风是什么》;2 月 5 日,在《学生杂志》第 12 卷 2 号上发表的《怎样造成良好的校风》《一技之长》《学生自治失败的负责者》;3 月 5 日,在《学生杂志》第 12 卷 3 号上发表的《怎样造成学生群众》《新学生与旧学生》;4 月 5 日,在《学生杂志》第 12 卷 4 号上发表的《青年求学的目的是什么》;5 月 5 日,在《学生杂志》第 12 卷 5 号上发表的《规律的生活》《为什么要组织团体》《创造新学风与整顿学生会》;8 月 5 日,在《学生杂志》第 12 卷 8 号上发表的《我们要注意时事》《"五·卅"事件的意义》等。

8 月 20 日,杨贤江在《教育杂志》第 17 卷第 8 号发表《中学训育问题的研究》一文,文章首次提出"指导全人生"的概念。杨贤江认为,训育对教育目的的实现有着重要作用。训育的目标"不仅须使学生将来能升学,也须使学生将来会做事;不仅须使学生将来能维持个人生活,且须使学生将来能保障社会安宁"。

---

① 任钟印. 杨贤江全集(第 2 卷)[M]. 郑州:河南教育出版社,1995:92.

于是,他认为中学训育的目标是:"无论学生与否,终不当仅希望学生做各个的好人,乃应培养学生做社会的好人。"他认为过去的教育对训育存在两种错误的看法。他说:"总之,过去的教育从训育一方面看,已是把人生割裂了,没有'指导全人生'的观念存在,可以说是畸形的或蹩脚的教育。这是一个错误","还有一个错误,乃在训育方法不切实际:第一,不从学生本身上着想;第二,不从社会环境上着想。"他认为中学训育应通过两条途径来实施:"(1)个别接触;(2)团体训练。"①《中学训育问题的研究》的发表是杨贤江"全人生指导"思想正式确立的标志。

第四节　发展阶段(1925 年—1931 年)

杨贤江始终站在斗争的前列。1925 年 5 月 30 日,他参加动员和组织上海大学等校学生,投入"五卅"反帝爱国运动和上海工人三次武装起义。后来,当选为国民党上海执行部"教育委员会"委员。6 月下旬,上海商务印书馆重新组建工会及党团组织,杨贤江与陈云、沈雁冰、丁晓先等十余人为其成员,分工是与沈雁冰担任编译所党组织负责人。与陈云、沈雁冰等同志领导商务印书馆的职工运动。杨贤江在指导青年学生运动的同时,还通过在《学生杂志》开辟专栏与学生互动交流,进一步丰富和发展了"全人生指导"思想。

一、解答青年学生问题

在投身革命工作同时,杨贤江继续在《学生杂志》和《教育杂志》上发表论文,阐述自己的"全人生指导"思想。他还在《学生杂志》上开辟专栏,与青年学生信件往来中青年学生提出的各类问题,在杂志的"答问栏"中进行回复。这可以被认为是"全人生指导"思想的具体实践,是一个理论指导实践的过程。在编辑《学生杂志》的六年时间里,杨贤江给全国各地大中小学学生通信、答问、释疑

---

① 任钟印. 杨贤江全集(第 2 卷)[M]. 郑州:河南教育出版社,1995:324–328.

3000 多次。在他的努力下,"全人生指导"思想已经成熟并走向了进一步发展的新阶段。他所负责编辑的《学生杂志》,成为他全面阐述并发展"全人生指导"思想的主阵地。

二、被迫东渡日本

1927 年 1 月,杨贤江辞去《学生杂志》编辑工作。2 月参加上海工人第二次武装起义,并参加领导上海工人第三次武装起义的准备工作。3 月返回余姚指导革命工作,后返归上海向上海大学党团支部传达上海区委指示,组织纠察队,协助发动第三次工人武装起义。此外,他还参加上海临时市政府筹备工作,被选为上海市政府委员,并出席上海临时市政府委员会就职典礼。4 月,杨贤江主持召开国民党上海全体党员大会,担任上海市教育局局长(代理),出席上海市党部执行委员会议。"四一二"反革命政变后,杨贤江被蒋介石的南京政府"一号令"(《通缉共产党首要令》)列为被通缉的对象,杨贤江秘密离开上海前往武汉。

到达武汉后,杨贤江参加苏、沪、浙三党部驻汉办事处工作,并担任委员。后担任国民革命军总政治部机关报《革命军日报》总编辑。不久,汪精卫在武汉发动"七一五"反革命政变,杨贤江又离开武汉经江西辗转返回上海参加革命工作,编辑生涯从此结束。10 月,杨贤江在中共安排下东渡日本,化名李洪康,负责中国留日学生的中共特别支部工作。在日本避难期间,杨贤江积极向国内传播日本的教育思想理念,陆续发表了多篇关于日本教育的论文,翻译并发表了多篇日本的教育理论文章。此外,"避难"也客观上为杨贤江提供了充足的时间和空间来思考教育问题,进一步"整合"他的教育理论。他运用马克思主义的历史唯物主义研究教育史和教育理论,撰写了《教育史 ABC》和《新教育大纲》两本著作。其中,1929 年出版的《教育史 ABC》是中国最早运用历史唯物主义观点(唯物史观)研究教育史的著作。1930 年出版的《新教育大纲》是中国第一部以马克思主义为指导,系统阐述马克思主义教育原理的著作。1931 年,杨贤江在日本长崎病逝,终年 36 岁。

杨贤江的一生,是短暂的一生,是革命的一生。他编辑《少年世界》《学生杂志》和《中国青年》,传播马克思主义教育理论,阐述"全人生指导"思想,为马克思主义教育理论的中国化做出了突出贡献,是一名卓越的马克思主义教育理论家;他关心青年学生,积极指导青年学生运动,引导青年学生投身革命斗争,对当时青年学生运动的组织和开展做出了突出贡献,是一位杰出的青年运动领导人;他坚定共产主义信仰,坚决同帝国主义、封建主义和官僚资本主义作斗争,为推翻压迫和实现社会变革做出了突出贡献,是一名坚定的共产主义战士。"全人生指导"思想是杨贤江留下的宝贵遗产,这一思想的形成和发展,既是马克思主义教育理论中国化的过程,也是一名马克思主义教育理论家、青年运动领导人和共产主义战士的成长过程。

第五节 "全人生指导"思想的理论基础和思想借鉴

"全人生指导"思想源于杨贤江对马克思主义特别是"人的全面发展"理论的认真探索和深入研究,同时也源于他对古今中外教育理论的广泛涉猎和对教育实际的真切观察。

一、马克思人的全面发展理论

马克思主义关于"人的全面发展"理论是"全人生指导"思想的理论基础。五四运动以后,马克思主义在中国传播。杨贤江参加"少年中国学会",开始接触马克思主义并了解历史唯物主义的相关内容。1921年,杨贤江受聘于商务印书馆,担任《学生杂志》编辑后,开始系统地学习马克思主义的相关理论,通过深入研究马克思主义"人的全面发展"理论,为"全人生指导"思想找到了科学的理论依据。1922年5月,杨贤江加入中国共产党,完成了他人生观的转变。此后,他坚持运用马克思主义的立场、观点和方法分析社会教育问题和青年学生问题,进一步丰富和发展"全人生指导"思想,并于1925年最终确立。

马克思指出,在社会主义社会,当每个人成为社会主人的时候,"社会就消灭了人直到现在受他们自己的生产资料奴役的状况,……生产劳动给每一个人提供了全面发展和表现自己全部即体力和脑力的机会"①。马克思提出的关于人的全面发展学说的本质内涵，包括人的劳动能力的发展，比如体力、智力、个性和交往能力的发展等，这也是马克思所认为的人的全面发展最基本的含义；其次是人的社会关系的丰富；最后是人的个性的全面发展。这些内容，都与杨贤江所提出的"全人生指导"思想在目标和内容上基本一致。

此外，马克思主义关于人的全面发展理论不仅强调实现个体人的全面发展，更要实现人的全面发展与社会全面发展的统一。马克思认为，一方面，社会是人的全面发展的基础和平台，社会发展推动人的发展；另一方面，人是社会的主体，人的全面发展是社会发展的最高价值和崇高目标，因为社会的发展实质上是人们追求幸福和发展的结果。杨贤江继承并发展了马克思的这一观点，在1922年发表的《个人心与社会心》一文中全面阐释人与社会的关系问题，将个人的发展与社会的发展有机结合在一起。马克思还指出了实现人的全面发展的途径：改变生产资料的私人占有制形式，对青少年一代实施全面发展的教育，以及实行教育与生产劳动相结合。对此，杨贤江在"全人生指导"思想中提出个人改造和社会改造相结合，这与马克思指出的实现人的全面发展的途径相契合。

因此，马克思主义人的全面发展理论为"全人生指导"思想提供了科学的理论依据，"全人生指导"思想则是马克思主义教育理论中国化的重要成果。

二、古今中外优秀的教育思想

杨贤江教育思想的形成，也来源于对国外教育理论的扬弃吸收与合理借鉴。"全人生指导"思想是对中国古代"成人"思想，康德"完人"理论，日本小原国芳"全人教育论"，蔡元培的"五育并举"以及经亨颐的"人格教育"理论等教育理论的兼收并蓄，取精用弘。它不是对某一种思想的翻版或者移植，而是杨贤江在融合古今中外教育理论的精华的基础上提出的独到见解。

中国古代教育讲求"传道""授业"和"解惑"，幼年时期在私塾和学堂学习的

---

① 马克思恩格斯论教育[M]. 北京：人民出版社，1979：209.

经历,使杨贤江从小就受到中国古代"成人"思想的熏陶。"德"乃立身之本,"成人"必先"成德",这样才能做到"内圣外王"。"修身齐家治国平天下"就是对中国古代"成人"思想的最好诠释。这使杨贤江从小就在心中埋下了一颗"全人"的"种子",也为杨贤江"全人生指导"思想的提出奠定了一定的理论基础。而对"全人生指导"思想的形成影响最大的,还是在杨贤江步入浙江省立第一师范学校以后。

在浙江省立第一师范学校学习期间,作为师范生的杨贤江广泛阅读中外教育学著作,学习了康德教育论等西方的教育理论。康德提出培养"完人"的教育主张,就是要求培养一个"完全的人",而"完全的人"应该具备认知领域的"纯粹理性",道德领域的"实践理性"和情感领域的"判断力",最终实现真、善、美等各方面的潜能都能得到全面的发展、充分的发展和协调的发展,从而把人培养成为一个"有人格的人""完全的人"。杨贤江认真学习康德的"全人"教育理论,立志成为一名"高尚纯洁"的教师,为国家培养各方面全面发展的优秀的人才,并尝试着结合当时的教育实际,发表自己的教育观点。1917 年,杨贤江任南京高等师范学校学监处事务员。在南京高师的工作期间,杨贤江对教育理论产生了浓郁兴趣,不仅抽空跟班听课,还经常向任教育科主任的陶行知先生讨教疑难,受益匪浅。他接触到了"日式教育学"和"美式教育学"的相关内容,了解到诸如夸美纽斯、赫尔巴特、杜威和桑代克等人的教育思想,进一步提高了他对教育的重要性的认识,丰富了他的教育思想。

1919 年五四运动以后,伴随着马克思主义的传播,苏联的教育思想也在中国广泛传播。而苏联的教育思想,本身就是运用马克思主义的教育理论而重新构建的社会主义教育思想。这与杨贤江之前的接触的资本主义教育思想有着根本的不同。与此同时,欧美的教育思想实现了"合流",在全球范围内广泛传播,美国教育家杜威"周游列国",传播美国的教育理论。杜威的实用主义教育思想以及与之相适应的进步主义教育运动,对包括杨贤江、胡适、陶行知等中国近代史上的教育家和思想家影响甚远。

继苏美之后,日本教育思想也广泛传入中国,其中就包括小原国芳的"教育立国论"和"全人教育论"。这都对杨贤江的"全人生指导"思想的产生具有重要的影响。但来自欧美日等国的教育思想是为资产阶级服务的资本主义教育思想，它们在"全人生指导"思想的形成中只是起到了借鉴作用，与最终形成的"全人生指导"思想无论是在目标上、内容上还是方法上都有着本质上的区别。

第二章
杨贤江"全人生指导"思想的构成

杨贤江"全人生指导"思想的内涵丰富,包括教育对象、教育目标、教育内容和教育方法。杨贤江明确"全人生指导"思想的教育对象是青年学生。其目标是促进青年学生个体的全面发展,并希望通过人的社会交往,最终实现整个社会人的全面发展。杨贤江认为,青年学生首先应该确立正确的人生观,包括当前的人生观和长远的人生观。当前的人生观的确立需要青年学生进行个人的改造,而长远的人生观确立则需要对社会进行改造,希望青年学生通过革命的形式,推翻压迫阶级的政治统治,实现社会变革。"全人生指导"思想始终围绕着要求青年学生树立正确的人生观这一核心内容,通过采取不同的方法,指导青年学生过健康的生活、劳动的生活、文化的生活和公民的生活,以培养青年学生"完全人格"的德、智、体、美、劳等核心素养,最终实现其自身的全面发展。

第一节 "全人生指导"思想的教育对象

杨贤江十分重视处于青年时期的学生群体,他要求教育者要正确地认识到学生青年时期出现的诸多问题,重视青年学生的教育。因此,"全人生指导"的教育对象主要是处于青年时期的学生,即青年学生。

一、认识青年时期的问题

杨贤江认为,青年时期(或青年期)即人的"第二诞生期",这一时期也是"人生的第二危险期"。所谓青年时期,"即为自十二岁或十四岁到身体完全成熟的一段年期"[①],也就是我们人类从出生到成长,就是从胎儿到大人,要占据一个长达25年的时期。在这个生长期中,又可分为几个短时期。普通的分法,有以下5个时期:胎儿期即第一诞生期,乳儿期即人生第一危险期,幼儿期,少年期,青年期或青春期即人生第二危险期。在青年期,个人身心急剧变化,重来一个不安定的状态,死亡率也从而增多。青年期也是个人改造期,把少年期的小规模完成打破了,再进而谋大规模的向上和发展,使身体和精神的内容更为丰富,并且在这种破坏动接时期,就可规定其人将来的生活:或是向上,或是堕落,所以青年期的教育,竟是十分重要了。青年期的身体,男儿到20岁,女儿到19岁,身高的发育已经基本完成。当未完成以前,身高与体重的发育,是交互的,律动的。青年期的精神,也随身体的激变而产生激变,第一属于感情生活的,第二属于思想生活的。这一时期人的心理特性和生理结构两方面极急剧而且极远大的变化,具体表现为:在生理方面,一是体高和体重的增进更速,二是筋肉发达的急剧,三是性欲机能的成熟;在心理方面,一是想象作用的发达,二是爱情的表现,三是理性作用的发达。其中,青年期的发达最根本的体现在心理现象中,青年的各种社会的本能日渐成熟,他们乐群、富有同情心、利他、希望得人嘉许并具

---

① 任钟印. 杨贤江全集(第 2 卷)[M]. 郑州:河南教育出版社,1995:349.

有自知心等等。但相反的动作也常要发现，如许多青年有怕羞、胆怯、拙钝、赧颜诸特征。

青年期的特征，除了上述身体和精神两种以外，还有一种就是青年期是各种疾病萌生的时期，故青年期存在一种处在既不生病又不健康的中间状态的倾向。这时期的疾病，有关于血液的萎黄病、贫血症及关于神经性的歇斯底里、癫痫、舞蹈病，此外还有消化器病及赤痢、窒扶撕等等。青年期流有多种心理疾病，如沉思冥想、空想、伴于自我意识发达而生的自己批评及病的意识过敏、自己过信和极度卑下、忌社交的独居癖，对于美术、文学、科学及其他种种职业的新兴味的勃发，不平、破坏、疑惑、浮浪、彷徨等等。青年期在人生发育的历程中，占据重要的位置，因人生到了这个时期，发生一大波澜，随后风暴平息，遂入壮年期了。

青年期学生身体和心理的巨大变化会导致各种矛盾与冲突现象。在《中等教育与青年问题》一文中，杨贤江列举了七种青年期学生矛盾冲突现象：第一，本来非常热心的，忽然变为冷淡。第二，本是愉快高兴的，忽变为沉郁悲观。第三，本认为自己为伟大的，忽然认为无用。第四，本想以高洁的利他心而牺牲自己的，忽然发现儿童时代露骨的利己心。第五，一方社交性极其得势，他方因羞耻心反不敢向大众周旋而自甘孤独；甚至厌恶异性而主张独身。第六，一时颇急进的，想反抗一切旧习，以求实现自己的理想；移时反变为保守的，将骂世俗的轻薄、叹人心的衰落而主张国粹的保存。第七，极富于感情的、享乐的，但求目前的安乐的；过后忽变为认真的、严肃的，自觉罪恶而烦闷不已。并认为这些青年问题的产生"都可以说是理想与现实的冲突、欲望与环境的冲突"。因此，青年期心身的发达，既然这样复杂变化，"可知青年问题的发生不为无因，而中等教育者的责任也就格外重大了"。①

除了自身问题，青年学生还受到外界诸多因素的影响。杨贤江指出，青年本应该是活动而强健的、多趣的、奋斗的、认真的、专心读书的、享受具足而幸福的生活的，却因为受到礼教、玄学、名士、顽固的家长、腐败的教职员、国外的教育、

---

① 任钟印. 杨贤江全集(第 2 卷)[M]. 郑州；河南教育出版社，1995：354.

国内反动的压迫阶级以及国际帝国主义的四面包围,而青年变成衰弱、停顿、堕落和怠慢无知。①它们灭杀青年的血性和热情,剥蚀青年的活气和生机。这些内部和外部的诸多因素,都共同导致青年学生身心等方面出现各种问题。青年期在人生发育的历程上,占个重要的位置。因此,杨贤江特别强调要重视青年学生的教育。

二、重视青年学生的教育

第一诞生期如养护不周,小儿要受夭折的灾厄;第二诞生期如教育不良,青年就要受人生堕落者的恶名。杨贤江重视青年学生的教育,因为他不仅看到了青年期学生问题对青年学生自身的影响,还通过对个体与社会关系的分析,指出了青年学生个体问题对于整个社会的影响。

他说,"个人不是纯粹独立的,是有社会的性质的。对于所属团体,对于国家,对于家庭,乃至对于自己一身,都有种种关系"②。因此,青年学生得不到好的教育,不仅会影响其自身,还会影响整个社会。"青年期心身的发达,既然这样复杂变化,可知青年问题的发生不无为因,而中等教育者的责任也就格外重大了"③。青年期得不到良好的教育,不仅会影响青年自身,甚至会影响整个社会。青年期的指导万一贻误,"青年就要受人生堕落者的恶名","若堕落者流毒,却能令一般公众受著危险。故在教育上讲,青年期的指导万一贻误,这不但青年个人的不幸,实是社会全体要受影响的"④。

杨贤江认为,青年期里需要注意的事情很多,主要有以下几点:

第一,注意体育。体育底重要,原不在青年期为然,乃是亘于人生全期的。但青年期因为身体的变化较多,对于疾病的抵抗力没有安定,便当有十分的锻炼。就在这时期里节制性欲和保护神经系这方面讲,也有注意体育

---

① 任钟印. 杨贤江全集(第 2 卷)[M]. 郑州:河南教育出版社,1995:40-43.
② 任钟印. 杨贤江全集(第 1 卷)[M]. 郑州:河南教育出版社,1995:538.
③ 任钟印. 杨贤江全集(第 2 卷)[M]. 郑州:河南教育出版社,1995:354.
④ 任钟印. 杨贤江全集(第 1 卷)[M]. 郑州:河南教育出版社,1995:551.

的必要。至于运动的种类,无论竞技、游戏、泅水、散步或冷水浴、深呼吸等,只要适合自己的体质,都是可以的。

第二,注意性欲。这件事多半要靠教育上的方法,像向来习俗所用的秘密主义或是消极抑止,全是不适当的。在青年自身,应当涵养纯洁的情操,锻炼强固的意志,注意游戏、运动、户外工作、自然研究、艺术动作、团体集会等,使有多方面的活动、多方面的兴趣,以使性欲冲动减少为是。

第三,培养自发的向上心。青年多有高尚的理想和纯洁的心志,故在个人当努力奋发,不使堕落;在友朋当互相勉励,以求进益。若为习俗所拘,为情欲所缚,为势利所动,因以鄙弃壮志,抛去宏图,实足为青年的致命伤。我们有为的青年,决不当如此。

第四,培养理性的势力。青年的感情热烈,血气旺盛,故敢于破坏,敢于"发难",中等学校特多风潮的原因,或亦在此。但这种行动,有时仅为感情上的好恶而起,并未经过理性的考虑,所以往往走错了路,还不自知。为要免除这样无益的风波起见,我们平常终当养成用理性指导行事的习惯,使得我们所做的事,都有正当的理由,受得起人家的质问。并且如果理性得著势力,我们便有了相当的见地,可不致被人利用,受人煽惑,我们尽能独立主张、自由活动了。

第五,准备独立的生活。这件事也多靠学校教育底方法(如添设选修科)。我们自己所当留意的,在选择适于个性的职业,养成独立生活的精神。

——摘自杨贤江《第二诞生期——人生第二危险期》原载 1922 年 3 月 5 日《学生杂志》第 9 卷第 3 号

因此,杨贤江对处于青年期的学生的教育十分重视。他主张对青年学生进行以树立正确的人生观为核心的德、智、体、美、劳等全方位的指导。他认为,"生活的内容,凡是在满足人生向上发展的需要上所不可少的,都当求其具备"①。杨贤江指出:

---

① 任钟印. 杨贤江全集(第 2 卷)[M]. 郑州:河南教育出版社,1995:588.

譬如体育为保障健康生活所不可少,就该人人讲究体育,不一定体育家才应讲究;读书是增进知能、利用闲暇所不可少,就该人人注意读书,不只是学问家才应注意他;如学习工作技术,参加社会活动,也都是在增进劳动价值与人群幸福上所不可少。故人人要会做些运用体力的工作,并能对于团体效劳。但各人受天资及环境的影响,对于各书面所造就的程度与用力的专精,当然各有不同。譬如要求数学家和运动员一样的能赛跑,或要求农夫同诗人一般的会作诗,那简直是个异常的妄想。不过就人生的需要言,却不能不希望人人对于各项生活内容有相当的注意和造诣;要是事实上有所难能,也当尽人力以谋补救。如原因由于教育方法的,则自教育上改良;原因由于社会制度的,则自制度上改良。志求向上发展的人生,固不应畏难而止;有向上发展倾向的人生,也不会安于缺陷而不思改进。再,人生活动的内容更要求其心身动作的联络与统一。这在教育上可以说是"全我活动"……

——摘自杨贤江《怎样改造学生生活》原载 1926 年 8 月、10 月 5 日《学生杂志》第 13 卷第 8、10 号

为此,他提出青年学生过圆满生活,应当有强健的身体及精神,有工作的知识与技能,有服务人群的理想与才干,有丰富生活的好尚与习惯。[1]杨贤江据此将青年圆满生活概括为健康、劳动、社交与文化四个要素,并据此把青年学生生活的正常形式分为健康生活、劳动生活、公民生活、文化生活四类。"必须对于这四个方面有相当的具备,才算是正常的人生。否则,无论怎样有所专长,毕竟是偏颇的畸形的发展,揆之圆满生活的原则,终不能不认为缺憾"[2]。

照我的理想,青年时代应有多方面的活动。对于学业要研究,对于身体要锻炼,对于感情要丰富,对于兴趣要浓厚。不单重书本,更要重才干;不仅生活于室内,又要生活于户外。总而言之:理智生活要与情意生活并行,学

---

① 任钟印. 杨贤江全集(第 2 卷)[M]. 郑州:河南教育出版社,1995:582.
② 任钟印. 杨贤江全集(第 2 卷)[M]. 郑州:河南教育出版社,1995:582.

术生活要与实际生活并行,工作生活要与游戏生活并行,个我生活要与群众生活并行。我国古来所传述的那些"斯文""肃静""安分""寡欲"等等立身处世的规矩,在现在看来,未免近于枯燥、孤僻,也且流于冷酷、虚伪。为补偏救弊起见,我敢主张,现代的青年要特地注重于内的生活、本能的生活、感情的生活、娱乐的生活。我们要会跑,会跳,会骑马,会游泳,会上下电车,会拿旅行行李,会唱歌,会奏乐,会游戏,会滑稽;乃至会烧饭,会切菜,会洗衣,会露宿;乃至看见苦力搬不动重物,就会跑去帮助;看见异乡人找不著路径,就会跑去指示。这种种动作,虽像非常粗浅,不值得学者先生们的重视,但我以为,这便是一个正常的人所应该具有的生活本领,而为"安贫乐道""文质彬彬""鞠躬如也""救世济民"等等不正确、不健全、发夸大狂的人生观所迷惑而强制的我国学者的对症发药。因为我们是人,终得过人的生活。

——摘自杨贤江《青年生活的本质》原载 1922 年 7 月 5 日《学生杂志》9 卷7 号

第二节 "全人生指导"思想的主要目标

杨贤江"全人生指导"思想的基本目标由个人目标和社会目标共同构成。培养青年学生"完全人格"是"全人生指导"思想的个人目标,追求实现人类的自由而全面发展是"全人生指导"思想的社会目标。个人目标的实现需要青年学生进行个人改造,而社会目标的实现,需要青年学生进行社会改造,通过革命实现社会的变革。杨贤江运用马克思主义人与社会关系理论,将个人目标与社会目标有机地结合在一起,是其"全人生指导"思想的创新之处。

一、培养学生"完全人格"

杨贤江批评传统教育过分关注学生升学,强调应试教育,而忽视学生个体的全面发展。他指出,"向来的学校教育,大都偏于知识的传授,而对于良好的习惯的培养、青年问题的探索;换句话,就是未能为全人生的指导"①。他认为,"学生责任是为研究学理,养成完全人格"②,"新学生是为造成健全人格,促进社会进化,做个更有效能,更享幸福的人"③。为此,他多次撰文规劝青年学生应当及早养成"全人"的生活的习惯,以免最后导致"畸形的人生"。

向来我国人对于训育的见解——其实从前无所谓训育,至多不过管理——往往误为这只是道德上的作用,且认道德只是些个人的"修身养心",还不免带着高贵玄妙、难能可贵等等的意味。但这是错的见解。错在哪里?原来他们把整个的人生分割了,以为"德、智、体"三育是分立的,不相干涉的。故要讲训育,则必须高标"人格""德性"一类特殊的名目,而任训育责任者,又必须"道貌俨然",以期感化于无形。其实,要知道讲解伦理是训育,而养成早起习惯何尝不是训育;纠正行为是训育,而引起学习动机何尝不是训育;训育主任要负训育责任,难道别科教员可以不负训育责任? 总之,过去的教育从训育一方面看,已是把人生割裂了,没有"指导全人生"的观念存在,可以说是畸形的或蹩脚的教育。这是一个错误。

——摘自杨贤江《中学训育问题的研究》原载 1925 年 8 月 20 日《教育杂志》第 17 卷第 8 号

学校教育"造就完全之人格",学生修养是"学成完全之人格"④。杨贤江认为,"教育的目的,至少须能养成学生会做一个适于现代生活的人"⑤。为此,杨贤江提出"全人生指导"思想,目的就是将青年学生培养成为一个德、智、体、美、劳全面发展的具有"完全人格"的"完人"或"现代人"。他指出,"若培植己材,而偏于体育,贲获而已;偏于德育,程朱而已;偏于智育,仪秦而已。必兼有三育,融会

---

① 任钟印. 杨贤江全集(第 2 卷)[M]. 郑州:河南教育出版社,1995:329.
② 任钟印. 杨贤江全集(第 4 卷)[M]. 郑州:河南教育出版社,1995:430.
③ 任钟印. 杨贤江全集(第 2 卷)[M]. 郑州:河南教育出版社,1995:258.
④ 任钟印. 杨贤江全集(第 1 卷)[M]. 郑州:河南教育出版社,1995:143.
⑤ 任钟印. 杨贤江全集(第 1 卷)[M]. 郑州:河南教育出版社,1995:822.

精彻,始能成为完人"。

　　问"人是什么？"意思就是问："什么是人的特色？"也就是问："人的定义？"我以为人是兼有两性的:有了肉体,又有精神;有了个性,又有群性;又[有]了现实,又有理想。这种种都发达了,都充实了,才是个完成的人。人和动物相似的地方,就是肉体和现实两方面。论到智、情、意的精神差别,发达的个性、协同组织的群性、精益求精的理想,都是人类所特有。有人说:人是进化的动物,人是能制造器具的动物。他的根据,就在这里。但是仅仅有了这两性的素质;不去培养,不去发挥,还不是个完人。要做完人,必须经过自觉、自尊、自动、自全等几步工夫方能实现。这种实现的可能,正是人类真正的特色。我们须得不辜负了他,才算尽了自己天职。

　　——摘自杨贤江《论个人改造》原载 1920 年 5 月 5 日《学生杂志》第 7 卷第 5 号

　　杨贤江认为,"一个青年人的生活,要有强健的体魄和精神,要有工作的知识和技能,要有服务人群的理想和才干,要有丰富生活的好尚和习惯"[1]。并由此提出青年学生形成"完全人格"的健康、劳动、交往、文化四个要素。杨贤江认为,人"必须对这四个方面有相当的具备,才算是正常的人生。否则,无论怎样有所专长,毕竟是偏颇的畸形的发展"[2]。

　　人有肉体和精神的两方面,精神依通常的分法,又有知、情、意三项。有的人专门守静读书,这是把肉体忽略了;有的人专门游玩运动,这是把精神忽略了;有的只会讲讲,不会实行,这是缺少意的修养;有的只会盲动,不会思想,这是缺少知的修养;也有很会想、很会做事的人,可惜感情上缺少和乐和同情,就不能与人相得。这种种都不是全人的生活,可以自然明白。所以我个人的主张,要做个完人,须得具备下列几个条件:

---

① 任钟印. 杨贤江全集(第 2 卷)[M]. 郑州:河南教育出版社,1995:17.
② 任钟印. 杨贤江全集(第 2 卷)[M]. 郑州:河南教育出版社,1995:582.

1.强健的体魄实现思想

2.充实的精神神采奕奕

3.清楚的头脑远识(为求智多智的根)

4.热烈的兴趣敢为(活动的根)

5.和乐的感情同群善处

6.坚强的意志持久

7.超个人的主张普遍的幸福

因此,在日常生活上应有运动身体的工夫,应有读书研究的工夫,应有社交娱乐的工夫。西洋人的生活要比我们的有趣,而西洋人做事的效率,也要比我们的大。这个缘故,我想,和他们的生活善得调剂、多方发达或者是有关系。人的职业,自然各有所专;但大家都是人,做人所必需的基础条件也终须具备。不然,人间生活,便彼此分歧,没有共通交换的好处,这实在是病态。所以我劝我们青年,应当及早养成营全人生活的习惯,免致后来做个畸形的人生。

——摘自杨贤江《我们的生活应是"全人"的》原载 1921 年 1 月 5 日《学生杂志》第 8 卷第 1 号

二、追求实现"众人之善"

杨贤江以马克思主义"人的全面发展"理论为基础,全面诠释"全人生指导"思想"完人"的培养目标,其最终目的是实现人类的自由而全面发展。杨贤江认为,个人的全面发展实现的"个人之善"并不是"独善其身",而是以"个人之善"为基础,逐步实现"众人之善",即人类的自由而全面地发展,这也是"全人生指导"思想的长期目标。

"社会是个人的社会,个人是社会的个人。个人与社会不能分离,可说个人就是社会"[1],"个人不是纯粹的独立的,是具有社会的性质的"[2],自己的思想、情

---

[1] 任钟印. 杨贤江全集(第 1 卷)[M]. 郑州:河南教育出版社,1995:200.
[2] 任钟印. 杨贤江全集(第 2 卷)[M]. 郑州:河南教育出版社,1995:538.

感、生活方式都受着前人和今人的影响。杨贤江认为,"人与社会可以说是同一物的两面:从这一面看为一个人,从那一面看为社会。除了个人,别无所谓社会"①。由此可见,杨贤江关于人与社会关系的论述与马克思主义关于人与社会关系的观点是一致的。他把人看作为一个生活中社会中的全面发展的个体,这个个体是具体的、社会的,而不是抽象的、单独的,他通过一定的方式与其他人共同组成社会,而他自身又是社会中的个人。

> 个人不是纯粹独立的,是有社会的性质的。对于所属团体,对于国家,对于家庭,乃至对于自己一身,都有种种关系。从历史上看来,决计找不出一个不含社会性质的个人。个人的精神和身体,皆是从社会形成的。就是那些所谓避人避世的隐士,说他们的感情和思想可以脱离了社会的关系,也非事实。因为他们倘若还要看报,还要读书,那便与社会继续著交际了。至于常人,一切生活所需,声气所通,情感所发,思路所达,更不能隔绝社会的因缘。所以说"个人是社会的个人"这句话是不错的。
>
> ——摘自杨贤江《个人与社会心》原载 1922 年 3 月 5 日《学生杂志》第 9 卷第 3 号

全面发展的个体与其他人进行社会互动,"我的影响及于人",同时"人的影响及于我",人与人之间相互影响,由此及彼影响整个社会成员,最后实现整个社会人的全面发展。因此,"完人"的培养目标,指的不是处于社会中的某个个体,而是社会群体的每一个个体。这里的"每一个"并不是指某一个人或某些人,而是生活在社会中的所有人。正如杨贤江所说,"我们要自己好,便要人人都好;我要自己有益,便要人人都有益。我望社会进步、学校优良,便须我及人人都进步、都优良。这里有我的责任,也有你的和他的责任"②。

个人与社会可说是同一物的两面:从这一面看为个人,从那一面看为社会。

---

① 任钟印. 杨贤江全集(第 2 卷)[M]. 郑州:河南教育出版社,1995:538.
② 任钟印. 杨贤江全集(第 2 卷)[M]. 郑州:河南教育出版社,1995:539.

除了个人,别无所谓社会。平常因为这两个名词的不同,便生出个人主义
(individualism)、普泛主义(universalism)或个人与社会并重等偏见。而实在
讲来,各个之心即社会心,各个之我即社会我。心之内容,是人人共通的,
是交互授受的,正如一个人所用的言语,决不是他独有的言语,乃是社会的
言语。一个人的思想感情也是这样。至于各自的心的内容所以成为共通
的,乃因人类在长久的时期里,为社会的交际,我的影响及于人,人的影响
及于我,由授受的积传而成为今日这一个心;所以我的心和你的心、他的
心,是很难以截然分别的。大家的心都以社会我的形式而存在,只是发展
的程度有些差异罢了。

……

所以我们要注意:个人不是纯粹孤立的,不是全无关系的,我能有今日
这样的思想、情感、生活形式,全是积受了、感染了以前的、现在的许许多多
人的影响而成的。

——摘自杨贤江《个人与社会心》原载 1922 年 3 月 5 日《学生杂志》第
9 卷第 3 号

"全人生指导"思想在目标上把个人与社会有机结合起来,是对马克思主
义人的全面发展理论的创新,更是对传统教育理念的一次革新。这使它能够在
当时众多的教育思想中脱颖而出,成为青年学生改造自身的理论武器。

第三节 "全人生指导"思想的主要内容

杨贤江主张"生活的内容,凡是在满足人生向上发展的需要上所不可少的,
都当求其具备"[①]。为此,他撰写了大量文章,从不同的角度,就如何教育和指导
青年学生进行了系统的阐述,构成了"全人生指导"思想的主要内容。杨贤江始

---

① 任钟印. 杨贤江全集(第 2 卷)[M]. 郑州:河南教育出版社,1995:588.

终围绕着指导青年学生树立正确的人生观这一核心内容,提出应指导青年学生过健康生活、劳动生活、公民生活、文化生活,从德、智、体、美、劳等角度对青年学生进行全面指导,旨在使学生达到"完全人格"的目标。

一、树立正确的人生观

人生观是人立身处世的依据,是对人对物的态度。指导青年学生树立正确的人生观是杨贤江"全人生指导"思想的核心。杨贤江认为,教育的作用就是在帮助人生长,就是在帮助人不断地获得经验、改造经验。因此,"人生就是生长",青年应该树立一种"生长的人生观"。他主张青年学生树立正确的人生观,包括当前的人生观和长远的人生观。

撇开学理的讨论,单就粗浅的意义来讲,我以为对于人生的观念,实有一个扼要之点,足以概括其他的种种义蕴的,便是说"人生是生长的"。

从生物学上看来,我们人类独有甚长的幼稚期。和各种动物相比,可说"人之初"是最无能力的。当诞生以后,既不会走,又不会讲,一切的动作、语言以及知识、技能、理想、事业等等,都是逐渐发达、经过长期训练才算达到成熟的境域,而仍有待于发展和改造。故人之一生,全在生长的历程中。人类的能受教育,人类的必需教育,就为了要生长的缘故。教育的作用,就在帮助人生长;照杜威的说法,就在帮助人不断地获得经验、改造经验。故我们可以说,人生就是生长。这一种人生观就是生长的人生观。

从这种人生观,就可以发现两种意见:第一,人生是进步的——意思是革命的;第二,人生是当前的。

——摘自杨贤江《我对于人生观的见解》原载 1924 年 3 月 5 日《学生杂志》第 11 卷第 3 号

(一)当前的人生观

青年学生在成长的过程中,首先要弄清楚的就是人生问题,必先确立人生观。而这个人生观的确立需要从青年的需要、现代的趋势和中国的现状这三个当面来研究考虑,因此属于当前的人生观。

新知识、新能力、新理想、新事业,都要不断地领会,不断地获得,不断地创造。这样,个人才有进步,世界也才有进步。这便是进步的人生。

人有人的生活,与禽兽乃至"鬼神"的不同。青年有青年的生活,与幼年乃至老年的不同。现代人有现代人的生活,与初民乃至"超人"的不同。中国人有中国人的生活,与黑奴乃至欧美民族的不同。要之,族类不同、环境不同、时代不同,生活的样式也跟著不同。这便是当前的人生。

现代中国青年应该有怎样的一种人生观? 这便要从青年的需要、现代的趋势和中国的现状这三方面来研究考虑,才能有个正确的规定。

——摘自杨贤江《我对于人生观的见解》原载 1924 年 3 月 5 日《学生杂志》第 11 卷第 3 号

作为青年学生,当前的人生观是什么?面对青年学生的疑问,杨贤江将当前的人生观与青年学生求学的目的有机结合,他告诫青年学生,当前的人生观是"在学做人,在学做一个更有效能的人"①。他说"我们求学的目的,乃是学习了做人的基本条件,好叫我们做个有用的人"②。怎样才算是一个有用的人? 杨贤江认为,一个有用的人,需要有坚强的身体,能忍受辛苦,担起责任;需要有灵敏的头脑,应对突发事项,解决疑难问题;需要有消闲的能力,能浚发高尚的思想,增进想象的能力;需要有劳动的习惯,能获得生活资料;需要有社会的人格,能有力为人类谋幸福。他说,抱这种观念求学的青年学生,"才是向人生正路上走的青年,只要他肯努力,将来就可做个有用的人"③。由此可见,确立当前的人生观,就是要求青年学生根据社会和自身需要,力求做一个具有"完全人格"的德、智、体、美、劳等各方面全面发展的人。

为了指导青年学生确立这种当前的人生观,杨贤江提出了改造个人和改造

---

① 任钟印. 杨贤江全集(第 2 卷)[M]. 郑州:河南教育出版社,1995:261.
② 任钟印. 杨贤江全集(第 2 卷)[M]. 郑州:河南教育出版社,1995:261.
③ 任钟印. 杨贤江全集(第 2 卷)[M]. 郑州:河南教育出版社,1995:262.

学生和生活两条路径。"彻底的个人改造,是在'社会我'的觉醒。"①青年学生要通过个人改造,竭力地发挥个人的奋斗精神和团体的互助精神,并主要注意以下几点:第一,身体方面要以坚强康健为目的;第二,精神方面要以充实、愉快、活泼为目的;第三,道德方面要发挥共和精神;第四,学问方面要做到"术业有专攻";第五,才识方面要注重观察批评。②他希望青年学生在个人改造的过程中要随时随地地注意观察,根据当前需要而做切实地改造。青年学生改造个人的过程中还要改造学生生活,杨贤江提出了改造的方针:第一,要有整个的圆满的人生活动;第二,学校课业要与心身要求及社会环境相适应;第三,教学两方要有共通的目标与统一的进行;第四,要打破课内与课外的区别;第五,要消除校内与校外的界限。③

> 所以个人改造里头,先要把自我解放。怎么解放呢?就是看个人要当作具体的、社会的,不要当作抽象的、单独的。……所以彻底的个人改造,乃在这个"社会我"的觉醒。
>
> ——摘自杨贤江《论个人改造》原载 1920 年 5 月 5 日《学生杂志》第 7 卷第 5 号

可见,杨贤江指导青年学生树立当前的人生观,就是希望他们做一个有用的人。而一个有用的人,应该是一个各方面全面发展的人,是一个能够改变自身生活状态来适合新的环境的人,是一个能够"一步一步的创造,一步一步的改造"的人。④而且,只有实现了个人改造,才能改造社会。

> 人生是个继续不断的改造的历程,决没有可以停顿的道理。
>
> 我觉得,个人的生活没有改造好,那么改造社会的话,简直无从说起。
>
> ——摘自杨贤江《学生新生活》原载 1921 年 1 月 5 日《学生杂志》第 8

---

① 任钟印.杨贤江全集(第 1 卷)[M].郑州:河南教育出版社,1995:203.
② 任钟印.杨贤江全集(第 1 卷)[M].郑州:河南教育出版社,1995:203-204.
③ 任钟印.杨贤江全集(第 2 卷)[M].郑州:河南教育出版社,1995:587.
④ 任钟印.杨贤江全集(第 1 卷)[M].郑州:河南教育出版社,1995:199.

卷第 1 号

(二)长远的人生观

杨贤江批评当时个人主义和享乐主义盛行的社会风气,要求青年要通过个人改造,明确人生目的,"来重新定个做人的方针"。他认为,社会上腐败的官僚、野蛮的军官、刻薄的资本家,都是需要剥削人民、劳工的利益,才能享受他们豪奢放纵的生活。这种专谋自身快乐的心思,无论他是怎样的高尚的、纯洁的幸福,也不能达到人生的目的。因为他没有顾到全体人类的利益,单想个人的好处,总是不可能的。

> 但是,惯在"礼教"底下过活的人,已把天赋的热烘烘的感情冰冷而灰烬了。中庸的教训、宽大的格言、"苟全性命"的生活法,都是叫人迁就、敷衍、忍辱、偷安,养成一般寡廉鲜耻、"鸡鸣狗盗"的东西。你看,中国民族遭到这般田地,还好算有人气吗?试想:辛亥革命旧官僚中受过忠君爱国的训练的,有几个为满清而死? 教会的门徒口说上帝的,有几个具有真确的信仰?时髦少年日日讲自由恋爱,有几个是为失恋而死,像日本青年的投身华龙池的? 伤心哉! 爱罗先珂说,上海的学生、教员、文学家、社会党、无政府党,一点没有牺牲自己的伟大精神,虽然他们也许会为自己的利益而牺牲他人。这都是什么缘故? 致命伤在没志气、没骨鲠。而感情的淡薄、不真切,不肯热中、起劲、拼命,以致万事看得无足轻重、随便玩弄,或竟冷眼旁观,说些风凉话,实在是最大的病根。
>
> ——摘自杨贤江《青年生活的本质》原载 1922 年 7 月 5 日《学生杂志》9 卷 7 号

因此,青年学生还肩负改造社会的重任。"现代中国青年必须老实承认是站在被压迫阶级而肯努力为被压迫阶级谋解放者。"①杨贤江认为,一个真正觉悟

---

① 任钟印. 杨贤江全集(第 2 卷)[M]. 郑州:河南教育出版社,1995:46.

和担当的现代青年,决不是一个自私自利、独善其身的个人主义者,而是应当投身于社会改造中,反对压迫阶级,"去为群众谋合理的生活"。因此,青年学生的任务就是反对官僚、军官和资本家等压迫阶级,站在受压迫的无产阶级的立场,为工人阶级谋求解放,为全人类谋求幸福。他希望青年学生要爱世、要奋斗、要活泼、要刚健,不能独善其身,而是要为公众谋求福利,不能想着升官发财,而是要尽社会的劳动。他要求青年学生必须把封建传统遗留下来的名利观念、威势观念等腐朽的观念连根拔起。"必须经过这样思想革命的青年,才配做个新时代的新青年。"①

青年!你们可晓得自己是怎样一种人?你们可觉悟自己该怎样来做人?你们是清醒,还是糊涂?是愉快,还是忧郁?是勇敢,还是怯懦?是自由,还是拘束?你们想要保持青年的生气,表现青年的本色,做个"呱呱叫"的"不打折扣"的青年吗?我告诉你们,你们是富于可塑性(plasticity)的,是包藏生活力的,是有勇气、有魄力、有纯洁的心和温热的情的,而你们的现在,是个养精蓄锐的时期;你们的将来,又是当担负重大的责任的。你们该睁开眼睛,竖起肩膀,大踏步地向前走去啊。国家混乱,社会腐败,倒不可怕;只怕自己不活动、不奋斗、不执著,那么真要无可救药了。然而我不相信有生气的青年们竟会这样。

——摘自杨贤江《青年生活的本质》原载 1922 年 7 月 5 日《学生杂志》9 卷 7 号

"人生的目的,在对于全体人类有贡献,来促进人生的幸福。"②杨贤江认为,人生的目的不是为自己谋私利,而是要贡献全体人类,奉献整个社会,并以此作为自己的人生追求和幸福来源。因此,这种长远的人生观其实就是指导青年学生树立马克思主义人生观,就是树立为实现全人类的幸福而不懈奋斗的无产阶

---

① 任钟印. 杨贤江全集(第 2 卷)[M]. 郑州:河南教育出版社,1995:46.
② 任钟印. 杨贤江全集(第 1 卷)[M]. 郑州:河南教育出版社,1995:199.

级人生观。杨贤江认为，树立这种长远的人生观的途径，就是要把改造个人和改造社会统一起来，把解放个人与解放社会结合起来，把实现个人的自由而全面发展和全人类的自由而全面的发展结合起来，在改造个人的过程中改造社会，在改造社会的过程中改造个人。如马克思所言，"要不是每一个人都能得到解放，社会本身也不能得到解放"①。因为个人是马克思主义人生观的出发点和承担者，"每一个人"指的不是"某个人"或"某些人"，而是指的一切人，是全体人类。每一个人的解放，就是整个全人类的解放。

　　问"人生为什么？"意思就是问什么是人生的目的？"我的答语是人生的目的，在对于全体人类有贡献，来促进人生的幸福。"通常人的观念，总以为做人是求快乐。这句话也不能说他错。不过他把这个"人"字看得太小了，他只打算自己做人要快乐，不再想想人家怎么样；所以他有时的快乐，就是从人家那里抢了来的。

　　——摘自杨贤江《论个人改造》原载 1920 年 5 月 5 日《学生杂志》第 7 卷第 5 号

　　我曾说过："人生目的，是对于全体人类有贡献。"我今更要说："只求于人类全体有贡献，无论什么事都值得做，就是范围很狭的不足以引起大家注意的小事情、小节目，都有尽力去做的价值。"我根据这个意思，所以主张：在学问上，不必研究许多科学，泛滥无成（但是关于常识的学问和做中小学教员的人，自然不能一概而论），或是东翻西阅，自夸博学。因为这都是贪多好名的念头做个动机，不是为了发展能力、贡献人类的缘故。只要选择那种适于天性而足以助益社会的学问，去专门研究，用自己的头脑，去考察发明，就均算是善学的了。在事业上，不必多兼职务，算是热心服务，只要拣那种自己觉得有把握、有效率的去做，用全副精力去计划设施，如此于事业本身，可以增进实力，于担任职务的人，可以集中精力，岂不是很经济的吗？

---

① 马克思恩格斯选集(第 3 卷)[M].北京：人民出版社,1995:332.

——摘自杨贤江《动的青年的修养》原载 1920 年 6 月 5 日《学生杂志》第 7 卷第 6 号

　　既然确立长远的人生的途径是改造社会,那么,如何实现改造社会? 杨贤江认为,青年学生改造社会要做到以下三点:首先,要做好知识储备。一方面需要学习新兴社会科学——马克思主义。认真学习作为无产阶级指导思想的新兴社会科学马克思主义,因为"新兴社会科学是革命理论上的武器,是社会变革的意识上的准备"①。他曾在《学生杂志》上发表多篇文章以指导学生学习马克思主义,还激励青年学生向马克思、列宁等人学习。另一方面要研究时事,了解中国政治和经济的真相。因为只有了解中国现实情况,才能选择正确的方法改造社会。其次,是号召青年学生到民间去。到民间去,就是希望青年学生广泛开展社会实践,深入基层,一方面锻炼自身能力,另一方面要教育基层群众,联合起来进行国民革命运动,反对阶级压迫。最后,进行学生运动,通过革命的手段,推翻压迫阶级的黑暗统治,谋求无产阶级的解放,最终解放全人类。他特别希望青年学生向列宁学习,学习他"为世界一切被压迫民族谋求解放的革命行为"②。

　　总之,杨贤江十分重视青年学生的人生观问题,他认为树立正确的人生观是培养青年学生"完全人格"最核心的内容,是指导青年过健康生活、劳动生活、文化生活和公民生活的基础和前提。"全人生指导"思想的其他各部分内容始终围绕着这一核心内容,并促进正确人生观的确立。

二、指导青年健康生活

　　杨贤江把健康生活放在青年学生生活的正常形式的首位,充分体现了他对青年健康的重视。"健康生活是个人活动的资本,生活的根源。倘若这方面的生活不完全,那就可能成为废物,将不能有所生产。"③指导青年学生过健康

---

① 杨贤江. 新教育大纲[M]. 福州:福建教育出版社,2007:197.
② 任钟印. 杨贤江全集(第 2 卷)[M]. 郑州:河南教育出版社,1995:9.
③ 任钟印. 杨贤江全集(第 2 卷)[M]. 郑州:河南教育出版社,1995:582.

生活,要求青年学生注重体育锻炼,培养良好习惯,形成规律生活,以及发展个性自我。

(一)注重体育锻炼

体育是造成健全人格、养成具足生活的一种工具。杨贤江认为,体育的目的在于使感觉灵敏,姿势优美,筋肉发达,内脏完整,动作敏捷,精神充实。一句话,是在造成健全而美的体格和体质。因此,"重视体育,实行体育,是个个人应有的态度、应尽的义务"[1]。这就是说,体育是培养学生"完全人格"不可缺少的内容,是一个"完人"所具备的必要条件。

杨贤江认为,强健的身体和活泼的精神是个人生趣的根源、工作的利器。肉体和精神共同构成了"全人"两大方面,二者应该相辅相成,协调发展,"缺少体育生活的人生绝不是具足的人生"[2]。体育有体格、体质、体力、气力四大要素。体格,是指身体外部可以看出的部分而言,其中尤以身长、胸围、体重、姿势四项最为要紧。体质和体格是不同的。体质有两个根本条件:第一是遗传,第二是营养。这两个条件欠佳,其补救之法决不能单单靠教育,必须要有社会政策和别种作用来做解决的基础。体育不可仅仅偏重体格,还应注意内部素质的体质方面。体格、体质都好的人,其体力也好。体力有两种:一是绝对力量,二是利用力量。利用之法可分为三:速度、持续力、技巧。这三种利用力量,在一个人身上是难以兼有的。因此,判断体育成绩,除了体格和体质检查外,还要参考绝对力量的强弱与三种利用力量的优劣。气力,照东方体育家的意见,不讲气力,就不能看出体育的结果。这所谓"气",是元气之气,士气之气;它不是肉体之力,而是精神之力、意志之力。[3]

为此,他向青年提出了实行体育的五种主张:一是主张一种自然运动法;二是主张我们应有最低限度的生活能力及应用体力;三是主张要把自己的姿势先弄得端正;四是主张要以规律的生活完成体育锻炼,要以快乐的精神扶植体育的根底;五是主张青年们应懂得体育运动的真义,能在健全的人生观上发生效

① 任钟印. 杨贤江全集(第1卷)[M]. 郑州:河南教育出版社,1995:844.
② 任钟印. 杨贤江全集(第1卷)[M]. 郑州:河南教育出版社,1995:845.
③ 任钟印. 杨贤江全集(第1卷)[M]. 郑州:河南教育出版社,1995:284–291.

力。杨贤江还从运动方法、健康基础、规律生活到人生价值上,给青年指出了实行体育的正确途径,并勉励青年养成"体格强壮,忍劳耐苦,精神充足,办事敏捷",以便青年在人生的征途上有所作为。

> 我承认体育是造成健全人格、养成具足生活的一种工具。重视体育,实行体育,是个个人应有的态度、应尽的义务。
>
> ……
>
> 我们的体育目的,是在使感觉灵敏,姿势优美,筋肉发达,内脏完整,动作敏捷,精神充实;是要使天然的一架人间机器,能运用得法而且充分,能常保光泽而且结实。总结一句:是在造成强健而美的体格和体质。
>
> ……
>
> 你的日常生活要有学业的、有服务的、有社交的,但更要有健康的。体育生活就是使你保住健康、增进健康的。缺少体育生活的人生,决不是具足的人生。
>
> ——摘自杨贤江《莫忘了体育》原载 1923 年 4 月 5 日《学生杂志》第 10 卷第 4 号

> 我以为中国青年对于体育应有的目标是:体格强壮,忍耐劳苦,精神充足,办事敏捷,并能使人感到愉快而有奋发敢为的气概。
>
> ——摘自杨贤江《青年对于体育的自觉》原载 1924 年 6 月 5 日《学生杂志》第 11 卷第 6 号

(二)养成良好习惯

"习惯的力量比生命还要大呢"[1],养成良好的生活习惯是构成"完全人格"的要素之一,也是个人改造自身生活的起点。什么是习惯? 杨贤江指出,对于一个或一类事物而起的一定反动,从后天获得的,叫做习惯。"说得详细些,同样一

---

[1] 任钟印. 杨贤江全集(第 1 卷)[M]. 郑州:河南教育出版社,1995:597.

种行动,因屡次反复的结果,能机械的向著一定方向而有使行动反复的倾向的,叫做习惯"。杨贤江重视青年学生良好习惯的养成,强调"青年人所应当怀抱的一个理想,就是长育的理想。我们要有新的兴趣,要有新的问题,要有新的适应方法。——总结一句,要有新的习惯"①。

如何养成良好习惯? 杨贤江指出,习惯的养成需要遵循鼓动律、注意律、持续律、练习律和效果律这五种习惯成就律,要注意养成的习惯必须是正确的、有益的,同时避免造成多数同样的习惯。

(一)聚精会神。在开始时须具有一种尽其所能的强固的决心和热诚,有个极大的原动力,使破坏他的诱惑不致发生。即有何种困难,仍当坚持下去,庶几可由勉强而成自然。这可叫做鼓动律(Law of Impetus

(二)注意的反复练习。要成就习惯,必须由反复练习以成立神经通路人手。但只有练习而不注意,还是无效。必须当反复一种动作时,常常"念兹在兹",并能明白这种动作的重要而唤起兴味,又设法增加变化使注意可以持久。这可叫做注意律(Law of Attention)。

(三)不要有例外。非新习惯稳固建立于实际的生活中,千万不可有一个例外发见。假若有了,便足以破坏已经成就的功效。所以"一气呵成",不令间断,实为最要。这可叫做持续律(Law of Constancy)。

(四)捉住第一个机会去实行。已经定好了一种志向,要造成某种习惯,则必须捉住最先可能的机会或自行创造所需的机会去实行。这些机会,或是自己的情绪,或是他人的影响,皆有利用的必要。西谚所谓"打铁须趁火热时",便是这个意思。若单是记些格言,立些主意,而不能利用机会或创造机会,则不会有好习惯造成。这可叫做练习律(Law of Exercise)。

(五)有快感的反动结果。对于某种刺激的反应的结果,如其能发生快感,则感应间的通路容易成立,就是习惯容易造成。若其伴随而生的结果,只有苦恼,不感快意,则下次遇著那种刺激,便不容易发生反动,这样习惯

---

① 任钟印. 杨贤江全集(第 1 卷)[M]. 郑州:河南教育出版社,1995:601.

便无从成就。这可叫做效果律(Law of Effect)。

　　——摘自杨贤江《好习惯怎样造成》原载 1922 年 5 月 5 日《学生杂志》
第 9 卷第 5 号

　　他希望青年学生养成留心自己健康的习惯,注意早操、课外运动、户外游戏
或工作、早眠早起、清洁、读书时和吃饭时遵守卫生规则。保持优良姿势的习惯,
做到头必正、发必短、胸必挺、背必直、衣必整。游戏的习惯,欣赏音乐、艺术、戏
剧、诙谐,勤于运动等。勇敢的习惯,肯说老实话;承认过失,不怕改去;做事有
恒,不怕失败;受了不正当的攻击不畏缩;良心上认为应做的事情,要不畏难地
去做;不称心和没有人称扬的工作,也尽力去做。负责的习惯,不能实践的事,不
允许人家;允许人家的事情要践约;自己所做的事情,不论大小,都要检点一下,
看是不是妥当。有规律的习惯,自己规定时间,使作业和室外的动作适度;人品、
服装都整洁;器具、用品都放在适宜的地位;努力不使预定的作业有间断。自信
的习惯,自己常取能战胜的态度;自信不为任何种不正当的势力所屈服(如肉
欲、金钱、虚荣);自己能力所及,自己尽力做;说话不羞涩,有堂皇的气概。协作
的习惯,能参与团体的事业,能按时出席,能发表自己的意见,能做领袖,能服
从。不断的修养的习惯,常能反省,能听从朋友的忠告,保持长育的理想,能虚
心,有锐敏的观察力和思考力等等。

　　此外,杨贤江特别注重青年学生养成读好书的习惯,认为"从青年时代养成
读书的习惯是要紧的,但养成读许多好书的习惯更是重要的"[①]。他希望青年能
够养成读好书的习惯,提高辨别好书的能力,谨慎选书,不盲目读书。"惟书不一
定都有益人的滋味,故慎选书,培养正当的读书嗜好要讲究的。"[②]还要爱读有价
值的书,除教科书外,要利用别种书籍,如日报、杂志等,以补助学业;能很容易
地很充分地利用参考书;能善于利用学校图书馆及公众图书馆;能用自己的能
力判断书中所陈述,并能选其要点,作成大纲,以便应用等等。

---

① 任钟印.杨贤江全集(第 2 卷)[M].郑州:河南教育出版社,1995:666.
② 任钟印.杨贤江全集(第 2 卷)[M].郑州:河南教育出版社,1995:667.

(三)形成规律生活

在养成良好习惯的同时要重视规律的生活。杨贤江认为,不合规律的生活是随便的生活,是率性任情的生活,是呆板的生活。规律的生活是自动的、有目标的、有方法的,是要我们随时想、随时做、随时改进的。"这种生活的结果,是可以使人生更圆满、更幸福的。"①他指出,我们的生活应该是有规律的,而有规律的生活,就要有所计划,有所预期。因此,"人人都应该自己制定日程,日常生活就得一个依据,不致耗费精力"②。

青年学生形成规律生活,要从个人的规律的生活和团体的规律的生活两方面入手。做到这两种规律的生活的,"他的生活才有意义,才有价值,也才会进步,才会自由"③。

如何形成规律生活,杨贤江指出:

第一要讲的是个人的规律的生活。我们是学生,所以单就学生的生活来讲。学生的日常生活,大体是已由学校规定了的。譬如何时起身、何时上课、何时运动,何时吃饭,何时睡眠,都已安排妥当;——不过有的学校功课过于严重,以致学生来不及自修,或竟有妨于身体健康:这是学校行政上应该考虑的。——我们只消自己各按特殊情形,编定日程。编制日程方法,可参照本志本年一月号上仙女生君所作《中等学生一周间之生活表》一文。不过除一周间的生活表以外,我以为还要于每学期开始时,详细审察本人身体上、学业上有何种特别应该注意之点,提了出来作为本学期的特别工作。譬如说有晏起的坏习,则立志从本学期起改良;有"不平等条约的研究"这个问题,则立志从本学期起搜集材料。至于如何改良,如何参考,又须自己设想方法、制定步骤。而这种特别工作的门类当然不可多,时期也不限定一学期。如晏起的坏习,只要决志,就得改正。改正以后,即可换一个"题目",譬如说现在要保持正直的姿势",那么从这个新方向努力好了;同样,对于

---

① 任钟印. 杨贤江全集(第 2 卷)[M]. 郑州:河南教育出版社,1995:278.
② 任钟印. 杨贤江全集(第 1 卷)[M]. 郑州:河南教育出版社,1995:235.
③ 任钟印. 杨贤江全集(第 2 卷)[M]. 郑州:河南教育出版社,1995:278.

"不平等条约的研究",如一学期的工夫尚嫌不足,则可赓续至下一学期。总之,我们做事,计划是要定的,唯实行时尽可多方变化,却不可固执。

第二要讲的是团体的规律的生活。我们为何要组织团体,我已有别篇短文说明了,现在只讲如何过团体的规律的生活。中国人向来因为缺少团体生活的训练,所以这层工夫更要注意。过团体的规律的生活的方法是很简单的:

(一)在知识上要明了团体生活与人生的关系,使我们得因信而生爱好之情;

(二)在习惯上要养成遵守团体纪律的态度,无论出席、讨论、缴费,及奉行决议都要郑重其事的做去,起初也许不惯,但必须自己强制或大家劝勉,以到习惯确定为止。但这种习惯并不是机械的,仍须是有意识、有计划的。我们要从这里得到几种教训:(一)能组织团体;(二)能运用团体的力量;(三)能与人合作;(四)能增进活动效能。

——摘自杨贤江《规律的生活》原载 1925 年 5 月 5 日《学生杂志》第 12 卷第 5 号

(四)发展自我个性

由于人的遗传不同,生长环境互异,所以每个人在知识上、欲望上和行为上,总有区别。杨贤江指出,"像这样,自己所具有的特性要用特殊的方法去发展的,就叫做个性"[①]。他认为,一个理想的完人,是自尊的、自信的、自己表现的、特立独行的,"教者为要教成这种完人,学者为要学成这种完人,所以都要重视个性"[②]。如果不重视青年学生个性的发展,教育勉强定出一个"范型",学者勉强适应一个"范型",对于教者来说是压迫,对于学者来说是屈从,结果是"万万不会产生自由的人格的"。

---

① 任钟印. 杨贤江全集(第 1 卷)[M]. 郑州:河南教育出版社,1995:794.
② 任钟印. 杨贤江全集(第 1 卷)[M]. 郑州:河南教育出版社,1995:795.

我国古人有"因材施教"的话。近代教育家则尊重个性,以为学校教育不当划一,应视学生的特长何在而谋积极的发展,如采用能力分班制、学分制、选科制都是为此。但是为什么要这样重视个性呢?简单的答语就是:为要造成有独立思想、能力谋进取的"人"罢了。因为一个理想的完人,是不怯弱的、不卑屈的、不嫉妒的、不随俗的;乃是自尊的、自信的、自己表现的、特立独行的。

——摘自杨贤江《青年与个性》原载 1922 年 12 月 5 日《学生杂志》第 9 卷第 12 号

发展自我是青年学生求学的目的之一,我们的学习不仅体现在知识上的互动,更是内力的生长。我们尊重他人,更要尊重自己;我们考虑别人的思想感情,更要考虑自己的思想感情。"舍己从人"便会失去生之意味和价值。但是发展青年个性实属不易,使一个人的思想行动完全属于自己,实在是难得。每个人都有自己的特性,"这些特性都是构成本性的材料,无论他们或者有缺点或者须修正,但我们无法拒绝,只有承认"①。

我们对于个性的态度,只有两个字,就是拥护。我们该有勇气来主张关于知识上、行为上的权利,我必须相信自己过去的经验,我们万万不可因顾虑他人而减弱对于自我的信任。但这种种都有赖乎高度的自尊心,且须经精密的训练而后获。

因为在我们求学的目的当中,发展自我也是一种。所以我们学习,不仅在知识的获得,乃在内力的生长。我们要尊重他人,更要尊重自己;要考虑他人的思想感情,更要考虑自己的思想感情。不然,便是"舍己从人",还有什么生之意味与价值?

——摘自杨贤江《青年与个性》原载 1922 年 12 月 5 日《学生杂志》第

---

① 任钟印. 杨贤江全集(第 1 卷)[M]. 郑州:河南教育出版社,1995:799.

9 卷第 12 号

发展个性需要青年学生在功课上和行为上,都要自己发动,自己负责。杨贤江指出,我们可以自己提出问题,自己提出计划,自己解决问题。青年学生不轻信、不盲从和妄说教师的演讲、书本的叙述和流行的风气。因为他们在灭杀个性,灭杀青年学生。他批评中国社会不尊重个性发展,向来不许有天才发生,并呼吁:"凡是加压迫或损害于我们的个性的,都是我们的敌人,我们须得和他开战!"①

除了上述几点,杨贤江还通过《学生杂志》的"通讯"栏目和"答问栏",直接与学生进行互动,回复学生信件,回答学生关于健康的问题,指导青年学生健康生活。这些回信和答复包括对青年学生恋爱问题、婚姻问题、生理问题、心理问题、锻炼问题等内容。问答的语言简单明了、直接准确、针对性强,在当时很受青年学生欢迎,对青年学生群体影响很大。这些内容都是"全人生指导"思想指导学生过健康生活的具体实践,在此不做赘述。

三、指导青年劳动生活

青年学生的发展应该是全面的,劳动生活也是青年学生正常生活的重要内容。杨贤江认为,"劳动生活或称职业生活,是维持生命促进文明的要素;劳动又是人人所意愿的,因人在劳动中可以表现自己,并可以满足欲望;若有人轻视劳动,就无异轻视了自己"②。他希望青年学生在日常生活中要加强自身"动"的修养,掌握基本的劳动技能,并在学习中注意把讲修养与劳动实际结合起来。

> 试看宇宙中太阳、地球、月亮哪一种不是活动?太阳二十五日自转一周,地球二十四时自转一次,三百六十五日环绕地球[太阳]一次,月亮二十九日绕地球一次。要是他们不这样运行,可就要没有这个世界呢!又如行

---

① 任钟印. 杨贤江全集(第 1 卷)[M]. 郑州:河南教育出版社,1995:800.
② 任钟印. 杨贤江全集(第 2 卷)[M]. 郑州:河南教育出版社,1995:582.

天的云,吹野的风,也都因动而后显;植物的萌芽、生叶,更是显见的劳动;至于动物,尤其明白,试看动物当中,除了寄生虫以外,凡是独立生存的,哪一种不用他自己的力量去活动?或是找食,或是筑巢,或是掘穴,终要费力才能得到生活。可见宇宙间种种现象,能表著存在的作用的,没有不靠劳动的。故劳动确是万能,劳动确是神圣。人是一种生物,一种进化的动物,自然也要以劳动为根本。不论是发达身体或是发展精神,都要劳动才能实现。要是劳动了,终可得到生活,这也是自然界最公平的处置。可是,现在劳动的未必能得到满足的生活,而不劳动的,靠着资本势力,享那比劳动人多快乐、多适意的生活的,反是很多。这实在是社会组织不合理的结果,我们须得设法改造。

——摘自杨贤江《论个人改造》原载 1920 年 5 月 5 日《学生杂志》第 7 卷第 5 号

(一)青年"动"的修养

"人间本来是动的人间,而人间中的青年,更是富于动的天性。故从生理上看,从心理上看青年生活的要素,就是这个'动'字。"[1]青年的本质就是"动"。杨贤江认为,万事要想成功,就得去动。动的意义"不是肉体上的暴动,不是心思上的妄动,乃是发挥内心的蕴藏,丰富人格的内容,多与人类全体的生命有关系、有交涉,用奋斗的精神,来创造人生的价值"[2]。青年,要把自己培养成为一个"自动者","以自己之能力而为活动者也,即自能之事而自为之者也"[3]。

> 青年生活的本质不过是一个字,这就是"动"。
>
> 动是生物的特色,也是人生的本相,尤其是青年的命脉。
>
> ——摘自杨贤江《青年生活的本质》原载 1922 年 7 月 5 日《学生杂志》9 卷 7 号

---

[1] 任钟印. 杨贤江全集(第 1 卷)[M]. 郑州:河南教育出版社,1995:219.
[2] 任钟印. 杨贤江全集(第 1 卷)[M]. 郑州:河南教育出版社,1995:219.
[3] 任钟印. 杨贤江全集(第 1 卷)[M]. 郑州:河南教育出版社,1995:8.

杨贤江指出,现在的青年已经开始从课堂走向自然,从校内走向校外,从孤独的走向共同的,从空想的走向经验的。但是,不动的青年还是有很多,而那些动的青年,也存在不经济、不切实的地方。"惟要得创造,却要努力奋斗,就是要动。"①因此,就必须加强青年"动"的修养。

人要得人生的胜利,要实现伟大的人格,最重要不可缺的武器,就是活动,就是创造。

动的意义:不是肉体的暴动,不是心思的妄动,乃是发挥内心的蕴藏,丰富人格的内容,多与人类全体的生命有关系、有交涉,用奋斗的精神,来创造人生的价值。

——摘自杨贤江《动的青年的修养》原载 1920 年 6 月 5 日《学生杂志》7 卷6 号

为此,杨贤江认为,加强青年"动"的修养,就需要将"用力须专精"和"志趣要纯洁"结合起来。"用力须专精"就是要求青年学生在学习上,不能研究太多科学,泛滥无成,而是要选择那种适合天性而且有助于社会的学问,专门研究;在事业上,不能身兼数职,而是要选择自己有把握、有效率的去做,这样可以集中精力,增进实力。"专精"就是为了避免青年学生出现"求学无系统,做事无实效"的病象。"志趣要纯洁"就是要求青年学生求学、做事都要有一个正当的动机。杨贤江认为,所谓正当的动机,就是为了贡献人类,为了利益社会。出于这个动机而求学、办事的,就是纯洁,不出于这个动机而出于赚钱、得势、享名、行乐或别种狭隘的私利的动机而求学、办事的,就不是纯洁。

(二)掌握基本劳动技能

劳动生活并不是学生离开学校步入社会后才有的。杨贤江认为,学生在学校时,就应该"为练习勤劳,为训练肢体,为运用筋肉,也可有多种关于劳动方面

---

① 任钟印. 杨贤江全集(第 1 卷)[M]. 郑州:河南教育出版社,1995:219.

的作业"①。比如室内的打扫清洁,农场的栽培饲养,木工金工的制造等,这些作业对学生过劳动生活均有教育的价值。青年学生做这些工作的目的,是为了从这种劳动生活中"得到对于实际工作的知识与对于特殊职业的知识,重视由实行工作及满足工作的需要而获得的习惯,并养成普遍劳动与人间的理想及真正认识劳动价值的态度"②。为此,他希望学校配备有农场、工厂以及机械器具等设备,以培养学生基本的劳动技能,指导青年学生过劳动生活。

> 依我看来,一个人的生活,应得把头脑的活动和手足的活动平等注重,理论的知识和实际的技能彼此联络。倘使偏于人文主义的修养,那么,只会玄谈,怎能维持生活?倘使偏于实科主义的劳动,那么,只会瞎做,怎能促进文化?所以必得于人文主义的修养中,加上劳动的要素;于实科主义的劳动中,加上修养的意义。这样,才能有个健全人格,才能有个文明社会。
>
> ——摘自杨贤江《教育与劳动》原载 1921 年 5 月 1 日《民国日报·觉悟》"劳动纪念号"

(三)理论与实践相结合

杨贤江认为,"一个人的生活,应得把头脑的活动与手足的活动平等注重,理论的知识和实际的技能彼此联络……比得于人文主义修养中,加上劳动的因素;于实科主义的劳动中,加上修养的意义。这样,才能有个健全的人格,才能有个文明社会"③。

他批评学校教育偏重理论而空谈修养,提倡"劳动神圣"。杨贤江认为,学校教育应该把讲修养与劳动实际结合起来,"注重修养和劳动的并进""在学科上,要注重实科的;在训练上,要注重人生的"④。也就是说,学校教学中,不能过分注重传授理论知识的学科,也要注意偏于培养学生实践能力的学科;而以教授学

---

① 任钟印. 杨贤江全集(第 2 卷)[M]. 郑州:河南教育出版社,1995:596.
② 任钟印. 杨贤江全集(第 2 卷)[M]. 郑州:河南教育出版社,1995:596.
③ 任钟印. 杨贤江全集(第 1 卷)[M]. 郑州:河南教育出版社,1995:295.
④ 任钟印. 杨贤江全集(第 1 卷)[M]. 郑州:河南教育出版社,1995:285-296.

生日常技能的课程,也要注意对学生人文修养和人生观的培养。他认为,"教授方便必以养成活知活能为归宿",知识和技能二者必不可少,青年学生既要学会灵活的知识,也要学会灵活的技能。为此,他要求青年学生养成劳动及协作的习惯,主张学校要教学生个人生活能独立,"凡整理清洁诸事宜,不应假手工役,以除倚赖他人之积习,而植勇于任事之初基,能养成劳苦操作之习惯、勤俭诚朴之良性"①。此外,还要教学生共同生活负责任。

> 学校的教育,应得注重修养和劳动的并进。而在目前,偏重理论、空谈修养的学校教育,还得大大地提倡"劳动神圣"。
>
> ——摘自杨贤江《教育与劳动》原载 1921 年 5 月 1 日《民国日报·觉悟》"劳动纪念号"

杨贤江在指导青年注重劳动生活养成的学校教育中,从时代和中国实际出发,与时俱进地把马克思主义关于实践的理论与青年学生结合起来,避免了过去学校教育中理论与实践脱节,只注重理论而忽视实践的不良现象,揭示了劳动实践对于青年学生提高修养、掌握劳动技能、促进全面发展的重要意义,也是对学校教育理念和教育方式的一次革新。

四、指导青年文化生活

"文化生活就是学艺生活,可以使人生有兴趣、使社会有进步。"②杨贤江认为,一个人如果不注意文化的生活,"则人生就没有温情与光明,即将陷于枯寂荒凉"③。指导青年学生过文化生活,就要培养青年学生的科学精神和创新能力;就要提高学生的自学能力,养成自主学习意识;还要重视学生的文艺教育,提升学生的文艺素养。

---

① 任钟印. 杨贤江全集(第 1 卷)[M]. 郑州:河南教育出版社,1995:9–10.
② 任钟印. 杨贤江全集(第 2 卷)[M]. 郑州:河南教育出版社,1995:582.
③ 任钟印. 杨贤江全集(第 2 卷)[M]. 郑州:河南教育出版社,1995:582.

　　青年时代在人的一生,正像春天的花,再绚烂没有了,所以青年的心,须得最滋补的养料来培壅,使能发荣滋长,为宇宙人生增添无限乐趣。

　　——摘自杨贤江《青年的艺术感》原载 1921 年 6 月 5 日《学生杂志》第 8 卷第 6 号

(一)培养学生科学精神

　　杨贤江着眼于当时中国科学的发展现状,感叹"可惜我们的科学程度,实在太浅薄"[1]。他认为,青年学生必须培养科学兴趣、具备自身科学意识、掌握科学方法,拥有科学思维和能力,并提出培养青年学生的科学研究精神,提高青年学生的实践能力的三种方式:第一,手和舌的训练。他认为"理性的发达是和语言的发达及制造器具的发达相关连的"[2]。因此,"手和舌的发达,是最与人类的进步有关系的"[3],必须对手和舌进行训练。第二,观察力的练习,就是用种种方法来增进眼看和耳听的能力。第三,读书。杨贤江指出,我国有很丰富的书籍,像矿产一样等待我们青年学生去开发。他将书籍分为不必耐心思索,随读随解的"软性读物"和需要读者思索和研究"硬性读物",并鼓励青年多读硬性读物,提高自己的思考能力。他还提倡合作读书法,通过组织读书会,以节省时间、补充知识、促进效率、结合同志。[4]

　　对于我国学问的真相和价值,还是不能有个明白的表示,这样岂不白费工夫! 所以我想,诚心要开发这个富源的人,一定要换一种方法,换一种态度。这就要用科学的方法,抱科学的态度了。因为科学的方法,是公正的,重证据的,贵分析的。科学家的态度,是没有成见的,实事求是的,细心检查的。用了这种方法,抱了这种态度来研究学问,一定可以把学问的真相披露

① 任钟印. 杨贤江全集(第 1 卷)[M]. 郑州:河南教育出版社,1995:282.
② 任钟印. 杨贤江全集(第 1 卷)[M]. 郑州:河南教育出版社,1995:689.
③ 任钟印. 杨贤江全集(第 1 卷)[M]. 郑州:河南教育出版社,1995:690.
④ 任钟印. 杨贤江全集(第 1 卷)[M]. 郑州:河南教育出版社,1995:713.

出来,把学问的价值估定出来。

——摘自杨贤江《中国的两大富源》原载 1921 年 6 月 5 日《学生杂志》第 8 卷第 6 号

但我终不能不希望我国科学教育的发达,所以除掉希望出版界多出通俗的、有趣的、关切日常生活的或是满足好奇心理的读物以外,还望富有生气、丰于精力的青年,要设法培养科学的兴味,盼望在二十一世纪的各种科学发达史上亦有中国人的名字登载出来。

——摘自杨贤江《青年的科学兴味》原载 1921 年 12 月 5 日《学生杂志》第 8 卷第 12 号

(二)提高学生自学能力

青年学生过文化生活,就要提高自己的自学能力。"自学对于学问,是一种彻始彻终的功夫,离开了自学,直无学问可说。"[1]因此,杨贤江指出,"一个人要能和新学说、新艺术时相接触,不做个'时代落伍'者,就要常常用他锐敏的眼光、活泼的精神去吸收,去融合,自己对于新文化也可以有些贡献,这就要用著自学的功夫了"[2]。

原来世界上学艺的路程,是没有止限的。一个人要能和新学说、新艺术时相接触,不做个"时代落伍"者,就要常常用他锐敏的眼光、活泼的精神去吸收,去融合,自己对于新文化也可以有些贡献,这就要用著自学的功夫了。因为人不能一生专受他力的教育,即使做得到,也不过是外面注人的货色;自己没有消化的力量,还是没有用处。所以在学校求学的时候,固然要自学;就是出校以后,仍当自动地去学习一切新的学问和技术,不然,那个人便会从此停顿,不能再长进了。

---

① 任钟印. 杨贤江全集(第 1 卷)[M]. 郑州:河南教育出版社,1995:859.
② 任钟印. 杨贤江全集(第 1 卷)[M]. 郑州:河南教育出版社,1995:236.

——摘自杨贤江《自学的成功》原载 1920 年 12 月 5 日《学生杂志》第 7 卷第 12 号

自学不是空口说说就能成功的。杨贤江认为,自学要想成功,必须有三个条件。第一,对所学习的功课一定是要适于自己的兴趣的,无论学习什么东西,总要有趣味,自学才能有效。第二,学习要专注,学习的时候要用专心一致的功夫去做,不要见异思迁,有始无终;不做则已,既做必有成效。专心和有恒是两个自学成功的关键。第三,学习要自信,要有恰当的方法,做切实的工夫。此外,青年学生自学要想成功,同时还需要来自教师、同侪和环境的帮助。杨贤江规劝青年,要想在学问上有所成就,"快些来做自学的工夫"①。

所以在平时,学生必于受教以外再须自学,才算善学。毕业以后也必本已学的再加自学,才不致落伍。

所以自学在研究学问上所占的位置是极重要的。自学对于学问,是一种彻始彻终的工夫。离开了自学,直无学问可说。

但要自学,也有几个条件。

第一,须有相当的根柢,譬如修毕小学课程的可以自修中学课程;修毕中学课程的可以自修大学课程。

第二,须有不怠的努力,不可"一曝十寒",不可期速成。

第三,须有强固的意志,不怕困难,不怕失败,不怕劳苦。

第四,须有确定的方向,选定书籍,制定课程,照著顺序做去,不贪多,不贪高。

对于学生我要说的,只有一句话,就是自己尊重。因为在只有"富家子弟"可以人学、"少爷脾气"未尽脱去的学校里当苦学生,难免有被同学贱视的时候、受同学侮辱的时候。在这种时候,苦学生只要抱定宗旨,放开眼界,承认自己是个"无产者",且是"自食其力者",就觉得前途自有光明,用不著

① 任钟印. 杨贤江全集(第 1 卷)[M]. 郑州:河南教育出版社,1995:242.

烦恼,犯不著自卑。

　　——摘自杨贤江《勖自学者》原载 1923 年 5 月 5 日《学生杂志》第 10 卷第 5 号

　　只有劳动奋斗是解决自学问题的利器,也便是解决社会问题的武器呢!我深望有因解决自学问题而并想解决社会问题者。请诸君听我一言:新时代的青年男女自学者,应该同时是个社会主义者。要是不然,那么我劝你索性不要自学!

　　——摘自杨贤江《再勖自学者》原载 1923 年 7 月 5 日《学生杂志》第 10 卷第 7 号

(三)重视学生文艺教育

　　杨贤江重视文艺教育,他从人生价值的高度批评实用主义、功利主义的社会风气,认为在这种环境下人们的"全一的人格"早已经分裂为片段了,"人间艺术的冲动,艺术的玩赏,早已是被'铜臭'遏制住了"[①]。现代教育过分强调物质的重要作用,把金钱作为衡量人是否幸福的标准,这也导致青年学生追求物质而忽视精神追求。他认为现代教育最大的缺憾就是"看轻了感情的醇化",这导致了人们"停滞在不具的状态"和"跛形的生活"。

　　我从丰富人生内容的见地,原是主张享乐的。但我却不赞成在这种现代世相底下一般人所想望的享乐。因为据我的观察和感触,我可概括一句:这种的享乐,只是纵欲,就是放纵肉欲。肉欲固然也有相当的价值,不可一概抹煞,或者加以残忍的处置;但终不应当放纵,更不应当以纵欲作为惟一的生活。然而,看到一般资本家和官吏勾当,以及许许多多钻营奔竞的人的行径,就只为赚钱以寻乐,我真不懂人生的价值了。

　　这种享乐结果是怎样呢?肉体上变个"酒囊饭袋",精神上变块"童山荒

---

　　① 任钟印. 杨贤江全集(第 1 卷)[M]. 郑州:河南教育出版社,1995:342.

地"。试问这有什么价值?然而许多人还是拼命瞎跑,而又美其名曰奋斗,曰进取,岂不发呆?他们忘了人生是有心身的两面;忘了圆满的人生是在心身调和的发达;所以竟是十分的"虚"心,真可谓"愚不可及"了。

——摘自杨贤江《现代世相》原载 1921 年 10 月 5 日《学生杂志》第 8 卷第 8 号

文艺是一种表现人生的艺术,它可以让人们超脱"俗界",与自然"同化"。"文艺教育可以使我们观照全般的综合的人生,感到一种非理由规则及训诫所能给与的信爱。增强我们、丰富我们对于人间生活的兴趣,这是文艺本来的性质美也就是教育本来的性质。"[①]因此,杨贤江重视青年学生的文艺教育。他认为文艺能够提高青年学生的理想,使我们放大眼光,展开心境,去想象领会人生的意义和价值;文艺能够扩大人的同情,使青年能够感受世间冷暖,提高对生活的认知;文艺能够安慰人的苦痛,使学生感受人生之趣,这也是文艺最大的作用。他劝告青年学生:"你们应该趁这个青春的时期,努力去培养文学的趣味和艺术欣赏能力。"[②]不要去追求浅薄的享乐主义,这才是圆满的人类生活。

所以那种偏于肉欲的享乐,我们是当排斥的。衣食住的舒适、优美,也不好过于重视,只能认为人生的一面,营圆满生活的一种手段。因为在现代经济组织底下,人们的生活极不平等的时候,过于重视了物质生活,是容易造成罪恶和痛苦的。

我所希望于学生的:一方面要能抵抗物质繁华的引诱;一方面就要培养艺术上创造和欣赏的能力,并努力于学术的研究,以期享受纯洁的及奋斗里出来的快乐。

——摘自杨贤江《现代世相》原载 1921 年 10 月 5 日《学生杂志》第 8 卷第 8 号

---

① 任钟印. 杨贤江全集(第 1 卷)[M]. 郑州:河南教育出版社,1995:343.
② 任钟印. 杨贤江全集(第 1 卷)[M]. 郑州:河南教育出版社,1995:347.

五、指导青年公民生活

"公民生活就是社会生活,是完成人类生活、圆满人生关系的基础。人若不顾到社会,在生活上固为不可能,其结果且不仅止于为社会的赘疣,更难免趋于立即损人。"①公民生活是青年学生最重要的生活形式。杨贤江认为,人为了生存,就必须过一种共同的生活,即社会的生活,"人是永远而且必然的是个人群众中的人,人的生活也是永远且必然的是个群性的生活","所以人人对于社会有责任,即对于国家——社会组织的一种——有责任"。②

> 现在中国的社会所需要的人才,不是伏案死读的书呆子,不是讲礼貌、存客套的伪君子,而是聪明、勇敢、能干、肯为民众服务的公民。培养这种公民,应是现在中国学校的责任:立志做个这样的公民,应是现在中国青年的责任。
>
> ——摘自杨贤江《我们所当戒除的几种旧观念》原载 1926 年 9、10、11、12 月 5 日《学生杂志》第 13 卷第 9、10、11、12 号

(一)与闻政治,培养青年学生国家意识

杨贤江认为,"现代人的生活范围,更难逃离政治的势力"③。针对当时教育界部分人士要求"教育独立,不问政治"的观点,杨贤江反驳并批评指出,以往的教育者"莫管政治"的态度是错误的,因为政治势力渗透到现代人生活的方方面面。"若说一个青年学生对于国事还是非常隔膜、非常冷淡,这不能不说是件不幸的事情。"④青年学生要想学会做人,做一个有作为的人,就必须去"干政"。他认为让学生去"干政"并不是让学生去做官、做议员,而是指导青年学生参与并了解政治,注意时事,关心国家安全。他提出了青年学生与闻政治的三种方式和

---

① 任钟印. 杨贤江全集(第 2 卷)[M]. 郑州:河南教育出版社,1995:582.
② 任钟印. 杨贤江全集(第 2 卷)[M]. 郑州:河南教育出版社,1995:28.
③ 任钟印. 杨贤江全集(第 1 卷)[M]. 郑州:河南教育出版社,1995:856.
④ 任钟印. 杨贤江全集(第 1 卷)[M]. 郑州:河南教育出版社,1995:856.

注意时事的三条路径,并主张在中等教育中开设时事教学。

见了这种腐败的政治而无所感触的,是木偶,是呆子;见了这种腐败的政治而思躲避的,是废物,是懦夫。青年学生当然是想做个人的,做个有作为的人的。那么该怎样呢? 老实说,只有去干政啊!

学生的干政,我已说过,不是去做官、做议员,乃是去研究、去观察、去表示。

所谓研究,是研究政治的原理以及民主国家政治的设施。这须有赖于公民学教师的指导。

所谓观察,是观察眼前的政治情状,这须多阅读报纸及政治评论的刊物。

所谓表示,是做宣传运动、示威运动一类的事情。但须少向政府和国会请愿,而多向民众开导。

——摘自杨贤江《学生与政治》原载 1923 年 5 月 5 日《学生杂志》第 10 卷第 5 号

现在要讲注意时事的方法了,方法有三种:第一是阅日报及杂志。

……

第二是近代史的研究,最要是鸦片战争以后的中国史。

……

第三是在演说会、辩论会、出版物上及与人接谈时,要利用时机,以时事为材料,一方使自己对于时事的见解能够正确而且充分了解,他方使他人对于时事也能引起注意而且发表意见。

——摘自杨贤江《我们要注意时事》原载 1925 年 8 月 5 日《学生杂志》第 12 卷第 8 号

他批评以往教育者持不问政治的见解,主张青年学生关心国家安全,注意时事,掌握必要的政治常识,培养个人的公民意识,平时要对政治有所研究,对于本国政治要留心,在必要的时候还能要有相当的表示。这一主张转变了以往的教育观念,唤醒了青年学生的政治参与意识。

(二)组织团体,培养青年学生团体精神

公民生活也叫团体生活。杨贤江提倡青年学生组织团体,欲通过训练学生的团体生活,开展团体组织教学,使学生正确认识团体纪律与个人自由之间的关系,养成团结力,培养团体精神。

杨贤江所谓的团体不仅仅是学生这个小团体,更是国家和社会这一大集体。培养青年学生的团体精神,本质上是培养学生的爱国精神,培养学生对国家和社会的责任担当。他运用马克思主义关于人与社会,人与环境关系的哲学原理,分析组织团体对青年学生的作用,认为通过组织团体能够练习学生的组织能力,提高学生团体活动的能力。同时,团体环境对于青年学生的监督和激励作用。杨贤江还指出,我们国人自由散漫,不遵守团体纪律,缺少团体的训练。而要想成就革命的事业,就必须认识到"团体的纪律应该看得比个人的自由更加重要"[①],依靠团体的力量。怎么样组织团体,杨贤江认为,需要通过赞助学生的全体团体活动,促进学生组织小团体和开展团体组织教学等方式,使学生养成团结力,培养学生团体精神。

> 我们所以要谋改造,本为获得人生种种应有的自由;要组织团体,便为集中我们谋改造者的意志行动而成一个强固的力量。我们要严明纪律,正为拥护这一种组织使能发生极大的功能。所以必须是个能为群众的永久的自由而奋斗的人,才算是个真能认识并尊重自由的人。那些动辄以个人自由为借口而不甘受团体的训练的人,只是个短视而不觉悟的可怜虫罢了。
>
> 愿我国富有希望的青年,赶快觉醒所遗传的不守纪律的恶根性而急谋铲除!赶快组织或加入有改造性质的团体而力图自拔!
>
> 愿青年记取:只有遵守纪律,才能获得自由!

[①] 任钟印.杨贤江全集(第 2 卷)[M].郑州:河南教育出版社,1995:900.

——摘自杨贤江《团体纪律与个人自由》原载 1923 年 9 月 5 日《学生杂志》第 10 卷第 9 号

"五四"运动这种破天荒的事业,既没有事前的预备,又没有临时的指导,当然是免不了许多不充分和不健全的缺点。但他自有一种不可磨灭的精神,这精神就是发扬青年特性,发扬公众意志的精神。换一句话,"五四"运动的精神,是在表示国民责任的觉醒。

但我现在所说复活"五四"的精神,还不仅仅在国民责任的觉醒这一点。我们是要本著这个精神,更图扩大、充实。因为现代是要人的觉醒的时代,现代是要社会革命的时代。个个人应得想到人生的权利,个个人应得想到做人的责任。我们承认现在的社会组织,是不合理的,非人道的。我们要大家觉醒,要大家团结。要大家都走上社会革命的路。所以我们要重新鼓励青年的奋发有为的特性,要张开眼来看看现代社会组织的缺憾究竟在什么地方,要研究改造这种社会是有什么方法。我只望大家都能有这个"人的责任的觉醒"。

——摘自杨贤江《复活"五四"的精神》原载 1924 年 3 月 5 日《学生杂志》第 11 卷第 3 号

(三)求学救国,青年学生要有责任担当

杨贤江明确指出,青年学生求学的目的"是在改良并丰富人类(包括自己和人)的生活(包括理想、习惯、态度、好尚等等)","是为人群生活谋进步","是在获得并普遍人群的幸福"。①他认为青年学生求学的目的是获得人类的幸福,青年学生求学是为了自身的全面发展,更是为了人类的全面发展。他用了"痛痒相关,休戚与共"八个字概括了个人与国家的关系。杨贤江认为,作为一个社会人,我们无法孤独的生存,只能寻求一种共同的生活,"人是永远且必然的是个人群中的人,人的生活也是永远而且必然的是个群性的生活"。②人人都对国家和社

---

① 任钟印. 杨贤江全集(第 2 卷)[M]. 郑州:河南教育出版社,1995:27-28.
② 任钟印. 杨贤江全集(第 2 卷)[M]. 郑州:河南教育出版社,1995:28.

会负有责任。社会正常运行时,大家都过着一种分工互助的生活,当社会处于非常时期,每个人都需要团结一致,做好弥补救济的工作。

那么,求学目的究竟是什么呢?干脆的答复一句:在学做人,在学做一个更有效能的人。做人自然要会谋生,自然要会读书,自然要有好的名声,而且有一部分人自然要去做官,更还有一部分人要去理财。但这种种只是人生的一方面,或只是某一方面的人做的事业,并不是整个人生是这样,更不是全部的人是这样,所以不能拿以上一方面的人生或一部分人做的事业,作为我们求学的目的。

我们求学的目的,乃在学习了做人的基本条件,好叫我们做个有用的人。有用的人是怎样呢?有用的人,第一要有坚强的身体,能够忍得住辛苦,担得起责任;第二要有灵敏的头脑,能够应付随发的事项,解决疑难的问题;第三要有消闲的能力,能够利用空余的时间,丰富社交的趣味;第四要有文化的修养,能够浚发高尚的思想,增进想象的能力;第五要有劳动的习惯,能用自力取得一部分的生活资料;第六要有社会的人格,能有力谋人群幸福,铲除公众祸害的志愿。抱这种种观念以求学的青年,才是向人生正路上走的青年,只要他肯努力,将来就可做个有用的人。

——摘自杨贤江《青年求学的目的是什么》原载 1925 年 4 月 5 日《学生杂志》第 12 卷第 3 号

什么是人类教育的最大目的?是为全部民族的共同生存与繁盛!我们求教育,就须不违背了这个最大目的,即使我们要铲除那专为一己或少数人的特权阶级谋非分的福利的私心,而把我们每个人都呈献给我们所赖以生存的社会,大家求为社会的学,大家学做社会的事。

——摘自杨贤江《我们所当戒除的几种旧观念》原载 1926 年 9、10、11、12 月 5 日《学生杂志》第 13 卷第 9、10、11、12 号

所以,如何处理求学与救国之间的关系,杨贤江指出,我们既要求学也要救

国,因为求学本身也是救国。求学原本是为全人类谋福利以获得人类的幸福,青年学生只有求学才能获得方法,提高自身能力去对付环境、解决问题、担当事情。当社会出现问题,国家处于危难,这时"正需要有求学的人出而弥补救济"①。青年学生也肩负着保家卫国的责任,求学也是为国家和社会服务。青年学生应该学会担当、发愤图强、努力学习,以获得方法,提高能力,"只有真心努力、肯替社会国家服务的青年学生,才会加倍地发愤为学,才能切实地证验心得,才会更多次地感觉浅学,要求猛进"②。"故今后之学生,不当仅以不缺课、不犯规、不落第为尽学生之天职。更当积极修养,谋如何可以救国。即不当仅为学校的学生,当更为国家的学生"③。

现在中国人中能入学校求学的,只不过占很小很小的分数;你们要记得尚有三万万二千万失学的同胞,他们的生活多么苦,他们受人压迫的程度不更比我们深且重吗?我们求了学,难道不该分些所得的利益给他们吗?所以我们要有志向唤醒他们起来,要有志向把学术的光明放进到他们的黑暗生活中间去,我们要有志向使他们同我们一齐为抵抗压迫自获解放的运动。这样的一种立志,实为现代中国青年所最不可忘记的一种责任。

我所敬爱的中国青年,请你们再莫为"功名"观念、"利禄"观念、"读书"观念所拘囚了,请你们打破一切因袭的成见,来合力创造一个新世界罢!

——摘自杨贤江《青年求学的目的是什么》原载 1925 年 4 月 5 日《学生杂志》第 12 卷第 3 号

杨贤江从回答我们为什么求学,人与社会的关系这两个问题入手,系统地论述了求学与救国的关系问题,指导学生要敢于担当,以天下为己任,正确认识求学与救国之间的关系,"求学不忘救国,救国不忘求学"④。求学救国的理论,是

---

① 任钟印. 杨贤江全集(第 2 卷)[M]. 郑州:河南教育出版社,1995:29.
② 任钟印. 杨贤江全集(第 2 卷)[M]. 郑州:河南教育出版社,1995:30.
③ 任钟印. 杨贤江全集(第 2 卷)[M]. 郑州:河南教育出版社,1995:29.
④ 任钟印. 杨贤江全集(第 2 卷)[M]. 郑州:河南教育出版社,1995:30.

青年学生过"公民生活"的核心内容。

第四节 "全人生指导"思想的主要方法

在青年的教育方法上,杨贤江强调学生在教育活动中的主体作用,提出要充分发挥学生的主观能动性,培养青年学生自动精神和自律精神。为此,"全人生指导"思想以实践教育法为根本方法,通过教育与自我教育相结合,个体接触与团体训练相结合等具体方法培养青年学生的"完全人格"。

一、实践教育法

实践教育法是"全人生指导"思想的根本方法。实践教育法就是要求学生到实践中去,参加各种实践活动,从而不断提高学生的思想觉悟水平和认知能力。虽然杨贤江并未明确提出这种教育方法,但从正确人生观的确立,到青年学生过"圆满生活"的健康的生活、劳动的生活、文化的生活和公民的生活这四种形式的具体指导,"全人生指导"思想处处体现着实践的观点。

例如,当前人生观的确立要通过个人改造来实现;长远的人生观的确立要通过社会改造,包括学习新兴社会科学、了解时事政治、到民间去和革命等方式;青年过健康生活要进行锻炼,而不是做"空想的运动家";青年过劳动生活要学会日常的生活技能,要注意培养"动"的素养,要将理论与实践相结合,不做书呆子,把学习到的文化知识应用到实际生活中;青年过文化生活,要求学生培养科学精神,加强观察力的培养,手和舌的训练,合作读书法的实践等等。"全人生指导"思想的源于实践,并在实践中得到进一步发展。实践又作为"全人生指导"思想的一种根本方法,在"全人生指导"思想内容的各个方面得到体现,指导着青年学生过圆满的生活,形成"完全人格",实现全面发展。

二、个别接触法

"个别接触的目的,在考察各个学生的生理状况、特殊习惯、家庭环境,发现各个学生的问题、缺点、特旨与需要等等,以便谋适应与解决的方法。"①因此,个别接触法就是细致考察每一个学生的具体情况,根据学生存在的实际问题,采取相应的对策。杨贤江认为,全中国青年学生存在种种样样的问题,表现为不同的青年学生存在不同的问题,而同一个青年学生在不同时期又会产生不同的问题。要想对青年学生进行"全人生指导",就得采取个别接触的方法,"除与学生谈话或用测验以求明了个性而外,尚应用别种时机,多方考察"②。

杨贤江还指出,教育者要利用师生同乐会、郊叙、旅行、茶话等方式,增多与青年学生的接触,从各个方面了解学生,及时发现学生存在的问题,进行正确的指导。他认为,个别接触法这种有系统的办法,如果使用得当,收效必大。

> 为了要实现上述个别接触的计划,学校训育事宜应由教职员共同负责,不应由训育主任或少数指导员包办。我们须得承认,训育不是孤立的作用,而须消纳在各科及各种活动之中;训育方针应由大家议定、大家奉行,不过由"训育主任"总其成,以期有一贯的精神。
> ——摘自杨贤江《中学训育问题的研究——中学训育的方针问题》原载1925年8月20日《教育杂志》第17卷第8号

三、团体训练法

马克思认为"只有在共同体,个人才能获得全面发展其才能的手段,也就是说,只有在共同体中才可能有个人自由"③。杨贤江继承和发展了这一观点,结合当时的中国教育实际,针对当时教育的种种弊端,用团体训练法开展对青年的教育活动。他认为,"我们于个别接触以发见个性、解决问题而外,再应有共同的陶冶,养成学生有为中国民众的利益以及青年的利益而奋斗的觉悟及实力"④,

① 任钟印. 杨贤江全集(第2卷)[M]. 郑州:河南教育出版社,1995:328-329.
② 任钟印. 杨贤江全集(第2卷)[M]. 郑州:河南教育出版社,1995:330.
③ 马克思恩格斯选集(第1卷)[M]. 北京:人民出版社,1995:119.
④ 任钟印. 杨贤江全集(第2卷)[M]. 郑州:河南教育出版社,1995:331-332.

以实现救中国、救民众、救自己的目标。而要达到这个目标,就依靠对青年学生的平日训练。这种训练,就是团体训练。"因为救国、救民、救自身的这种大运动,绝非个人的力量所能做成的,故团体力量的培养为最吃紧的一种训育。"①

怎样实施团体训练? 杨贤江认为:第一,要谋学校生活,是这个自然的团体内的各分子能互通情愫,能互相接近,和睦如一家;第二,要有意地组织大规模或小范围的团体。大的如学生会或学生自治会,小的如早起读书会,平民教育社。团体训练的要旨,除了达到各团体自身的目的意外,还要注意对成员进行团体生活的训练。

> 怎样实施团体训练呢?我以为:第一,要谋学校生活——这一种自然构成的团体生活——之充实与发挥。务使生活在这个团体以内的各分子,即校长、教员、学生、校役等,能互通情愫,能互相接近,能如家人的亲睦。第二,要有意地组织大规模或小范围的团体。——大的如学生会或学生自治会;小的如早起读书会、平民教育社——学生能自动地发起自然最好,负训育责任者即可从而指导;学生如无这项要求,则负训育责任者应该造成一种动境,以引起学生们的觉醒。组织团体的要旨,除达到各该团体自身的目的以外,应当特别注意于团体生活上的种种训练,譬如做团体员必须有出席、缴费、服从议决案的责任;做团体员应有如何进行开会,如何维持秩序的知识与技能;做团体员应有发展会务的精神。故会议规则的明晓与实习、团体纪律的协定与遵守,应为团体训练上重要的事项。
>
> ——摘自杨贤江《中学训育问题的研究——中学训育的方针问题》原载 1925 年 8 月 20 日《教育杂志》第 17 卷第 8 号

集会,是团体训练的一种方式。杨贤江认为,凡是关于德育、智育、体育、交际等方面的校友会、游艺会、演说会、音乐会、储蓄会、旅行会、运动会、展览会等各种集会,"认其于学业却有进益者,均可自订规章,自举支援,谋所以发展自动

---

① 任钟印. 杨贤江全集(第 2 卷)[M]. 郑州:河南教育出版社,1995:332.

力之方法"①。集会的好处有很多,一是可以发展学生自动力,二是养成学生共同生活的习惯,三是启发学生合群的思想,四是增长知识经验并练习言语。

四、自我教育法

"全人生指导"非常注重培养青年学生的自动与自律精神。杨贤江认为,学生是他们自己生活的主人,青年应该养成积极主动的精神。他说:"要做完人,必须经过自觉、自尊、自重、自全等几步功夫方能实现,这种实现的可能正是人类真正的特色。"②他批评学校教育万能论过分强调学校教育和教师的作用,认为在教育活动中最重要的是发挥学生的"自动"能力。

他认为教育活动过程中要尊重学生的主体地位,充分发挥学生的主观能动性。具体方式表现为:第一,青年学生要讲修养。讲修养,就是通过自己教育、自己训练,"造成自己为一个更聪明、更健康,而于社会为更有用、能活动的人"③。讲修养的具体方法是要求青年学生自己制定纲领,从客观方面度量自己的成绩,在此基础上通过自身努力不断进步。第二,青年学生要学会主动。主动的人常常觉得有许多事情要做,常常要提出问题来解决,常常想法子来应付环境中的困难。主动的人必要自己制定出步骤和方案,一步一步去做,向着目标方向前行。杨贤江希望青年学生要学会主动,自己去发现问题、分析问题和解决问题。

自我教育法从教育哲学层面实践了学生主体与教师主导的相互作用关系,强调了教育过程中作为主要矛盾方的学生主体的运动规律,以及在教师的指导下,通过学生"动"能的培养,为青年学生创新思维和创造能力的培养奠定了基础。

---

① 任钟印. 杨贤江全集(第 1 卷)[M]. 郑州:河南教育出版社,1995:10.
② 任钟印. 杨贤江全集(第 1 卷)[M]. 郑州:河南教育出版社,1995:200.
③ 任钟印. 杨贤江全集(第 2 卷)[M]. 郑州:河南教育出版社,1995:391.

第三章

杨贤江"全人生指导"思想的价值和启示

"全人生指导"思想具有重要的历史意义和现实意义。它是那个时代最先进的教育思想,为青年学生提供了人生道路的理论指南,使青年学生找到了成长成才的现实路径,在当时的青年学生群体中产生了深远的影响。直至今天,"全人生指导"思想仍然闪耀着理论的光辉,充满生机与活力,具有重要的现实价值,对当前我国学校思想政治教育具有重要的启示作用。

第一节 "全人生指导"思想的主要特征

"全人生指导"思想作为无产阶级的教育思想,体现着马克思主义的立场、观点和方法,具有阶级性特征;作为一种以科学的实践的理论为基础的教育思想,"全人生指导"思想具有科学性的特征;作为一种以促进人的全面发展为目标的教育思想,"全人生指导"思想在内容上具有全面性的特征。

一、阶级性

阶级性(或政治性)是杨贤江"全人生指导"思想区别于同时期其他教育思想的根本特征。从来源上看,"全人生指导"思想是杨贤江运用辩证唯物主义和历史唯物主义分析社会问题和青年问题,以马克思主义特别是"人的全面发展"理论为理论基础,充分吸收借鉴古今中外的优秀教育思想而提出的新的教育思想,其方法论和理论基础是作为无产阶级指导思想的马克思主义。它继承和发展了马克思主义"人的全面发展"理论,是马克思主义与中国教育实际相结合的产物,是马克思主义中国化的重要理论成果。

从内容上看,"全人生指导"思想的基本目标是培养全面发展的"完人",最终目标是实现整个社会人类的自由而全面发展,这与无产阶级追求的共产主义社会人的自由而全面发展的目标是一致的。"全人生指导"思想核心内容是指导青年学生树立正确的人生观,基本内容是指导青年学生过健康生活、劳动生活、文化生活和公民生活,从德、智、体、美、劳等方面对青年学生进行全方位的教育。在杨贤江看来,正确的人生观就是"誓为无产阶级效力"的人生观,即为全人类幸福而奋斗的共产主义人生观,[①]这充分表明"全人生指导"思想无产阶级的政治立场。基本内容始终围绕着树立正确的人生观这一核心内容,培养全面发展的"完人"。

---

① 任钟印. 杨贤江全集(第2卷)[M]. 郑州:河南教育出版社,1995:129.

从实践上看,"全人生指导"思想来源于青年运动并长期服务于青年运动。作为我国杰出的青年运动领导人,杨贤江长期领导青年运动,"全人生指导"思想就是杨贤江在领导青年运动过程中针对青年教育问题提出的教育思想。这一思想一经产生就长期服务于党领导下的青年运动,并在指导青年运动的过程中得到进一步发展。因此,"全人生指导"思想代表的是无产阶级的政治立场,其本质就是无产阶级的教育思想,阶级性是其根本特征。

二、科学性

"全人生指导"思想是一种科学的教育思想,它源于实践并在实践中得到进一步检验,"全人生指导"思想具有科学性的特征。

首先,"全人生指导"思想的形成体现了科学性。从其形成的时代背景和实践基础看,杨贤江针对当时的教育弊端,反对以升学为目的的应试教育,提出了"全人生指导"思想。这一思想的产生符合时代需要,满足了那个时代青年学生实现自身全面发展的迫切需求。同时,"全人生指导"思想源于杨贤江的个人实践和教育实践,并在此过程中得到不断发展和进一步完善。实践是检验真理的唯一标准,"全人生指导"思想是经过实践检验过的科学的教育思想。从其形成的理论基础和思想来源看,"全人生指导"思想的理论基础是具有科学性和实践性的马克思主义,同时吸收借鉴古今中外教育思想的合理成分,它博采众长,实事求是,在科学理论基础上的一次伟大创新。

其次,"全人生指导"思想的构成体现了科学性。"全人生指导"思想的目标、内容和方法,都是杨贤江运用马克思主义基本原理,在充分考察现实情况的基础上,根据社会实际需求和青年学生发展需要制定的。它明确地指出了青年学生发展的目标和社会发展的目标,并据此科学地制定了青年学生过圆满生活的四类生活形式,以及对青年学生进行"全人生指导"的具体方法。

综上,"全人生指导"思想的目标得当,内容丰富,方法可行,体现了那个时代教育思想的最高水平。它一经实践,就在当时青年学生群体中产生剧烈反响,对青年学生群体的成长成才起到了重要的指导作用,得到了社会的充分肯定。新中国成立以后,"全人生指导"思想还对我国素质教育理论的提出和发展产生了重要的影响。这都是其科学性的重要体现。

三、全面性

全面性是杨贤江的"全人生指导"思想区别于其他传统教育和西式教育思想的重要特征。"全人生指导"的"全",是指导的内容全。从内容的角度看,"全人生指导"思想内容丰富,涉及青年生活的方方面面。杨贤江认为,生活有多少内容,就应给学生多少教育,人生有多少困惑,就应该给青年多少指导。杨贤江把青年学生看做一个完整的动态的个体,"全人生"的指导就是对每个个体的重塑,使其得到"全方位"的指导,最终实现其自身的全面发展。针对学生的在校生活,杨贤江将青年学生过圆满生活的正常形式概括为健康生活、劳动生活、公民生活、文化生活四类;针对学生的学校教育,他提出德、智、体、美、劳"五育"并举,培养具有"完全人格"的"完人";针对学校的教育理念,他率先提出要坚持人的素质全面和谐地发展的正确方向。这与以升学为目的,过分强调课堂教学的传统教育相区别。

"全人生指导"的"全",是适用的范围全。从"全人生指导"思想的适用范围上看,"全人生指导"思想针对的是青年学生群体,希望促进每一个人的全面发展。这里的每一个人指的并不是某个人,而是全体青年学生。杨贤江希望每一位青年都能得到"全人生"的指导,实现个人改造,树立正确的人生观,实现自身的全面发展。这与只注重少数人发展的西式教育有明显的区别。

值得注意的是,杨贤江的"全人生指导"思想不是一种固化的教育模式,而是一种动态的、开放的、包容的教育理论。这种全面性并不是"大水漫灌",无的放矢地对青年学生进行统一指导。而是在德、智、体、美、劳等全面教育的基础上,根据青年学生在不同阶段存在的不同问题,进行有选择性的教育,有针对性的指导,并尊重青年个性发展。这也充分地体现了杨贤江善于运用马克思主义的观点和方法,正确处理"个性"与"共性"的关系。

第二节 "全人生指导"思想的价值

"全人生指导"思想的价值,体现为其重要的历史价值和现实意义,此外,还要正确认识"全人生指导"思想的现实局限性,合理借鉴,批判继承。这样才能正确地找到"全人生指导"思想对当前我国学校思想政治教育的启示作用。

一、"全人生指导"思想的历史价值

杨贤江的"全人生指导"思想是特定历史时期中国教育理论所能达到的最高认识境界,是马克思主义教育理论与中国教育实际相结合的产物。新中国成立以后,杨贤江的"全人生指导"思想成为素质教育的基本依据之一,成为我国素质教育的重要理论来源。

(一)中国化的马克思主义教育理论

"全人生指导"思想是杨贤江运用辩证唯物主义和历史唯物主义分析中国社会问题和青年学生问题的过程中,以马克思主义"人的全面发展理论"为理论基础,结合中国教育实际而提出的新的教育思想,它是马克思主义教育理论中国化的重要理论成果。这包括两方面的含义:第一,杨贤江运用马克思主义"人的全面发展"理论分析和解决中国的社会和青年问题,提出"全人生指导"思想,是一个理论运用到实践的过程;第二,杨贤江在把马克思主义教育理论运用到中国教育具体实际过程中,不断总结实际经验,从而发展和完善了"全人生指导"思想,是一个实践上升到理论的过程。具体体现为以下几点:

1."全人生指导"思想运用了马克思主义哲学方法论

"全人生指导"思想是杨贤江正确地运用马克思主义哲学方法论,在分析和解决问题的过程中,根据社会实际需要和青年学生全面发展的实际需求而提出来的。杨贤江在分析社会问题和青年问题时,运用历史唯物主义全面分析问题产生的主客观原因,寻找问题产生的社会根源,运用矛盾分析法正确处理人与社会、人与自然、教师与学生的关系,并提出了正确地解决措施。

2."全人生指导"思想发展了马克思"人的全面发展"理论

马克思指出了未来共产主义社会"以每个人的全面而自由的发展为基本原则的社会形式"①,"在那里,每一个人的自由发展是一切人的自由发展的条件"②,并提出了生产劳动同智育和体育相结合,造就全面发展的人的方法。"全人生指导"思想的目标是培养青年学生"完全人格",实现青年学生的自由而全面发展。为此,杨贤江提出了德、智、体、美、劳"五育"并举,以培养正确的人生观为核心,指导青年学生过健康生活、劳动生活、文化生活、公民生活四类形式,这是对马克思主义"人的全面发展"理论的继承和发展。

3."全人生指导"思想包含了马克思主义社会改造理论的基本内容

马克思主义社会改造理论的基本内容就是将"人的全面发展"与解放全人类的伟大事业结合起来。"全人生指导"思想的核心内容是指导青年学生树立科学的人生观:在个人全面发展的基础上,坚持把贡献人类、奉献社会作为自己的人生追求。这一核心内容实际上就是马克思主义科学的无产阶级人生观,其确立的要求是坚持个人改造与社会改造相结合,这体现了"全人生指导"思想与马克思主义社会改造理论基本内容的一致性。

4."全人生指导"思想体现了马克思主义实事求是的科学态度

"全人生指导"思想的目标、内容和方法,都始终坚持从实际出发、实事求是,符合当时中国教育实际。例如,他强调教育者对待青年学生的问题要采取实事求是的科学态度,可以采取个别接触法,通过谈话、测试和直接接触等形式全面了解学生,正确地分析青年存在的实际问题,以健康的教育内容和正确的教育形式对青年学生予以正面引导,以满足学生的实际需要,促进其全面发展。

(二)我国素质教育思想的重要理论来源

杨贤江的"全人生指导"思想,对当时和后来的中国教育产生了深远的影响。20世纪20年代,许多青年学生在"全人生指导"思想的启发下进一步明确了人生目的,找到了人生发展的方向,有的还走向了革命的道路。在20世纪三四十年代,"全人生指导"思想还对中国革命根据地和解放区的教育产生了深远

---

① 马克思恩格斯全集(第23卷)[M].北京:人民出版社,1971:649.
② 马克思恩格斯全集(第23卷)[M].北京:人民出版社,1971:649.

的影响。新中国成立以后,中共中央、国务院印发《中国教育改革和发展纲要》(中发[1993]3号),提出要对学生实现全面发展的素质教育。"全人生指导"思想成为素质教育的重要理论来源,具体来说,体现为以下两个方面:

第一,素质教育与"全人生指导"思想的基本内涵是一致的。首先,二者的目标一致。素质教育反对应试教育,提出要对学生进行全面教育,目标是培养自由而全面发展的人;"全人生指导"思想反对以升学为中学的唯一目标,杨贤江认为"教育的目的,至少须能养成学会做一个适于现代生活的人"。而所谓的"适于现代生活的人",实际上就是德、智、体、美、劳等各方面全面发展的"完人",这与素质教育的目标一致。其次,二者的内容基本一致。素质教育一般包括思想道德素养、文化科学素质、身体素质、心理素质等内容;"全人生指导"思想以指导青年树立正确的价值观为核心,指导青年学生过健康生活、劳动生活、文化生活、公民生活。虽然二者的提法各不相同,但本质上是一致的。

第二,"全人生指导"思想为素质教育提供了有益借鉴。以往的素质教育虽然注重学生德、智、体、美、劳的全面发展,但往往在实践过程中忽视了对学生的生理教育、情感教育、习惯养成等内容;"全人生指导"思想的内容丰富,涵盖了学生的方方面面。杨贤江主张"生活的内容,凡是在满足人生向上发展的需要上所不可少的,都当求其具备"①。这启示素质教育要在内容上给学生更为全面的教育。此外,"全人生指导"思想坚持理论与实践相结合,教育与自我教育相结合,个别接触与团体训练相结合等教育方法,也给我国素质教育在方法论上提供了有益借鉴。

二、"全人生指导"思想的现实意义

我国学校思想政治教育的目标是培养德、智、体、美、劳等各个方面全面发展的社会主义事业接班人和建设者,这就决定了学校思想政治教育的主要内容是理想信念教育、爱国主义教育、民主法治教育和全面发展教育等。杨贤江的全人生指导"思想,在目标上虽然与思想政治教育的目标不完全相同,但是二者在

---

① 任钟印.杨贤江全集(第2卷)[M].郑州:河南教育出版社,1995:588.

本质上是一致的。在内容上，"全人生指导"思想与思想政治教育具有高度的契合性，特别是理想信念教育、爱国主义教育和全面发展教育，这三个方面都构成二者最主要的内容。因此，"全人生指导"思想其实也是一种思想政治教育思想。它不仅具有重要的历史意义，而且在当今时代也具有重要的现实意义，特别是对当前我国学校思想政治教育具有重要的启示作用。今天，我们站在思想政治教育的视角，重新审视"全人生指导"思想，批判继承其合理成分，结合我国当前实际，寻找"全人生指导"思想对思想政治教育的启示，探求"全人生指导"思想应用于学校思想政治教育的新路径。

（一）有助于应对学校思想政治教育面临的严峻挑战

学生群体正处于青年时期，身体上的成熟和心理上的稚嫩，致使他们自身在成长过程中产生了许多困惑。此外，改革开放带来我国经济的飞速发展，社会的日新月异，还带来了各种西方资本主义价值观念和社会思潮，它们借助日益普及的网络渠道，在青年学生群体中大肆传播。这些内部和外部因素，共同造成学生群体出现各种问题，如价值观多元化、道德水平下滑、社会适应能力弱、集体意识不强和精神文化匮乏等等。这都给青年学生自身全面发展和学校思想政治工作带来了新的严峻挑战。"全人生指导"思想关注青年学生成长成才，明确培养青年学生"完全人格"这一目标，要求学生树立正确的价值观，指导学生健康生活、劳动生活、文化生活和公民生活，对青年学生进行德、智、体、美、劳等方面的"全方位"的指导，并且这种"全方位"的指导不是暂时的，而是贯穿青年学生学校生活的始终，最终影响其一生。因此，"全人生指导"思想为我们提供了借鉴，有助于我们正确地应对当前我国学校思想政治教育面临的严峻挑战。

（二）符合党对学校思想政治工作提出的更高要求

习近平总书记在全国高校思想政治工作会议上强调要"坚持把立德树人作为中心环节，把思想政治工作贯穿教育教学全过程，实现全程育人、全方位育人，努力开创我国高等教育事业发展新局面"[1]。2017 年 10 月 18 日，党的十九大召开，习近平总书记在报告中指出，"青年一代有理想、有本领、有担当，国家

---

[1] 习近平在全国高校想思想政治工作会议上强调：把思想政治工作贯穿教育教学全过程 开创我国高等教育事业发展新局面[N]. 人民日报，2016-12-09(1).

就有前途,民族就有希望"①。2018 年 5 月 2 日,习近平总书记在与北京大学师生的座谈会上明确指出,高校要抓住培养德智体美全面发展的社会主义建设者和接班人这个根本任务,把立德树人作为检验学校一切工作的根本标准,把师德师风作为教师评价的第一标准。②这给学校思想政治工作提出了新的更高要求:以立德树人为根本任务,实现全员全方位全过程育人,培养德、智、体、美、劳等各个方面全面发展的社会主义事业接班人和建设者。"全人生指导"思想的核心理念是生活有多少内容,就应给学生多少教育,人生有多少困惑,就应该给多少指导。它始终坚持以树立正确的人生观为核心,注重对青年学生"全方位"指导,培养的是全面发展的"现代人"。这符合当前我们党对学校思想政治教育目标、内容和方法上提出的更高要求。

(三)进一步满足学校青年学生对自身全面发展的需要

中国特色社会主义进入新时代,新时代的青年学生不仅要求在专业知识和技能上表现突出,更需要实现自身的全面发展。思想政治工作是学校的中心环节,始终坚持以人为根本的出发点和落脚点,其目的就是教育人,培养人,促进人的全面发展。面对新时代青年学生的更高需要,需要思想政治教育不断丰富自身的内容和形式,发挥它对实现个人的全面发展的重要作用。"全人生指导"思想在目标和内容上与思想政治教育基本一致,在方法上有自己的独特性。因为,"全人生指导"思想能给思想政治教育在目标、内容、方法上提供有益借鉴,丰富思想政治教育的内容和方法,更好地满足青年学生对实现自身全面发展的更高需要。

三、"全人生指导"思想的创新发展

当前,我国学校思想政治教育产生了新的变化,这对"全人生指导"思想来说,无疑是一个巨大的挑战。由于历史原因,"全人生指导"思想在当代具有明显

---

① 习近平.决胜全面建成小康社会 夺取新时代中国特色社会主义伟大胜利——在中国共产党第十九次全国代表大会上的报告[M]. 北京:人民出版社,2017:70.

② 习近平在北京大学考察时强调:抓住培养社会主义建设者和接班人根本任务 努力建设中国特色世界一流大学[N]. 人民日报,2018-05-03(1).

的"不适应"。但是，我们并不能因其现实局限性而否定其当代价值。而是要根据当前我国学校青年学生思想政治教育的新变化，对"全人生指导"思想进行创造性转化和创新性发展，以更好地满足新时代青年学生思想政治教育的需要。

第一，思想政治教育场域更加多元。科学技术的飞速发展，网络的普及，对思想政治教育带来巨大影响。其中最突出的是场域的变化，从家庭、学校和社会到网络，从小到大，从现实到虚拟，思想政治教育的场域数量增多，范围扩大。如果我们把传统的思想政治教育的三大场域（家庭、学校和社会）视为"三位一体"。那么，网络空间的发展，则为思想政治教育场域拓宽了一个新的领域。我们已经进入了思想政治教育场域"四位一体"的时代。"四位一体"给思想政治教育带来了机遇，但更多的是挑战。一个最突出的变化，就是在场域发展变化过程中出现的思想政治教育主客体之争和与之相伴的思想政治教育方式的变化。我们从传统的以教育者为主体，受教育者为客体的"自上而下"的"灌输"方式，发展到因教育理念革新带来的教育者和受教育者双主体的"上下互动"的"对话"方式，再到现在网络发展带来的以受教育者为主体，教育者为客体的"自下而上"的"回应"方式。"四位一体"的思想政治教育场域势必要求我们及时转变思想政治教育理念，创新思想政治教育的载体和方法。

由于杨贤江长期生活在学校，主要关注社会教育问题和青年学生的在校生活。因此，"全人生指导"思想在具体目标、内容和方法上，都侧重于学生的学校生活和社会生活，主要适用于思想政治教育的学校场域和社会场域。由于历史原因，"全人生指导"思想不能也不可能会关注到网络场域。因此，必须深入研究"全人生指导"思想更深层的价值，找到"全人生指导"思想与当代思想政治教育场域的"契合点"，寻找"全人生指导"思想在网络场域中的适用性。在"四位一体"的思想政治教育新场域中进一步发展"全人生指导"思想。

第二，思想政治教育目标更加明确。习近平总书记在全国高校思想政治工作会议上强调立德树人是当前加强和改进高校思想政治工作的中心环节，并于2018年5月2日在与北大师生的座谈会上明确了高等教育培养德智体美全面发展的社会主义建设者和接班人这一根本任务，进一步地明确了学校思想政治教育的目标，即以立德树人为根本任务，实现全员全方位全过程育人，培养德、智、体、美、劳等各个方面全面发展的社会主义事业接班人和建设者。新时代高校思想政治教育目标是在培养德、智、体、美等各个方面全面发展的人的基础上，突出被培养的人的政治属性，即社会主义事业的建设者和接班人，而不是其他什么样的人。习近平总书记指出，"我国高等教育要坚持正确的政治方向，坚持为人民服务、为中国共产党治国理政服务、为巩固的发展中国特色社会主义制度服务、为改革开放和社会主义现代化建设服务"①。同样，作为我国高等教育所培养的人，也应该是能够担负起使命和责任，做到"四个服务"，积极参与社会主义现代化建设，成为我国社会主义事业的合格建设者和可靠接班人。

时代的变迁必然导致思想政治教育目标的变化。当今时代毕竟和杨贤江所处的时代不同。因此，"全人生指导"思想必然和新时代学校思想政治教育目标不同，但二者的目标在本质上其实是一致的。杨贤江所处的时代是一个革命的时代，革命还未完成，社会主义中国还没有建立，因此"全人生指导"思想的目标根本不可能为社会主义建设服务。但是，"全人生指导"思想作为无产阶级的教育思想，指导学生"树立长远的人生观"就是指导学生参加社会革命，推翻压迫阶级的政治统治，实现无产阶级的解放，这一思想曾在社会主义革命时期产生过巨大的影响。不过，它的革命的主张已经不再适用于当前我国社会主义现代化建设的实际。因此，我们必须根据当前我们党和国家对青年学生提出的要求，重新解构并阐释"全人生指导"思想的目标，使之符合新时代学校青年学生思想政治教育的需要，更好地服务于我国社会主义现代化建设。

但是，我们也不能完全否定革命在当代中国的重要意义。当前，各种思想交流交融交锋愈加频繁，国际思想文化领域斗争依然深刻复杂，我们虽然完成了政治上和经济上的伟大革命，但是还要继续进行思想文化领域的"革命"，即始终坚持马克思主义在意识形态领域中的指导地位，剔除各种错误思想，敢于并勇于与各类错误社会思潮作斗争。

第三，思想政治教育内容更加丰富。"全人生指导"思想坚持以培养青年

---

① 习近平在全国高校思想政治工作会议上强调：把思想政治工作贯穿教育教学全过程 开创我国高等教育事业发展新局面[N]. 人民日报，2016-12-09(1).

学生正确的人生观为核心,指导青年学生过健康的生活、劳动的生活、文化的生活和公民的生活,并充分发挥学校和社会大环境对于青年学生的影响。随着时代的变迁和社会的发展,杨贤江所处的时代对学生的要求已经和当代中国教育对学生的要求大不相同,这导致思想政治教育在内容上发生了巨大的变化。习近平总书记在全国高校思想政治工作会议上指出,"高校要全面贯彻党的教育方针,不断加强和改进思想政治工作,坚持不懈传播马克思主义科学理论,坚持不懈培育和弘扬社会主义核心价值观,坚持不懈促进高校和谐稳定,坚持不懈培育优良校风和学风"①。这进一步丰富了当前我国学校思想政治教育的内容。

显然,这些内容在杨贤江所处的时期是没有的,因此"全人生指导"思想在内容上较之现在存在"缺陷"。但"全人生指导"思想"全方位"指导的核心理念及其全面性和开放性的特点,就决定了它不是固化的教育模式,它能够与时俱进,及时吸收和容纳这些内容,不断丰富自身的内涵,以符合时代要求并实现自身的发展。因此,我们有必要对"全人生指导"思想进行创造性转化和创新性发展,结合当前我国学校思想政治教育实际,不断丰富"全人生指导"思想的内容,为其注入新的活力,使其更符合我们当代青年学生思想政治教育的现实需要。

第三节 "全人生指导"思想
对思想政治教育目标的启示

"全人生指导"思想以实现"完全人格"为个人目标,通过要求学生树立正确的人生观,指导青年学生过圆满生活来实现青年学生的全面发展。杨贤江坚持运用马克思主义人与社会关系的理论,正确地把个人目标与社会目标结合在一起。即在个人实现"完全人格"目标的基础上,通过社会交往中人与人的相互作用,实现"众人之善"这一社会目标。这启示我们当前思想政治教育

---

① 习近平在全国高校思想政治工作会议上强调:把思想政治工作贯穿教育教学全过程 开创我国高等教育事业发展新局面[N]. 人民日报,2016-12-09(1).

要以培养全面发展的人为目标,并通过学生个体的社会化实现整个社会的人的全面发展。

一、以培养全面发展的人为目标

教育的基本价值就是培养自由而全面发展的人。"全人生指导"思想就是培养全面发展的人的思想。它要求青年学生树立正确的人生观,通过指导学生过健康的生活、劳动的生活、文化的生活和公民的生活,培养青年学生"完全人格"的德、智、体、美、劳等核心素养,最终实现青年学生的全面的发展。这为当前我国学校思想政治教育在培养什么样的人的问题上提供了启示:学校思想政治教育的目标是培养德、智、体、美、劳等各个方面全面发展的社会主义事业建设者和接班人。

人的全面发展是整个人类社会发展的远大目标,是个人发展的最高境界,也是学校思想政治教育的核心命题。学校思想政治教育关系到培养什么样的人、如何培养人以及为谁培养人的根本问题。因此,新时代条件下,学校思想政治教育必须符合党和国家对当代青年学生提出的新要求和思想政治教育的本质要求,是在坚持以培养德、智、体、美、劳等各个方面全面发展的人为根本目标。围绕这一根本目标,要在青年学生思想政治教育的过程中,不断丰富思想政治教育的内容和形式,采取灵活多样的思想政治教育方法,以积极引导学生树立正确的人生观为核心内容,以全面发展教育为基本内容,对青年学生进行全员全方位全过程的教育,以促进青年学生德、智、体、美、劳等各个方面的全面发展,为中国特色社会主义事业培养合格的建设者和可靠的接班人。

二、要不断促进学生个体社会化

马克思主义认为,人的本质是一切社会关系的总和。个人不可能在社会中孤立的存在,他总是生活在经济关系、血缘关系、政治关系等各种关系之中。杨贤江充分认识到个人与社会的关系问题,看到了学生个体社会化对于整个社会发展的重要作用。他在《论个人改造》一文中指出,"社会是个人的社会,个人是社会的个人。个人与社会不能分离，可说个人就是社会。所以彻底的个人改造，乃在这个'社会我'的觉醒"①。也就是说，个体的发展总是取决于和他进行交往的其他一切人的发展，人与人在社会交往中总是相互作用的，每个人的自由而全面发展会直接影响到其他一切人的发展，整个社会人类的自由全面发展离不开个人的全面发展和人与人之间的社会交往。因此，促进青年学生个体社会化有助于实现整个社会人类的全面发展，个体的社会化是人类社会自由而全面发展的必要条件。为此，杨贤江要求青年学生把个人目标与社会目标相结合，把个人改造与社会改造相结合，个人改造中实现社会改造，在社会改造中促进个人改造，最终在实践中实现"全人生指导"思想的个人目标与社会目标的统一。在具体方法上，杨贤江运用团体训练法，培养青年学生的团体意识，提高其社会适应能力，促进青年学生个体的社会化。

当前我国学校思想政治教育存在着个人与社会关系断裂的困境。在思想政治教育过程中，或是过分强调思想政治教育对于学生个体需求的满足，忽视或者淡化国家和社会的需求；或是过分强调思想政治教育对国家和社会需求的满足，忽视或者淡化学生个体的需求。这种"一边倒"的思想政治教育现象，忽视了个人与社会的辩证统一，既违背了思想政治教育的本质，也违背了马克思主义唯物史观中个人与社会的"同构共生"关系理论。"全人生指导"思想关于人与社会关系的理论启示我们当代学校思想政治教育必须正确处理好青年学生个人与社会关系的问题，重视青年学生个体社会化，坚持马克思主义的实践观，鼓励青年学生投身于社会实践，在实践中实现个人与社会的辩证统一。

思想政治教育在促进青年个体的社会化过程中有着不可替代的作用，我们必须在青年学生思想政治教育的过程中注重培养青年学生个体的社会意识，实现青年学生"社会我"的自我觉醒。要把青年学生个体与社会联系起来，避免青年学生与社会脱节，要积极引导青年学生参与各类社团活动、社会实践活动和志愿服务活动，走进集体，在与他人的交往中相互作用，互相影响，培养自身的社会意识和社会适应能力，不断提升自己的综合素质，促进自身的全面发展，最

---

① 任钟印. 杨贤江全集(第 1 卷)[M]. 郑州：河南教育出版社，1995：200.

终实现整个社会的人的全面发展。

第四节 "全人生指导"思想
对思想政治教育内容的启示

杨贤江主张生活有多少内容,就应给学生多少教育,人生有多少困惑,就应该给多少指导。"全人生指导"坚持以培养学生正确的人生观为核心内容,以指导学生过健康的生活、劳动的生活、文化的生活和公民的生活为基本内容,涵盖了德、智、体、美、劳等各个方面,体现了知、情、意、行等不同的维度,最终实现青年学生个体的全面发展。这对我们当前思想政治教育的内容具有重要的启示:以树立正确的人生观为核心,以全面发展教育为基本内容,坚持对青年学生进行马克思主义理论教育和爱国主义教育。

一、以树立正确的人生观为核心

指导青年学生树立正确的人生观是杨贤江"全人生指导"思想的核心。杨贤江认为,教育的作用就是在帮助人生长,就是在帮助人不断地获得经验、改造经验。因此,"人生就是生长",青年应该树立一种"生长的人生观"。他主张青年学生树立正确的人生观,包括当前的人生观和长远的人生观。确立当前的人生观,就是要求青年学生根据社会和自身需要,力求做一个具有"完全人格"的人。树立当前的人生观的途径是进行个人改造,指导青年学生过健康的生活、劳动的生活、文化的生活和公民的生活。青年学生不仅要树立当前的人生观,更要树立为整个人类谋幸福的长远的人生观。这种长远的人生观其实就是指导青年学生树立马克思主义人生观,就是树立为实现全人类的幸福而不懈奋斗的无产阶级人生观。杨贤江认为,树立这种长远的人生观的途径,就是要把改造个人和改造社会统一起来,把解放个人与解放社会结合起来,把实现个人的自由而全面发展和全人类的自由而全面的发展结合起来,在改造个人的过程中改造社会,在改造社会的过程中改造个人。这启示我们当前学校思想政治教育要以指导青年学生树立正确的人生观为核心,加强青年学生的马克思主义人生观教育。

大学时期正是人生观、世界观和价值观形成的关键时期,人生观教育是大学思想政治教育中最重要的内容。指导青年学生树立正确的人生观,要加强对青年学生的马克思主义理论教育,引导青年学生学懂并弄通马克思主义关于人生问题的基本理论,形成科学的无产阶级人生观;要帮助青年学生科学准确地掌握面对和处理人生问题的方法,培养和提高青年学生辨别是非对错的价值判断能力和抵制不良思想侵蚀的自我觉悟能力,从而指导青年学生进一步明确人生的目的,端正人生的态度,认识人生的价值,为其创造有意义有价值的人生奠定良好的基础;还要引导青年学生积极参与社会实践和志愿服务,培养青年学生的服务社会意识,促进青年学生科学的人生观的形成。

二、以全面发展教育为基本内容

杨贤江批评传统的应试教育,"向来的学校教育,大都偏于知识的传授,而对于良好习惯的培养,青年问题的探索,都未加留意;换句话说,就是未能为全人生的指导"[①]。他认为,"教育的目的,至少须能养成学生会做一个适于现代生活的人"[②]。为此,他提出"全人生指导"思想,围绕着树立正确的人生观这一核心内容,指导学生过健康的生活、劳动的生活、文化的生活和公民的生活,培养青年学生德、智、体、美、劳等核心素养,最终实现青年学生的全面的发展。这为当前我国学校思想政治教育在如何培养人的问题上提供了启示,要对青年学生进行全面发展教育。

人的全面发展有着丰富而深刻的内涵。对青年学生进行全面发展的教育,主要包括青年学生思想道德素质教育、心理健康素质教育、科学文化素质教育、审美艺术素质教育和劳动技能素质教育等。其中,思想政治素质教育是青年学生全面发展教育中最重要的内容。这要求学校思想政治教育既要注重青年学生科学理论的教育,培养青年学生崇尚科学的精神和正确的科学价值观,帮助青年学生掌握科学的文化知识,又要注重青年学生劳动实践的教育,帮助青年学

---

① 任钟印. 杨贤江全集(第 2 卷)[M]. 郑州:河南教育出版社,1995:329.
② 任钟印. 杨贤江全集(第 1 卷)[M]. 郑州:河南教育出版社,1995:822.

生掌握科学的劳动技能,通过劳动技能的学习,不断丰富和完善自身的劳动能力;这也要求学校思想政治教育既要注重青年学生身体健康的教育,加强体育教育,使青年学生拥有强健的体魄,健康的体格,又要注重青年学生心理健康的教育,提高青年学生的心理调节能力,培养青年学生良好的心理素质;这还要求学校思想政治教育既要注重青年学生的道德教育,培养青年学生科学的人生观、世界观和价值观,又要注重青年学生的思想政治教育,科学"灌输"马克思主义理论,使青年学生掌握无产阶级的科学理论,提升青年学生对中国特色社会主义的认同感,增强青年学生在新时代投身建设中国特色社会主义事业的责任感和使命感。

总之,全面发展的教育,就是要求形成思想政治教育"合力",对青年学生进行全员全方位全过程思想政治教育。"全员"思想政治教育,就是要求学校坚持"立德树人"根本任务,把思想政治教育融入学生成长的各个环节、各个阶段,充分发挥每一位思想政治教育者,包括学校党政领导干部、思想政治理论课教师、专业课教师、辅导员以及管理人员等在青年学生思想政治教育中的重要作用;"全方位"思想政治教育,就是要从德、智、体、美、劳等各个方面,知、情、意、行等不同的维度对青年学生进行思想政治教育,破解学校思想政治工作不平衡不充分问题,充分发挥思想政治理论课和思想政治理论课以外的其他课程、科学研究、青年学生社会实践、校园文化、校园网络、心理健康教育、学生日常管理等不同内容、载体、路径、方式和方法的思想政治教育功能;"全过程"思想政治教育,就是要求学校把思想政治教育落实到青年学生大学时期的每一步,从入学思想政治教育,到日常思想政治教育,再到毕业思想政治教育,是一个连续不断的教育过程。

三、要坚持马克思主义理论教育

杨贤江在指导青年学生文化的生活中,呼吁学生学习新兴社会科学即马克思主义,并希望学生学习列宁等马克思主义理论家、革命家的革命精神,参与到学生运动中去,实现社会变革,推翻帝国主义和封建军阀的压迫统治,实现无产阶级的解放。此外,"全人生指导"思想作为无产阶级的青年教育思想,它承担着传播马克思主义教育理论和教育青年的重要任务,从头到尾无不体现着马克思主义的基本立场、观点和方法,它本身就是一种马克思主义理论教育。这启示我们要在青年学生思想政治教育的过程中坚持对青年学生进行马克思主义理论教育。

马克思主义理论教育是我国思想政治教育的主要内容,在整个思想政治教育内容体系中居于首要地位。当前,中国特色社会主义进入新时代,我们正处于"两个一百年"的历史交汇期。在中国梦即将成真之即,我们对人才的渴求比任何时候都要强烈。而我们渴求的人才,必定是对中国特色社会主义道路、理论、制度和文化具有高度认同感的人,必定是积极投身于中国特色社会主义事业的建设者。我们要坚持不懈地向青年学生传播马克思列宁主义、毛泽东思想、邓小平理论、"三个代表"重要思想、科学发展观、习近平新时代中国特色社会主义思想等科学理论,在思想政治教育过程中不断改进方式方法,进一步提升青年学生对马克思主义理论的认同感,不断提高青年学生对中国特色社会主义的认同感,使青年学生能够积极参与到中国特色社会主义伟大事业的建设之中。

四、要加强青年学生爱国主义教育

党的十八大报告首次提出积极培育和践行社会主义核心价值观。习近平总书记指出,"社会主义核心价值观中,最深层、最根本、最永恒的是爱国主义"[1]。因此,爱国主义教育成为培育和践行社会主义核心价值观的首要问题。青年学生是我国社会主义的建设者和接班人,对他们进行爱国主义教育更是重中之重。指导学生公民生活是"全人生指导"思想的重要内容,而公民生活就是指导青年学生关心时事政治,了解国家大事,正确处理求学与救国的关系。杨贤江认为,要通过与闻政治和组织团体等方式,培养青年学生的政治意识和爱国精神。公民生活的本质就是对青年学生进行爱国主义教育。

爱国主义是人们对祖国深厚感情的集中体现,它深刻反映了人们对祖国的

---

[1] 习近平:在文艺工作座谈会上发表重要讲话,2014 年 10 月 15 日,http://news.xinhuanet.com/politics/2015-10/14/c_1116825558.htm。

依存关系。新时代条件下的学校思想政治教育,应该进一步加强对青年学生的爱国主义教育,继承并发扬中华民族的爱国主义优良传统,振奋民族精神,增强民族凝聚力,为建设中国特色社会主义宏伟事业而奋斗。加强青年学生爱国主义教育,要培养青年学生的政治意识,指导学生关注时事政治,关心国家安全,了解形势政策,学习基本政治理论,积极参与各项政治活动;要培养青年学生责任担当意识,青年学生求学的目的是为了服务国家和社会,要积极培养当代青年学生的责任意识和爱国报国情怀,提高自身对国家的认同感、归属感、责任感和使命感;要培养青年学生的集体主义精神,在青年学生群体中积极开展各类爱国主义和集体主义教育活动,增强学生的集体意识和集体主义精神。

第五节 "全人生指导"思想
对思想政治教育方法的启示

杨贤江主张在教育活动过程中要尊重学生的主体地位,让学生自己设计自己的教育。他的"全人生指导"思想,在方法上注重理论与实践相结合,个人教育与团体训练相结合,教育与自我教育相结合,方法灵活多样,可行性强。同时,"全人生指导"思想所坚持的"全方位"指导的核心理念,有助于我们构建学校"全方位"的育人文化环境。

一、要充分发挥学生的主体作用

杨贤江主张在教育活动过程中要尊重学生的主体地位,强调调动被教育者的主动性与内化功能,让青年学生成为自己教育的主人,着力培养他们的自觉意识与自动、自律、自强的能力。他把这些看作是青年全面提高自身素质,成才成人的最基本条件。杨贤江认为,人类生活的正常形式也是青年学生的正常生活形式,青年学生过"圆满生活"应当具备健康、劳动、公民、文化四种要素,而统帅这一切的核心问题,是树立革命的人生观。因此,指导青年学生立志改造社会和指导青年过"正常生活"是一致的,即培养人的主体自觉性。而培养人的主体自觉性也是现代个体的生成依赖于现代社会的同步发展的前提。在这个意义上而言,现代个体的生成,需要完成从自在自发的传统生存方式向自由自觉的现代生存方式的转变,促进具有创造本性和主体精神的现代个体的生成。

按照这种方式,学校思想政治教育需要确立"主体性教育原则"。充分发挥学生的主体地位以及主体性作用,思想政治教育者的主体性则表现在尊重学生的主体性,为学生的发展服务,整个教育过程作为主体间性表现形式的对话。也就是说思想政治教育主客体双方作为思想政治教育工作的主要参与者,他们共同经历学习、认知和发展的过程,在这一过程中,双方都能够自觉获取各自所需的信息知识和数据资源,在整个思想政治教育的过程中互相影响、互相促进,相辅相成,最终实现思想政治教育主客体双方的全面发展。

二、要采取灵活多样的教育方法

"全人生指导"思想的方法始终坚持理论与实践相结合的原则,采取个人教育与集体教育相结合、教育与自我教育相结合的方法,寓教于乐、寓教于活动、寓教于生活、寓教于艺术等,整个方法体系灵活多样,可行性强。例如,杨贤江非常注重培养青年学生的自动与自律精神,认为在教育活动中最重要的是发挥学生的"自动"能力。杨贤江主张在教育活动过程中要尊重学生的主体地位,充分发挥学生的主观能动性,积极引导学生进行自我教育,实现教育与自我教育的结合。此外,杨贤江还坚持个人教育与集体教育相结合的方法,即注重对青年学生个体的观察,又把学生放在集体中观察,他采用这种教育方法,运用青年学生"个性"与"共性"的关系,以便及时准确地发现问题,从而对症下药。

这启示学校思想政治教育工作要采取灵活多样的教育方法。学校思想政治教育要根据思想政治教育的具体目标、具体内容而选择具体的方式方法,并在实际运用中根据教育对象、教育环境的具体情况和教育环节的具体特点进行选择,不断增强青年学生思想政治教育的针对性,提高青年学生思想政治教育的有效性。在具体的方法选择过程中,还要坚持针对性、精准性、综合性和创造性等原则,合理选择并不断创新思想政治教育的方式方法。

三、要构建"全方位"育人环境

杨贤江主张"生活的内容,凡是在满足人生向上发展的需要上所不可少的,都当求其具备"①。也就是说,凡是对人的发展、对国家和社会的进步能起促进作用的内容,个人都应当具备;但由于个人具有的天资和生活环境的不同,因此,还需要发展青年的个性。基于这一种主张,杨贤江提出"全人生指导"思想,通过对青年学生进行德智体美等各个方面的"全方位"指导,最终目的在于指导青年学生谋求过一种"圆满健全的生活",实现青年学生的自由而全面发展。我们可以借鉴"全人生指导"思想"全方位"指导这一核心理念,利用当前我国学校思想政治教育场域的新变化,构建新的"全方位"育人文化环境。

新的"全方位"育人文化环境把校园场域与家庭场域、社会场域和网络场域结合起来,是对思想政治教育"四位一体"场域的重组。变"四位一体"为"四维一体",构建以校园场域为核心,基于信息技术场域、社会场域与家庭场域的"锥形体场域"。在这个"锥形体场域"中,校园场域是核心,与学生直接对话,对学生"三观"的形成、学习习惯和日常行为的养成具有极为重要的影响;信息技术场域、社会场域与家庭场域是基础,作为非校园文化环境,对学生日常行为和生活习惯产生重要影响。因此,构建"锥形体场域",就是为了使"四个场域"融会贯通,打造"虚实"一体的"全方位"校园文化环境。

"全方位"育人文化环境应聚焦中国核心问题,使校园文化建设与社会现状和社会主义核心价值观相联系,凸显中国道路的历史逻辑。一是要将校园文化活动与社会现状相结合,让学生了解"世情""国情""社情",坚持"四个自信",不断提高学生的社会适应能力和生存能力。二是要将社会主义核心价值观融入各项校园文化建设中,引导学生积极践行社会主义核心价值观,既要内化于心,又要外化于行。以中国梦为指引,激励学生将个人理想与国家和民族的命运联系在一起,培育延续中国特色社会主义事业的可靠接班人和合格建设者。

① 任钟印.杨贤江全集(第 2 卷)[M].郑州:河南教育出版社,1995:588.

　　"全方位"育人文化环境要巩固马克思主义在学校意识形态的主导地位。要在"锥形体场域"中强化意识形态先导,使校园文化与信息技术的未来图景和网络空间的"正能量"相联系。青年学生群体已经成为我国互联网使用人群的主力军,马克思主义的主导地位能不能继续得到巩固,信息技术场域成为关键。信息技术的发展给我们带来更大的视野和更新的发现,进而改变我们的工作和生活方式的同时,网络违法犯罪和各种不良信息也给我们带来了前所未有的巨大挑战。因此,净化网络生态环境,传播网络"正能量"成为校园文化环境构建的首要任务。要加强对校园网络的监控和疏导,剔除不益于学生发展的有害信息,进一步扩大马克思主义理论在校园网络中的宣传力度,掌握网络意识形态主动权和话语权,实现信息技术场域与校园场域的"虚实"结合。

　　"全方位"育人文化环境还要发挥家庭场域的重要作用。家庭是社会的基本细胞,是人生的第一所学校。中国传统的家风具有传承着中华传统美德,塑造人们世界观、人生观和价值观,影响人们为人处世的态度的重要作用。因此,要在"全方位"育人必须围绕马克思主义的实践维度,在校园中践行"家风",使校园文化建设与"家风"相联系。

第四章

杨贤江的"全人生指导"实践

杨贤江在编辑《学生杂志》的 6 年时间里，给全国各地的大中小学生通信、答问、释疑 3000 多次。杨贤江不仅是知识广博、功底深厚的理论家，也是阅历广泛、经验丰富的教育实践家。

第一节　青年学生树立正确的人生观

一、指导青年学生确定人生目的

杨贤江与云端的通信

云端致杨贤江

贤江先生：

《学生》第十一卷第三期"通讯"里我看见《无产者不必定要入学校读书》几个大字，当时我就高兴得了不得，以为我们这班苦学生，从此可以不用蹙额皱眉了，想升学而苦于不能升学的可有解决的方法了。你同几位朋友讨论的几封信，我就端[专]心的读：一回、二回、三回，以至读一回，想一回，有时跑往外间，有时躺身在床上，而那本《学生》始终握住在手里，想来想去，终觉你的话是对的。生在这私产制度下面，除奋斗外别无坦途了！终日纳闷，垂头丧气，没精打采，真是笨人干笨事！

前些日子我不知干了多少笨事了，因之精神萎靡，身体软弱，举动迟钝。我的父母也很是担心，常叫我逍遥物外，箫弦自乐；又劝我多看清净无为、狂达不羁一类的书。——《因是子静坐法》晋朝清谈先生的传录——因此，我又觉得人生乐趣，无逾于这了！"人生若梦，为欢几何"，"人生行乐耳"，什么"逍遥先生""江湖散人""烟波钓徒"，统统都是我心所向慕的。那时意志坚决，自命是一个上流高蹈人物哩！如今思想起来，真是危险万分。人生是什么？人生应该怎样？难道人生就是在享受快乐？逍遥不羁，放任优游，就是人生最大的目的吗？若然，则无量数的人，个个都为寻求快乐而来，则这世界将成什么世界？这个社会将成什么社会？世界浑沌，社会萎靡，我们又安能寻求快乐呢？古史上说的巢父、许由、商山、四皓……都是古之怠惰不过者，不是我们青年所应该取法的。

以上那些思潮，都是我读这期《学生》和第一期《青年与恋爱》所受的影响。

结果:我的精神格外奋发,好像什么激[潮]似的,立即喷涌向四处奔流。地方上或我自己无论干什么事,都要这样问:"为什么?""应该怎样?"凡旧风俗、旧习惯、旧制度……同我现时所悬底目的差池太远的,我都想树反叛之旗,喊一声革命,向他激战。

我为什么要读书?读书之目的何在?无钱升学就不能做人吗?无钱升学就应该烦愁悲观吗?古人若林肯、富兰克林,不是遭遇著贫苦的家庭么?何以后来都一一成伟大人物,受民众的敬仰呢?凡这问题,我都统统解决了。我只知奋斗,我只知尽我的能力一点一滴向社会上改造。烦愁悲哀,是致命的伤;畏缩不前,是社会的蠹。你说:"无产者该有无产者的心,该有无产者的力,我们都不必一味梦想入学校读书,我们且来试试我们的心与力罢。"这是何等的兴奋剂!

你介绍社会科学的书,及《中国青年周刊》等杂志,一以确定人的人生观,一以指示人的教育方针;我领教了。可是社会科学的书有若干种?那几本合于中学生程度用的?有没有这类的杂志?《中国青年周刊》每年报费、邮费,共计多少?希望你一一告诉罢。并望介绍几本适合中学程度的心理学、生物学、伦理学。

我上面说的话,一半是向你请教,一半是我读完了这一期的《学生》,把我的生活态度向你报告报告。满望你复答一声,以确定我的行止。因为我已彷徨歧路了许多年啊!

云端 五,廿四 于广东文昌私立三溪高小

致云端

云端先生:

你现在的生活态度,我认为很正确。我们最所反对的是那种优游自得不问理乱的青年,因为他们根本把人生的天职——为全人类的自由幸福而努力——忘掉了。说人应该进求快乐,其实也不能算错。只是这些求快乐的人乃想享现成的快乐,甚至须剥夺了他人的快乐方成其为自己的快乐,所以我们也要反对。

有些人听了我说"无产青年不必定要入学校读书"这句话,便以为近来青年都可不必耗费心力去求学，落得偷闲过日。像这样真是太误会了我的意思，而且我也许会变成了一个遗害青年的罪魁。幸你知道我的用意，肯自励，肯奋斗，我真感慰万万。

社会科学的书，可看上海书店印行的《社会科学讲义》。《中国青年》定价，每一元寄足五十期，该刊通讯处现改为上海拉斐德路一八六号转但一君。心理学可阅郭任远的《人类的行为》（一元），生物学可阅王守成编《公民生物学》（印刷中），伦理学可阅孙贵定的《现代师范教科书伦理学》（二角），以上各书都由商务印书馆出版。

贤 江

二、指导学生确立科学的人生观

杨贤江与姜敬舆的通信

姜敬舆致《学生杂志》记者

记者先生：

有几件事，似乎不得不请教；又要耗去你一些时间了，对不起！

（1）在这个私产制度底下的、新旧不相容的、礼教作祟的时代，怕有许多青年都很烦闷罢？是不好的现象，谁都这样说。所以，在本志上，曾有几位热心先觉的青年，屡次的提出些补救的方法——生活的美化、爱化、娱乐化、趣味化。

固然，"私产制度""礼教"等旧时代遗传下来的产物，将日益[崩]坏了。现在我们且一方面去奋力打倒；一方面复将生活的内容，根本的改造过来；替"烦闷"建设起那"美""爱""娱乐""趣味"。身体弱么？我们运动起来！头脑不清么？那末，今后努力乎智慧的增进罢！

本志对于这种种，诚然有所贡献；但是对于我，——或其他与我表同情的人——似乎还不满足。先生！本志不是太少关于美术、音乐等文字么？这样，"娱乐""美""趣味"失了凭藉了。我常想："一个人享受不了美术、文学、音乐、自然界……的陶冶、兴味与亲近，那生活是多少枯寂呵！"可惜得很！许多青年都企图与这种种亲近，享受它们的趣味；但都被拒绝了。我——似乎就是这样一个人！

今后能多载些这方面的文字么？

（2）近年来思想界很紊乱，在青年方面，尤其表现得真切。一方面有尊重礼教、敬礼圣贤的人。一方面有讲社交、大声疾呼要解除各种束缚的人。虽然前者还是不少，然而将来尚有改造的希望。后者——就是主张自动自新的人——呢，也是意见纷趋[分歧]。举凡生活上的方法，都还未曾得到一个彻底的解决。而解决问题的最好方法，是有理由的辩驳。因此我以为经过了合理的辩论以后，才能得到真理；至少也是一个最适宜的"假设"。所以，我希望《学生》今后能够多载些辩论的文字。或者为这等文字增设一栏，也未尝不可。

这方面也得请读者诸君努力，董渭川的《读学生与学潮》给了我们一个好例。今后我们也来努力与那真理会面罢——像他一样！

（3）诚然我太浅学，不能对这种高深的宗教——或者竟是邪教——像近来四川的宗教大同会，有所了解与批评！陈独秀先生的《人生真义》在科学者看来，固然是"很对很对"；但那位受命于上帝的教主却作了篇《〈人生真义〉之驳正》。先生或者看见过，我不多说了。——只是求你回答我的问题：

这种文字果然对吗？不使青年迷惑吗？有那样大的宣传力，不使社会受影响吗？——听说北京有他们的分会，暑假我在济南，看见该会散布的传单。

还有：宗教能不能统一，是不是必要？——这都是使青年迷乱的所在。我希望这盏明灯——《学生》——能够帮我们打倒恶魔，照我们走光明的大道呢！

（4）作日记的用处，大约谁都知道。诚如崔万秋君所言："备参考，促反省，积学问，炼思想。"日记确是具如此的功用的。三年来，我屡作屡辍，固由我意志不坚，与环境的影响的原故。但是本年元旦起，我决定作下去，直到现在。

为使青年们注意记"日记"，我不惜说了这许多话。但是，还有一个问题："怎样记呢"，就平常日常生活上几件机械的事记去，实在也太无趣味，并旷废时间。所以，我主张作我们日记的材料的，只是由实事引起的感想，用带点文学性的文句表现出来。科学上的事，我们可以记在笔记本上，不要来麻烦日记簿了。

先生以为如何？读者诸君以为怎样？

（5）我很疑惑：难道国内中等女学的程度，都那么幼稚吗！无生气吗！本志许多时候都不曾载过她们的稿件；是先生不载呢？还是她们不曾寄给你？或者有些稿件，只因为太幼稚了，不曾刊载？——究竟怎样呢？

《学生》的态度，不能说不严正可靠。两性间许多问题，——关于青年的——正可藉以作个讨论的机关。今后一方面深望先生努力使男女青年的自省，一方面我更希望他们自动的觉醒起来！

上面这些话，只不过一时的感触，很杂乱的。请先生改正且答复罢！敬祝健康！

姜敬舆 一九二三，九，九 济宁中西中学校

致姜敬舆

敬舆先生：

像你这样热诚恳挚的贡献，真是我们——也是一般读者所非常欢迎的。关于第一项，我们除专请相识的人担任做稿外，仍望本志读者多多投稿。关于第二项，我们预拟明年三月间出一期《生活态度号》来讨论。关于第三项，我们以为青年该有科学的人生观，不当迷信欺人自欺的宗教。尤其是中国青年，对于在国内流行的任何宗教，应该一律反对，因为有些宗教，不但妨害真理，而且还叫人变成亡国奴。关于第四项，我们赞成你的意见。关于第五项，则我们要乘机声明：女学生的投稿，真是绝无仅有。我们也不晓得完全[因为]什么。

关于两性问题，我们也有同样的意见，即当进行。盼望你时常赐教！

记 者

原载 1923 年 12 月 5 日《学生杂志·通讯栏》第 10 卷第 12 号

三、指导青年学生修德

杨贤江与冯国华的通信

冯国华致杨贤江

贤江先生：

吾从《学生杂志》及其他杂志上得读先生大作，很钦佩先生为人，现在不辞简陋，愿与先生说"学"与"养"。

吾常谓做到一个"学"字尚容易，做到一个"养"字真是难。曾文正公说"人生气质，在于天生，本难改变，惟读书则可变化气质"，这句话说得固然很是，可是要做到能够变化气质的功夫，恐不是易事罢？古来才识之士，不知有多多少少，说他不学固不可，说他们都能够养了吗？却也未必。像汉时的杨雄，确是一个出类拔俗的人才，可惜屈身事莽，不免死于剑阁。再如汉末的曹操，论其才，确是一时人杰，而拥兵跋扈，逐献帝，篡汉业，后人目为百世奸雄。说这二人是不学无术，自然是不可以，说这二人有修养的功夫，那自然也不可以。再如近时的袁世凯，人人目为一世枭雄，曹、章、陆斥为卖国大贼，像这些人，说他没有才识，自然也都不可以，可惜这些人都学则有余，养则未至。

有人问："你所说的'养'，是不是就是养生的'养'？"吾说："不是，吾所说的养是指德而言。"所以学养二字竟解作下表——

$$\text{人生}\begin{cases}\text{学——修业——学业——知}\\\text{养——进德——品行——德}\end{cases}$$

看上表就可知道吾所说学养两字的分别。

读书而能够变化气质，是读书有得，是知行合一，也就是做到养的功夫。

要做到能变化气质的地步，固非读书不可，不过能够读书的，未必个个能变化气质；有才的，未必个个能有养的功夫；能够修业的，未必个个能进德；不然杨雄、曹操死了已千百年，何以至今还被人吐[唾]骂呢？

所以吾以为学养两字须并做，学得一分，就做到一分，不可出诸空言，须见之实事,这就是阳明所说的致知之功。

现在许多青年们往往说"吾已受新思潮的洗礼",所以开口说觉悟,闭口谈奋斗,听他的话,固然纯洁漂亮,但一察其实,便要失望。他们在校内得了父母的庇荫,还不致暴露丑态,待到一出校门,厕身社会,便为一个堕落的青年了。吾说这些话,并不是过分其辞,实是有感而言,吾过学校生活有十余年,觉得同学中很有这种人,他虽掮了"觉悟""奋斗"的招牌,还是要向黑暗的路上走,吾且举个例罢!

吾有一个同学天资绝顶聪敏,诗词歌赋,件件皆能,同学器视之,先生也重视之。他在"五·四"运动的时候,奔走国事,到处演说,激昂慷慨,闻者感动,曾为校中出席代表,曾任职于学生联合会,群料这人是一个可造的青年,孰知江山易改,本性难移,他竟自暴自弃,他人所不恤[屑]为、不愿为、不敢为的,他竟为之,于是恶声日炽,卒至见弃于同学,被摈于学校,变成一个堕落的少年。

吾至今想起这个同学,总很为他可惜,和朋友们谈及这位同学,总说某君并非不学,可惜不养。如能再有了一番修养的功夫,定为吾侪翘楚,而今已矣!

吾从这一点上更觉得"进德"更要于"修业",并树一义曰"读书而不能进德,与不读书等;学而不养,与不学等"。

有人说"吾读书矣,敢问由何道而才能进德"?吾说"只实行致良知的功夫,德自然进了"。此语说得似乎泛了,请即从德字说起。德者得也,行道而有得于心也,吾下一转语曰"德者得也,读书而有得于心者,笔录之,体会之,实行之,斯德矣",再引申之日,近朱者赤,近墨者黑,如能常和古人的嘉言懿行相周旋,则好像入芝兰之室,久而与之默化。吾性朴质,嗜读书,每读总把古人的嘉言懿行,随手摘录,时常翻阅体会,当做座古[右]铭看,觉得非常得益。吾今读《王阳明集》,把其中凡是有益身心的话逐条录出,并加案语,时时拿来警惕砥砺,觉得有益身心不少。(下略)

冯国华谨上

致冯国华

国华先生：

读来书，想见好学之勤，自勉之切，深为佩服。论人贵读书，又贵进德，尤见卓识。惟所谓德究竟是个什么东西，要进德应该怎样，这都是些问题。知与德原极有关系，苏格拉底也说"知识即道德"，但平常人何以不能即知即行呢？这有两个缘故：一是他未把所知的在生活上加以实验，又无相当的训练，因此终于不能成为行，——换句话说，不成为习惯。二是他受制于因袭的势力的压迫，又没有同志的督责与帮助，所以自己一个人断难实行。譬如一个中年人自感身体虚弱，于是参考许多体育书籍，知道何种运动可以健肺，何种运动可以促进血行，然而他不去实行动手动足（既是王阳明"格竹"的方法，也是东方精神文明者修养的老套），又因向来没有操练身体的习惯，更因社会上素无中年人讲究体育的风气与设备，所以他只好成为理想的运动家了。又如行路时，忽见前面有人仆倒，心里未尝不想跑去救他，然而他的足似乎跑不动，他的手又似乎伸不出，于是又只好成为想象上的道德家了。以上所说，不过证明一般讲道德修养的人，单凭空想是不行的，单靠读书也是不行的。我以为所谓德，实只是一个人的身体能遵行他的知识与志愿；所谓修德，是要养成身体能听从知识与志愿的习惯。王阳明的知行合一说，自然足以警觉一般死读书者。然而他所谓"致良知"若是只用他的"格竹法"，那未免太神秘，太超乎常人的生活了。我们现在讲"进德"，就要注重一个实际可行的方法。进德的目标是在于自己于人群的实际生活上有所改进，不在于所谓"致良知"。良知不良知，我们倒可以不管。进德的结果不在主观的反省以为"吾性自足"，而在客观的考察于事实产生良效。进德的方法也不在"读书而有得于心，笔录之，体会之，实行之"，而在训练身体，训练思考，训练观察，训练判断，再用团体夹持的力互相勉励，互相督责，做出种种于人群有益的事业来。古人的嘉言懿行，自然可供参考警惕之资，但决不是进德惟一的方法，也不是进德最后的标的。我们真不可"知而不行"，但要讲究怎样行法，并看行后会有什么结果。我意如此，不知你以为然否？即祝努力。

贤　江

原载 1925 年 2 月 5 日《学生杂志·通讯栏》第 12 卷第 2 号

四、指导青年学生的婚恋问题

杨贤江与崔烨的通信

崔烨致《学生杂志》记者

记者先生：

我与《学生杂志》做朋友，亦将近三年了。自然得的益是不少！只因我是个中学生，程度很浅，不能发挥一点意思，实在可羞可恨。

现在我有一桩难解释的事情，要你指示。就是：我的祖母及我的双亲逼我在九月里成婚。祖母及母亲她们没读书的，闹这"五代同堂主义"，尚不足怪：为何父亲亦不听我的恳劝，竟固执要达到他坚持的目的呢？若是我有这三个缘故，那亦可以：

（a）设使我是个游荡，不务正业的。因为要约束我成人的意念，不得不逼我成婚。犹今我"反躬自问"，并没有侵犯。虽我不敏，亦晓得这种娱乐，非我辈青年所应能的；我们的娱乐是神圣的，在范围之内的。所以我连游戏场去的也有限。

（b）设使我的年纪有二十七八了。那末，"人到三十半老人"，为后的必要，自应逼我成婚。可是我今年才二十岁，怎么说年纪大呢？

（c）假使在我做事，进款额裕，自己支持有余的。惟恐少年之性易乱，不得不逼我成婚，益因可以藉此束约，练习人生观。现在我不但没有做事，并且才从中学毕业，还要用他老人家几个。

你是晓得的：一个中等学校毕业的程度，是很浅的，况且我们学校里没有物理、化学、新学制的预备；至于能力亦很薄弱，到社会去谋生活，自然不易。既顺了他们（指家庭而说）的意成了婚，少不了要进邮政局里谋生活；学问不免要从此作罢。这样，为赚几个钱，反把前程弄得浑浑，人生的基本弄糟了。试问依这几个钱，或有双亲的助，当这"米珠薪桂"的时代，又支持得几年呢？

从这一看，前程目的危惧得很，只好不盲从，然而他们不征求我同意，一味糊里糊涂往前进行，这又奈何？他们的意虑我娶亲难，所以恤怜我；谁知是害我。

他们只顾为婚事方面虑，不晓得谋生计还大；他们只想到一时喜欢，不知察将来精神上之无限痛苦。唉，临时逃跑的法子，固然是好——虽然好多青年实行过的；但是依我理想，未免不是正大、妥当的，在情理所许的吗？

这时，我好像一个没有舵篷的小划子，走在江中，忽然江风大作，吹得波浪怒起，无法进退，只随浪而流。可是前面又布满的是磐石，要想不碰它，除非不随浪而流，不随浪而流，这是不能够的。终究难逃舟碎的结果！

你的智力比我强得多！恳请你想个法策，使我上不抗双亲及祖母的意，下不致处于危险的地步；能教我升学读几年书，把这个婚事作缓论，那就感激不尽了！这个法策请你在第八号的《学生杂志》通信栏内发表罢！祝你四育进步！

崔烨

一九二三，八，十五

致崔烨

崔烨先生：

你要我们在八月号上作复，可惜是办不到了。因为你的信刚于八月二十一日收到，所以只能在这十月号上发表。

你说你的家人要逼你在九月里成婚。如此看来，这个回信到了你的眼前的时候，那件所谓婚事者，不论如何，终当已经有个解决了。是吗？但我们认为这种事情关于青年的幸福非常重大，所以不管对你有效无效，还是要说几句，以供一般青年读者的参考。

我们以为，一个心身尚未发育完全的人固然不宜结婚。但我们又以为，关系男女两造极深切的结合这一件事，也须得由当事人互相了解以后才可举行，万不可一任第三者强为撮合而苟且从事。

现在你的问题只限于"把这个婚事作缓论"。这大概你对于所欲成婚的那个对手是没有什么问题的了，所争的只是成婚的迟早问题。那么我们也不必说到旁的地方，只就你既不愿现在成婚这一件来讲，则以为你该把你的理由向你的祖母及双亲声明，并且坚持下去。万一你一方面认为目前万不能成婚，而他们定要逼你成婚,则你为免得自己的痛苦计,你就采取一种"临期一跑"的法子,也就不能说是怎样不正大、不妥当。但我们不懂得你们的实际情形,究该怎样,只好请你自己斟酌了。

记　者

原载 1923 年 10 月 5 日《学生杂志·通讯栏》第 10 卷第 10 号

第二节　对青年学生健康生活的指导

一、注重体育锻炼,培养良好习惯

杨贤江与廖世颖通信

廖世颖致杨贤江

贤江兄:

时间的利用法,须以愈经济愈好,功(工)作须定日程,是唯一的经济时间的好方法,这是很明了的。可是定了日程,要去实行遵守,便在普通一般青年学生里,发生问题了。——这就是说大概的学生底心情上自由底要求,往往可以战胜机械式的——没有养成习惯的——动作。例如就是就现在的我而言,也犯了这个毛病,每每在做一问算题的时候,忽而想读一读英文;在预习英文的时候,忽想做一篇小说。这类的事,虽然明知那做几何题,或预习英文是必要的工作,也时常要遇到的。这样一来,结果一样都不获满意的收成,反欠了许多的债。

我不知什么道理,现在变到这样地步;大概也许受了两次病魔来混扰的应(影)响。

在寒假里,在开了学的最前两星期——在没有生病的时候,我的奋斗的精神非常活泼。人人都说我变得非常之用功了,——甚至有人劝我稍行休息休息的。其实,在那时,我并不觉得用功,也并不觉得疲乏,而且精神上异常愉快,因此我底功课做得很自然。一点不会延滞,反而超过了水平线。那知可恶的病魔,一次再次地只管来侵蚀,直至把我底奋斗的精神侵蚀得无余地。现在的精神,实在紊乱极了,痛苦极了!不知从那里整理起,那里恢复起。正在这万难的当儿接得你底信,把我底彷徨著无归宿的精神,兴高了一大半。我心诚地感谢你啊!

廖世颖 于东大附中

致廖世颖

世颖兄:

要养成有规律的习惯,原不是容易的。但我终相信只要立志坚决,一定可以如愿。你如不信,何妨试验一下?我愿和你订半年之约,你且去试试看(你可就近向心理学教师以造成习惯的方法,或参看我的《好习惯怎样造成》一文,登在九卷五号《学生》)!

精神的健全、注意的集中,有赖于身体的康强。你不能继续奋斗,我想和你的病当有关系。我现在诚恳地希望你要多留意体育。你当知道强健的体魄,是一切重大事业的资本。青年时代又是培养精力最重要的时代,你可不要忽略啦!

贤 江

原载 1923 年 8 月 5 日《学生杂志·通讯栏》第 10 卷第 8 号

二、增强身心健康

(一)杨贤江与黄洱渐等通信

黄洱渐等致《学生杂志》记者

记者先生:

读了本年的《学生》后,知道你们这次的大改进,真是要造福于中等学生不少。从此他们有了光明的灯了!从此他们有了直谅多闻的益友了!不禁要代为庆幸。却是我们鉴于诸位热心努力之忱,与我们希望《学生》的心,现在要在你们面前,贡献一点菲物,谨以十二分的诚意,盼你们哂纳!

并盼加以指教!

(1)希望从本号起改成横行。横行之便于阅读,生理心理家早有证明,不用我们多说。况《学生》后页数张已是横行,何不爽爽快快一齐改为横行呢?——至标重要的地方,以前直行用密圈,横行我主用大一号的字。

(2)希望以后多多刊载些实用的科学常识。现在大多数的学生,往往镇日的在那里谈些极空泛的社会问题,而对于他们自己的立足点——科学知识——却很忽视。所以不得不希望他们的这个益友,要给他们一些指导和帮助。

(3)希望增一科学问答栏。以帮助那些求师不得的读者。凡在科学范围以内的问题,读者有疑的,尽可提出来问;记者能回答的,就立时回答;不能的,就应当以《学生》名义,或由你们写信给那位专门学者,请他们回答。

(4)希望多载关于性欲研究的文字。以指导一般迷途于性欲冲动的青年。性欲冲动,本是人类、尤其是青年所必然的事。当性欲知识初萌的时候,为父师的,应当去指导他,庶不致危险。乃一般人都以为谈性欲是可羞的事,极力的守其秘密,一任那天真未鉴的青年,闭著眼乱走。唉!这是何等的危险啊!《学生》既是他们的良师益友,这种责任,似也不能推却罢?

以上数则,都是我们一得之愚;但我们因时少事繁,也无暇细想,仅信笔写来,辞不达意的地方,至乞鉴宥。但我们希望《学生》的诚心总是二十四分的恳切的啊!

此外我们有几个问题,要求你们赐教,或者由你们请别的人回答我们。如何?

(1)世界语"恭贺新禧"是Sincere Gratulas Vin Bonan Novanjaron 呢?还是Fariåan Novan-jaron 呢?究以用何者为妥?

(2)灵魂照相是不是真实的事?究竟灵魂这个东西,世间上有没有?在科学上应如何解释?

(3)在性欲冲动的时候,有人主抑制,有人说应尽性发泄,抑制反有害。究竟应任性发泄呢?还是应当抑制?

(4)遗精(指夜间,且无梦的)有人说,彼是生理的,体强的男性所免不掉的。

又有人说,遗精是同女性的月经相同,每月至少应有一次,没有的反不好。又有人说,一星期一次,是不要紧的。究竟是那种的对?多日无此现象的人,有什么危险没有?

黄洱浙　张仲纯

沈浣香　王愚公　黄英　同上　三月三号

致黄洱浙等

洱浙、仲纯、浣香、愚公、黄英五位先生:

我们二十四分的感激你们对于《学生》的好感。你们确实是以二十四分的恳切向《学生》呼喊的。这声音我们听到了,怎能不受感动呢? 现在我们特把对于你们四种希望的意见答复如下:

(1)从本号起改成横行这一种希望,在事实上有办不到的地方。办不到的理由,我们曾在三月号的"通讯"栏上说明,请你们复阅,并求原谅。

(2)多载实用的科学常识一项,我们当努力设法,求有以副诸位的希望。

(3)增设"科学问答"一栏,我们也可照诸位的说法来办。只要我们力量所及,我们是极愿意帮助的。

(4)多登关于性欲研究的文字一项,我们也有这个意思。本期已有两篇文章,专论青年性欲。以后有机会,仍当陆续登载。

还有四个疑问,我们已请别的人回答。现在依次序答复如下:

(1)世界语"恭贺新喜"应该是 Mi al vi doziran bonan kaj felicān novjaron。

(2)灵魂学,五十年前在欧洲闹得很厉害。灵魂照相,也是同时发见的(灵魂的存在与否,姑且不去论他),但其实完全是假的。从前法国警察厅,要想揭穿他的黑幕,暗地请了一个照像大家,令他装成一个乡下老儿,去求当时的灵写大家,请将他和他妻子的灵魂合拍一张相片。那位大家,把一切物事准备好了的时候,叫老头子站好,说是就要打开镜头了。说时迟,那时快,老头儿伸手将灵写大家的手按住,不许他去打开镜头。自己就去把那还未受光的照片,用药水冲洗出来,一看,灵魂的相,已经端端正正的照在上面了。如果不是预先照的,何以未开镜头就有呢? 到了这个时候,那位大家也无话可说了。后来由他的家里搜了许多的灵魂模型出来,才知道相片上面照出来的主人翁,虽然不是人,却也并不是鬼。现在此道,在外国恐怕妇孺皆知了。中国却还有许多人,拿他来作成灵魂存在的证明,真是捣鬼!

（3）生物的性的本能,是生殖幼儿保存种族的本能。在动物类里,性本能的发动,是一任生理上的支配,他们不能节制,然亦不会陷于放纵过度。但在人类,如果漫不抑制,任性发泄,则将使生殖器官过于疲劳,而性欲却仍然盛旺。所以抑制是必要的。

从前虽有人说,性欲须任其发泄,抑制是有损害。但这所谓发泄,亦有程度,并不是绝对不加制限。到近年来,据许多可信托的医生研究的结果,青年抑制性欲,并无害处。不过这所谓抑制,其实是减少冲动的机会。如应用卫生方法,少吃辛香刺激物及酒类,灌输性的知识,明白性的功能,都有减少性的刺激的功效。或将心思及愿望托付在别方面——如娱乐游戏及学问事业上面去,则虽不勉强抑制,也能自然地减少性欲冲动。

但如果在已经结婚的人,在适当的时候,发生性欲冲动,一方又得对手的同意时,自然没有强加抑制的必要。但一度发泄之后,亦当予以若干日之休息,此则视个人的身体强弱、年龄及工作的劳苦情形而有区别。若毫无节制,则无论如何,总是有损害的。

（4）遗精确是生理的现象,为大多数的青年所不能免,但也间或有人不会遗精的。两者都不是病的现象,可以不必恐惧。遗精的时候以在夜间为常;有时有梦,有时无梦,其间并没有多大分别,不能因此断定是否是病。遗精的原因,大概由于精液囊（Seminal Vesicles）受著迫压而起,精液囊能分泌液体,有时因受内部的迫压,液体就聚积,膨胀起来;有时因膀胱胀大,或直肠胀大,这便受著外部的迫压了;有时同时受著以上的各种迫压,而在仰卧的时候尤其容易。精液囊一受到这种刺激,阳具便勃兴起来,精液囊中的液体速泄出体外。精液囊中因有神经与中枢相连,能够来传达感觉;所以精液囊受的刺激能达到脑里,下意识发现出来,还梦见女子;这不过是对象的现出,并不是因心中思想女子而才做梦的。这正与睡中口干,有时会得做梦喝茶;幼孩膀胱受压力,做梦在一处撒尿,醒来已遗尿在床上的道理相似。

平常健康的人,遗精以一个月或二个月一次为常,也有一星期一次的,虽然次数太频一点,但如身体并不感著什么不快,还不是病的现象,除非遗精的次日觉得头痛、郁闷、困疲,则才有点不健全。总之,遗精有亦无妨,没有亦无妨,这现象在医学上称为人特异性质(ldiosy Ncrasy),并非病的现象。但这与妇女的月经不同,不能用月经的道理来解释的。

我们这样的答复,你们认为满足吗?你们须知道我们是极愿意得到你们的指正的啊!敬祝你们健康!

记 者

原载 1923 年 4 月 5 日《学生杂志·通讯栏》第 10 卷第 4 号

(二)杨贤江与许清源的通信

许清源致《学生杂志》编纂者

《学生杂志》编纂者:

我读过《学生》之后,得了许多的利益,而尤以通讯栏使我非常的欢喜。因为我有几个困难问题无从解决。今恰逢其便,仅以诚意求先生答我一答。

(1)我校很缺乏团体的生活,仅有一个"文学会",而且那会员还皆是涣散的态度。不知用何种方法才使他有团结力?

(2)一校中分班次意见:一年级与二年级不和,二年级与三年级不和,甚至相视若路人。这种情形,于将来社会、国家上有否极大的关系?

(3)学生有近视眼的,其所以近视的原因,果纯由看书?却还有别的原故?并未近视以前,宜用何法防备及近视以后又用何法补救?

(4)我读到《学生》四号《青年对于体育的自觉》一篇第二节上有"人间世的悲剧"一语。此语究作何解,抑可是"人世间的悲剧"呢?

许清源 十二。五,三十

致许清源

清源先生：

（1）团结力强固的方法，在本志三月号上曾有贤江君作的《团结力怎样养成》一文，你可参见。

（2）阶级的歧视和对抗；恐怕是人类的通性罢？学生班级的界限，不但中国，别国的学生也是有的。但我们终当以理性去克服习俗。至于学生时代的阶级的意见，到毕业后不一定再沿袭下来。据我的经验，反觉得出校以后的同学倒比在校时要和善。不过，同级学友自然更亲切些罢了。

（3）近视眼也有先天的。但许多人大概是因后来看书的结果使然。从前有人调查德国的学生，见学级愈高，学生的患近视者也愈多。预防的方法是要读书室有适当的光线和看书时距离须适当等等。此处不及详述。既近视之后，如果观物不便，只得请眼科医生检查后配适当的眼镜戴之。此外别无补教的方法了。（周建人代答）

（4）"人间世"和"人世间"可以通用。不过，"人世间"较通俗些；"人间世"则是《庄子》的篇名。

记　者

原载 1923 年 8 月 5 日《学生杂志·通讯栏》第 10 卷第 8 号

（三）杨贤江答湖南楚怡工业学校刘家荣君

问：青年的烦闷，是很普通的；但是有何方法可以解救？

答：先要问发生烦闷的原因如何，然后再求解决方法。譬如原因在婚姻的苦痛，则就婚姻问题来解决；原因在人生意义的不了解，则多加研究工夫去思索；或者不要想到这样大的人生问题，单就眼前自己的生活上谋改进。大概多活动、多就实际生活工作，可以减少烦闷的机会。（K）

原载 1925 年 11 月 5 日《学生杂志·答问栏》第 12 卷第 11 号

三、养成规律生活

杨贤江与世颖的通信

世颖致杨贤江

贤江：

当我久盼不得回音的时候，接到你的信——虽然简短，可是充满了真诚的信，我是何等欢喜啊！

我们学校里的功课，已经很足够把我们的时间消费了。所以要充分地去研究研究我所喜欢的文学及哲学，实在来不及啊！时间不够支配，是何等地可危啊！

我竭力地去经济时间，可是总达不到那时间宽裕些的目的；这是何等可悲的事啊！

贤江！我一向钦佩你的善用时间的精神！你一定肯引导我到那能自由地支配时间的路上去的罢？

我的几首太率直的诗——我不能相信我自己——也有可登载的位置吗？哈哈！

小诗三首，请你看看。

一

本来是一个伟大而浑一的本体，

为什么要折做了一片一片，一个一个地来玩呢？

二

在一个群众的中间，

我只觉得我的伟大。

三

我明明地看见他把一块甘美的糖很自私

地推进了"他"的嘴里。

钟打十一下，我要睡了！再会！祝你欢乐！

世颖 三，十六，在东大附中

致世颖

世颖：

承你奖誉，实在愧不敢当。

你问我时间经济的方法，我怎配来回答？因为我是个自学而无成的人，自己尚待他人指教，哪能来引导你呢？但我终算比你长了几岁，多读过点书，又是经过中等学生生活的，所以我想把我的经验告诉你，倘能帮助你解决这个问题，那就是我的贡献了。

我以为要讲时间利用，应该有两个条件。一个是时间分配须得法，一个是读书须得法。

先讲时间分配。换句话，就是制定每天生活的秩序单。但中学生的时间，有一大半已经是由学校规定的。譬如起居时间、进食时间、上课时间、运动时间，就是。所剩下来的，只有早晨上课前、晚上睡眠前、以及别的没有指定上课的时间，须由自己加以分配。这些时间怎样分配，固然须看实际情形来斟酌。但也有几个要点可说：一须有复习的时间，二须有预习的时间。这两项都是为对付学校所指定的功课的。除此以外，便是阅读课外书报的时候，可就自己所欢喜的、愿意多加工夫上去的学科，来做比较专门的研究。这里要请你注意：我是主张初中学生应该通习学校所定的功课的，一来为丰富常识，二来为锻炼心力，三来为藉以发见个性。有些少年往往以"不欢喜学"或"学了无用"来轻视、甚至厌恶学校的功课（许多人对于算学，多有这种心理），实在是不正确的。所以我对于你的"要充分地去研究研究我所喜欢的文学及哲学"而恨"时间不够支配"的话，以为大有可以斟酌的余地。我以为你现在年纪还轻（你是十六岁吗），正应多用工夫在普通学问上面；专精的研究，不妨等到入高中的时候。何况要研究文学哲学，也须先有普通的知识做个基础。至于充分的研究，更不是容易的事情，恐怕在专门研究的文学家、哲学家也不免要觉得"来不及"罢？我所敬爱的小朋友！你以为我的话有道理吗？我愿你细细的想一想！

次讲读书法。不过这是个大题目，决不是几句话可以说了的。我以为聪明的有效的读书，要注意于五个"一定"，就是（一）要有一定的书籍，（二）要有一定的时间,(三)要有一定的地方,(四)要有一定的精神,(五)要有一定的方法。我现在正在编一册《读书法》,但因为没有多大工夫,一时尚难脱稿。商务印书馆有郑晓沧先生在译的《修学效能增进法》一书,很好。不知你已读过否?本志下一期的《学习法专号》,或者也可以给你一点帮助。

还有一点,我应该告诉你。我们一天的生活,须使心身的使用适度。不可专事嬉戏,但也不可伏案终日。

work,play,study①这三件大事,我们应该给他们一个平等的待遇才好。而且我们的生活,更应有规律,有调节,常能保持从容不迫的态度,免致心身过分的疲劳;这也是很要紧的。

又有许多未尽的意思,容将来专篇发表。现在暂止于此,希望你加以批评。并祝你快乐!

贤　江

原载 1923 年 5 月 5 日《学生杂志·通讯栏》第 10 卷第 5 号

第三节　对青年学生文化生活的指导

一、提升自学能力

(一)杨贤江与张绚之的通信

张绚之致杨贤江

贤江先生:

(上略)

第五期的《学生》三十一号才读到翻到。先生那一篇《勖自学者》,我把它细

---

① Work,Play,Study 工作,娱乐,学习。

细的读完之后,仿佛就是我现在的样子。我不要说中学校,就是高小初等,也都没有进过。先生替我想,我岂不是一个可怜者吗?

我的未进学校的原因,是由于处在顽固的家庭里面。我现在每日除了办公以后,便在自学上用功夫。不过我还有两个疑问,要请先生指教的

(一)自学同有教师教授者,将来的结果,是否一样?

(二)凡遇书中有不明白的地方,又没有友人处询问,应当如何处置呢?

以上的两个疑问,先生能够赐教吗? 我是实在盼望的! 祝先生康健!

张 锦(绚之)一九二三,六,三 书于苏州电话局

致张绚之

绚之先生:

照你的境遇看来,确是可怜的。但是,我劝你,不要常以可怜者自居,而要以坚决勇猛的精神,求达到你所欲达的目的。还有,在中国,在世界,有许许多多天资聪明的人,只因处境不良,不能受适当的教育,以发展他们的天才,以致终于没没无闻。这不但是他们自己的不幸,实在也是人群文化的不幸。这种现象最大的病根,当在私有财产制度的上面。现代社会里边,更显然分出贫富两个阶级。属于贫穷阶级的子女,更不容易享受教育的权利了。所以现在有觉悟的人,为全人类的普遍幸福计,不能不起来高唱社会革命的调子了。你所说的"顽固的家庭",我不能知道是怎样一种情形。大概这所谓"顽固",或者并不是"贫穷",乃是你的家长不肯让你进学校读书的那种固执的意见。但无论是怎样,你对于你的现状,终须有一种觉悟。这句话,你肯承认吗?

我对于你的"可怜"的境遇,是很表同情的。而我对于你的肯做自学工夫的勇气,更是极佩服的。至于你的两个疑问,如第一问,"自学同有教师教授者,将来的结果,是否一样?"我虽不能确实回答,但我相信:只要自学得法,将来的结果,是可以同有教师教授者一样的。你不看见电学大家爱迪生吗(见去年第六期《学生》的传记)? 他没有正式入过学校,他从小就须做工度日。但是他有这许多发明。这不是自学的成效吗? 原来求学的最要关头全在学者的自己教育。虽然有了教师教授,仍然要靠自修、自学的工夫。不过在别的事情相等的条件下

面,有教师教授者的进步,比自学者的可以较快一点罢了。

我对于第二问的意见是这样:每看书时,必备一笔记簿。遇有不明白的地方,就记下来。如果就近没有人可以解答,不妨另托朋友请求学者解答。但有时我们自己也会索解出来,或者当阅他书时忽然得到一种解决的方法。这确是我们经验中所当有的。不知你也曾遇到过吗? 万一没有办法,也可把疑难告诉本社,我们当就能力所及,替你解答。你以为好吗? 祝你康健!

贤 江

原载 1923 年 8 月 5 日《学生杂志·通讯栏》第 10 卷第 8 号

(二)杨贤江与陈乐德的通信

陈乐德致《学生杂志》记者

记者先生:

我有几件要问的事,久已蕴蓄胸中。但是不敢直接的问,不知合否通信范围。今阅《学生》十卷三号,记者答永福君的话说:"通讯材料我们很想设法增多,我们只望读者多多提出问题,常常发表意见才好。"于是就大胆的将我的问题写了出来:

1."通信"一栏,是否关于学生问题,都可提出来? 或是另有别的界限范围?

2.学生课外课程,我可权且分作四类:(1)温习课本;(2)看有价值的书;(3)看杂志(小说等法在内);(4)看日报。但是应当如何分配的呢?

3.小说、童话、故事,有否分别? 是如何分别的呢? 顺祝先生身体康键。

陈乐德 六月二十八日 山东聊城第二中学校

致陈乐德

乐德先生:

(1)"通信"一栏,凡是关于青年学生的,都可提出。但略以中等学生为范围。

(2)课外自修的分配,看学校生活情形而定,可惜我不能为你悬空设想。若只论大概,可以这样:早晨至少可有一小时的自修时间,这时宜于诵读需记忆和理解的书籍。从第一课到下午最后一课(大概是四点钟的时候)的中间,或有一二小时的空班(不上课),那时可以作为复习,或预习的用。四点钟以后,应该游戏运动,或从事别的娱乐。晚间通常有两小时的自修时间,可以看杂志或温习课本。但我的话总不免"隔靴搔痒"。最好请你以学校所定时间表为根据,再配以自修日程,较为合用。

(3)小说是一种散文的文艺作品,以表现人生为目的,情节复杂,人物众多。至近代,短篇小说发展,亦有描写一瞬间之印象的短篇小说。

童话是短篇的散文的文艺作品,多为古代传说、神话、故事、寓言,等等。在法国,此种古代传说、神话、故事,寓言等等,总称曰 fairy tales(可谓为神仙小说,或竟谓为神话);我们中国译作"童话",大概因为此种神仙小说,在西洋多为儿童课外读物之故,而实则离原意太远(原意是神仙小说),且此种作品亦非专为供儿童读的。

小说与童话的区别:(一)为体裁之不同。小说多言人事,以现实人生为材料;而童话则多纪荒唐怪诞之事,其人物为神仙鬼魅草木鸟兽。(二)为思想之不同。小说内所表见之思想大都乃现代社会内所流行,而童话所表见者则为原始民族之思想。

故事(logos)纪世间名人之行业者,谓之故事,其性质为传说的,而非历史的。盖与神话、传说同时兴起,远在小说之前。

(雁冰)

祝你康健!

记 者

原载 1923 年 8 月 5 日《学生杂志·通讯栏》第 10 卷第 8 号

二、重视青年学生的文艺教育

杨贤江与楼建南的通信

楼建南致杨贤江

贤江兄：

今天商务把第七号的《学生杂志》寄来，我读了你的《再论学生与政治》，似乎使我更其明了了你的纯正的态度。不过七页第三格的一段话，似乎还有商榷的余地。我以为现在青年人所表露的情绪，并不是仅仅颓废的消极的烦闷，委实是处黑暗的焦躁的呼声，这种靡靡之声，就是他们拔刃奋起以前的宣言，是掀[轩]然大波的预告！文艺是沟通人的内心的工具，是燃烧人们心儿的火种。有俄罗斯伟大的文学，始有俄罗斯伟大的革命。在这血腥澜[烂]漫的中国。我们正该努力我们的工程的第一步！

兄似乎有些迷信实利主义。把文艺看得太空幻了罢；以为尚是那些茶余酒后派的仅供消遣的东西罢！

你曾读郭沫若的《女神》，俄国的《灰色马》吗？我知道你一定不会当它是徒供享乐的东西。或者你是载于花呀，月呀，她呀，安琪儿呀，红玫瑰呀，闹得太利害了的缘故，因此发这种绝端的言论罢。对不对？

楼建南　一九二三，八，十五日　余姚

致楼建南

建南兄：

我当然不反对文艺。我且主张青年应有爱好文艺性。因为我承认文艺是人的精神生活中一件不可少的安慰和鼓励、感染和宜泄的利器。但我却反对那些过消沉、颓废生活的自命为"新文学家"的人所大胆发表的全无气魄和生命的"作品"。他们何尝懂得什么是文学，他们何尝懂得什么是文学和人生的关系。老实说罢，纸笔是现成的，声名是欢迎的，这样轻而易举、有利可图的事，正配自命为有些"文学天才"者的脾胃，又何乐而不为？

请再看看国内出版界的现状,什么性质的杂志算最多?不是以所谓文学的要首屈一指吗?在这样时代,这样政局下面,科学研究何尝不是重要的?体魄锻炼何尝不是重要的?政治革命何尝不是重要的?但何以竟少看见或听到有许多青年正在热心研究科学、或锻炼体魄或从事革命呢?何以只有所谓文学的出版物独到处皆是呢?我们自然切盼"他们拔刃奋起",急望"掀[轩]然大波"。但是他们的"作品"能表现这种愤慨,能激起这种波动吗?在颓废享乐的空气笼罩青年活跃的精神的环境里面,所呈现的"作品",真可说是"空幻",直连做"茶余酒后派的仅供消遣的东西"还不配呢!

但我可要回到前头的话。我不反对文艺。我只反对那些"靡靡之音"。发这些"靡靡之音"的青年,乃是"晏安鸩毒",将不可以救药!

贤 江

原载 1923 年 10 月 5 日《学生杂志·通讯栏》第 10 卷第 10 号

三、培养青年善读文学的能力

杨贤江与高冥飞的通信

高冥飞致杨贤江

贤江先生:

某地的一个中学校的多数学生,近来因为受了他们的半"洋化"底教师所诱惑的结果,莫不心卑胆怯柔顺服从的把那"不作社会运动,不看革命刊物"为他们应守的唯一的规律。他们每天忙的都是些洋八股的功课。他们且不惜[聚]精会神、力竭声嘶的去背诵些"韩柳之文""李杜之诗",他们有时还[狠]命地去做野兽决斗似的赛跑或踢球。他们有时竟寡廉鲜耻的俯首帖耳去充他们校长的"装饰品""应酬物"。至于现代的中国所处的是什么地位?目前的社会所呈的是什么状况?怎么叫做"帝国主义"?怎么叫做"经济侵略"?最近的乱象是由何人造成?人民最可靠的是哪个政党?青年应负的是什么使命?应取的是什么态度?……的种种紧急的需要的问题,他们都一味的没精打采,不肯下过一番深切的研究工夫。唉！像这样麻木不仁、头脑混沌的青年学生，一任其谬误下去，岂不可惜！然而处在势胁威逼、动辄得咎的境地，我们到底用个什么妥善而易行的方法，去使他们翻然觉悟，回转头来为他们自己的利益而奋斗呢？

我生性是一个富于感情的人儿，有时我为著感情太强的原故，竟难自禁的为了许多悲哀的作品，洒下无数的眼泪。如郭沫若的《十字架》、郁达夫的《茑萝行》、鲁迅的《呐喊自序》、成仿吾的《流浪人的新年》、倪贻德的《寒士》，都给了我好几次极悲楚的痛哭，我只觉得往日的壮志都为了这些作品一天的消沉一天，而我对于创造社诸作家的艺术产物，尤其是成了性好上的"偏爱的价值"。虽然每天我都有固定的时间要看关于宣传社会主义、鼓吹国民革命的书报，但终于不能增加我的热忱，振激我的心血。这是什么原因呢？这种矛盾的现[象]，究竟如何纠正，然后才能脱离灰暗之室，而踏进光明之境呢？

先生，我希求你早点给我一个满意的指教！

高冥飞　十三，十二，五　于广西边防下冻白马山之紫云洞

致高冥飞

冥飞先生：

你提出的两个问题都极重要，都是青年问题上的大问题。现在就我的意见答复于下。

像某中学校一类的学生，恐怕在青年学生界里边还占著一个大多数。他们为分数拼命，为赛跑拼命，到底像你所说只充了校长的装饰品、应酬物。试问他们这样做，究于自己的身心，于社会的幸福，得些什么好处？他们不想想学校的设备为何不充分，学校的功课为何无实用，有许多好学青年为何不得入学，有许多毕业学生为何找不到职业，乃至自己的婚姻问题为何不容易解决，自己的经济情况为何这样窘迫等等切身的利害问题，真是十分的麻木、十分的混沌了。但对于这种青年，我们不应漠视，因为他们究竟受过教育，应当希望他们为社会上有用分子，不应当让他们沉迷不醒，或竟成为社会进化的障碍物。要使他们觉悟，我以为可从两方面进行：一是少数已经觉悟（请看我的《怎样叫做觉悟的青年》）的青年，要团结起来，用团结的力量做种种宣传的事业，使得他们有所感

染而趋于觉悟。做这种团体运动的青年,自然要有决心毅力,但也须有诚恳热情,不使他们起一种藐视的心理才好。一是各个觉悟的青年,要随时随地利用机会,向各个或大群同学讲讲青年的人生观、国家的现状、青年问题的原因及解决方法等等。我们用不著太正式的故意引起人家的注意,先使人家存一种"你又来了,真讨厌"的成见;我们乃要极自然的或者竟是极片断的、于不知不觉中间触动他们,这样最易收效。所以我们觉悟的青年,应该要处处留意自己的言动,绝不要惹起人家不接受的那种注意才好。

讲到第二个问题:因爱好文学而壮志竟为之消沉,恐怕也是很普通的现象。但我们所希望于文学的,决不是这个样子。我们要从文学作品里不仅洒下无数的眼泪,却更能提起奋斗的热情。文学描写人间的罪恶,我们要起个决心去洗涤;文学描写社会的腐败,我们要起个决心去改造;只有这种增加热忱、激荡心血的文学,才是现代青年所需要的文学。否则不是使我们堕落便是使我们消沉的文学,我们应当排斥它。而我们自己自然也当有善读文学作品的能力,不可把自己迷醉了而怪作品的恶劣。再,我们必须关心或实做社会运动,才能对于记载那种文字的书报感著兴趣,发生效力。人原有长于理论,或富于感情,或勇于实行的区别。但最好有热情的能向著人群幸福上去发挥,那就不至为多情所累,转足以帮助我们活动的实力。

贤 江

原载 1923 年 2 月 5 日《学生杂志·通讯栏》第 12 卷第 2 号

第四节　对青年学生劳动生活的指导

一、打造自动的生活

杨贤江与刘巍东的通信

刘巍东致杨贤江

贤江先生：

（上略）我是一个山东的学生，我在山东省立第一中学读书。我极感山东学生们的生活干枯、沉闷、死板，但是没有一个极善的方策来使他们不受以上的几种痛苦。

我老实说几句话：就是有两种各趋极端的学生。

a.呆板的——终日埋头书案，不问闻时事的；课本以外，一无所知。（多数的）

b.浮动的——终日奔走活动；抛开学校功课，结果，得不偿失。（少数的）

以上两种学生，总之都是不合理的生活。我来信的意思，就是请先生给几个法子，来解决我问的几个问题：

1.多数呆板的学生如何可以救治？

2.少数浮动的学生如何可以挽回？

3.山东全体的学生生活如何免去干枯、沉闷、死板？

刘巍东　一九二三，八，八　草自济南

致刘巍东

巍东先生：

读来信，见得你极关心于本地学生生活的现象，并觉有不胜愤慨的感触，实可佩服。

呆板的和浮动的两种学生，怕不仅是山东如此，别的地方也多不免。大概呆板的学生，多由于未明学生生活的意义和求学的旨趣所致。如果他懂得学生生活的范围除了读书以外，还须讲究运动、娱乐、服务等等；求学的目的除了明理以外，还贵养成改进环境的品格、能力等等，便不致于终日埋头书案，不问闻时事，课本以外一无所知了。浮动的学生则多由于未明服务原理和学生天职的缘故。如果他懂得服务宗旨是为增进群众知能，改革社会恶习，并为自己练习干才，应用所学；学生责任是为研究学理，完全人格，便不致于终日奔走活动而抛开学校功课了。

要救济这两种学生，使他们得过合理的生活，据我想来可有两种方法：一是教职员的责任，他们该随时随地指导学生向合理的路上走，不可单以上堂授课、入室点名为已尽责；一是优秀学生的责任，他们该用文字或口舌时常向同学指示出一条合理的路并达到的法。我相信优秀的学生如果能团结起来，诚恳地毅力地做这件事，必能很有力地造成一种风气，使感染到各个人的心里。"事在人为"。我敢奉劝你担当这个责任。

要免去全省学生的干枯、沉闷、死板的习气，自然也逃不了教职员和优秀学生的觉悟和努力。我以为无论在何种社会里必有领袖。那些做领袖的，必须有卓识，有勇气，肯负责任来做"除旧布新"的事业。做这种事业自然免不了许多麻烦，但既已觉悟了有做的必要，便也只好准备奋斗了。

我知道你们济南一中里很有不少自好的青年。但愿你们能团结起来做一番"起死回生"的大事业。

贤 江

原载 1923 年 10 月 5 日《学生杂志·通讯栏》第 10 卷第 10 号

二、注重理论学习与实践相结合

杨贤江与淮得的通信

淮得致杨贤江

贤江先生：

我和我的挚友王君同是亲自尝过了教会学校的痛苦、洋大人的威权者；我和他又都是不满意于现今国内各学校的制度、办法及课程支配者；所以我和他就终日计划怎样脱离教会学校，并也商榷离校后又是如何的读书。我们俩本著三个月的长时期的讨论，得了以下的一个读书计划：

（一）读书的目的：就是为的要造成能了解人类社会的情形和知道改进人类社会的方法的一个有人生观、能活动的青年。

（二）读书的方法：自动合作的读书——（A）凡能阅读而不感觉困难的科目，就自动把它研究阅读下去；（B）凡理义高深，词意难解的科目，就请一相当顾问员随时帮忙指教。若是不能这样照办，那就斟酌情形去请求函授也可。

（三）读书的科目：（A）主科——社会学、国文、数学、英文、初等理化等；（B）副科——课外参考书、杂志报章等。

（四）读书的态度：以客观的眼光，合作的精神，共同研究讨论之。

（五）读书的经济：每年每人出三百元左右，不足再共摊之。

（六）读书的地点：择一交通较方便、文化较发达，生活程度并不太高而又适宜于读书的一个镇市——南京。

（七）时间的支配：日间对主科工作四小时，副科二小时，夜间预习、复习、笔记及日记等三小时。

（八）附带的工作：（A）每日抽出一小时谈话或讨论问题；又一小时游戏和娱乐。（B）每星期抽出半日以上的时间来调查社会的实际状况及作群众运动、社会革命等事。

当我们俩既解决了离校后如何读书的一个问题，我们俩就再进一步向家庭方面求应许了。但我费了九牛二虎之力——险些儿和家庭起了决裂，算是得到了我读书的自由！可怜王君虽也和他的家庭力争一番，终于为经济、为父权而暂得牺牲他的计划，屈服一时了！

现在我已单人独马跑到南京来了。我既感人地生疏，又若失了帮手，所以要照原定的计划去实行，委实困难。我不得已现在东大附中专科补习班上课，维持这半年的失学之痛苦。（近得王君来书，谓已得家庭许可，下半年就能来宁和我自动合作的读书了。）

我们俩知道这真谈何容易！但我和他已决心了，非得这样去实行一番不可的！失败和初读的效率小，均非我们俩所计；我们俩只求慢慢儿一步一步的达到那圆满的目的！不过浅陋如我们这一对无知的青年，就是计划得不错，也不能尽善尽美。所以我才昧然的写信给先生，请在《学生·通信栏》里切实的对我们俩的意见下点批评。如还有加增或修改的，也请提出来。这是我并代表王君很感激先生的。

淮　得　十四，四，十二　于南京

致淮得

淮得先生：

你们有这种决心并有具体计划，想见好学之诚而且勇，我甚钦佩。我以为你们能这样进行，必有效果可得。惟除研究书本上的理论以外，对于社会实际的工作，最好能多加些功夫上去。因为你们是觉悟现在教育制度的腐败，所以有这自学的计划。在你们幸而有钱可以这样做，但此外没有钱而有志愿及能力读书而不得的还甚多，你们当想个根本的救济方法才好。并望你们要确守为谋社会改造而读书的宗旨。

贤　江

原载 1925 年 8 月 5 日《学生杂志·通讯栏》第 12 卷第 8 号

三、到民间去

杨贤江与孟笑愚的通信

孟笑愚致杨贤江

贤江先生:

今天我有三个问题,难以解决,还是请先生赐教! (1)穷苦学生;(2)怎样改良社会? (3)怎样抵抗金钱势力?

先说第一个穷苦学生罢。一般的穷苦学生,在校中绰号,不是"穷小子"就是"老赶式的洋学生"。其实他不过穿得褴褛一点,用钱节俭一点,不像那些少爷小姐用钱那样阔,衣服那样华丽罢了。但少爷小姐仅靠祖宗遗下的几个冤钱而已,何尝是自己劳心挣来? 讲到学问,则远不及穷学生了。真是"金玉其外,败絮其中"。终日讲交际,出入大菜馆、跳舞场、游戏场中。在学校实为一个挂名学生。而一般校长教员们,势利眼的很多,见著富学生便无可无不可的,就像敬少爷一样;若穷学生有一些小错,便罗苏不止,记过啦,革除啦,闹个不休。在大街上或什么地方,穷学生向他们——教员或校长恭恭敬敬行一个鞠躬礼,他们板著庄严面孔,看也不看。

以上是穷学生在校中受人劣待的情形。若到了乡村,则也受人藐视。且拿我去岁暑假的经验说说:我的家中很穷,家务都由父母担任;所以放假归家,很愿意替父母担任点工作,常常挑水,送饭;同父亲抗[扛]锄去耘田,采高粱叶。乡人们便指著我,很轻视的说:"这改造洋学生,你爸爸给你念书的钱,你干什么花了? 回家又作庄稼人来了? 你看某某某大分头、皮鞋子、洋纱大褂,大摇大摆,那才像学生呢! 你这文不文,武不武,什么东西? "他们虽然骂我,我也不恼他。因他们[是]未曾受过教育的人。最可恨那一群自命为"文明"的男女学生,每看见我作苦工的时候,便三三两两谈论:"这小子还配读书? 正是一个印度奴隶。S校这样腐败? 让他高高考了第一(?),未免给读书人减色罢? "

唉! 先生,穷学生人格低吗? 校长教员当瞧不起我们吗? 富学生的毁骂该承认吗? 假期中该不该工作? 穷学生与富学生有平等日期吗?

二、怎样改良社会　在北方社会简直糟极！要想改良,实难以入手。怎么说呢？因为要改良社会,必须先作平民运动;要作平民运动,必得与平民接谈。但是乡民一种顽固性毫未开化,我每见著乡民必定和和气气的说句话;可是他们很不愿合[和]我们接谈,他说我们受了洋人"密咒",防恐沾染他们。我们也诚恳的向他们解释几次,他们终不肯信;以为是在学堂的,没有一个不是洋学生。最可笑的:某村村长佐,当直奉战争的时候,他们大声而特呼的说:"谁坐天下给谁纳进。"我问他说:"外国人要灭了咱国呢？"他说:"就随外国,给外国人纳进。"我就解说外国人不是灭国,是灭种。怎样暴虐！怎样凌辱！"胡说！小孩子家懂些什么"！他们很不满意的这样说。唉！这种社会,非改良不可。后来想出改良社会一个小法,要从古时一句话:"齐家,治国,而后平天下。"所以打算先从家族入手。拟约族中一二知己,假期中在家族开一个"家族学社",左思右想,并无一人可引为知己。在外读书者既然很少,稍具文明知识的也不多。终于找出一人(即族叔 GE 在某校上学),倒可引为同志。立刻与他去了一封信,说明我的意思。后接回音,他也说:"先从家族入手好。若从一乡入手,创办'假期平民学校',一来职员太少;二来缺少经费与校舍;三则乡民又以为我们受人鼓动来诱惑他们,不得信任,也绝不能成功。所以应当先办'家族学社',渐渐觉悟乡民,然后再图大举也就不难了。"商量一妥百妥。寒假放学后,速急找 GE 君去,商榷办"家族学社"怎样进行。谁知从天打了一个霹雷,他说:"唉！我病了四星期了。怎样办事,早欲与你去信;只因懒于握管,所以中止。"问他什么病？他说:"吐了两次血,以致精神不振,饮食不思,忧愁郁闷,怎好？"我只得安慰了他一回出来了。这回事算失望了！只可家去教我的小弟弟小妹妹罢。先生！"单枪匹马"绝不能成功的呀！你能牺牲一点时间？替我想个方法,究竟改良社会,先从何处入手？这"家族学社"办的吗？请先生指教！

三、怎样抵抗金钱势力　"百里无人地,草木也为尊"。这句话真真不错。吾乡很小,七八十户人家;所以有财产者不多,只有一家尚有五六千元不动产。而他常常自大,以为富贵已极,骄傲乡里,欺压穷民。穷民中若有买一二亩地。譬如四十元一亩已妥,他拿四十五元夺去;有穷民挨饿,他借给粮食吃。穷民以为他大施恩惠;谁知到第二年,要加倍还他。直奉战争,我村应付的款约五百余元。

他当村长,全派在穷民身上,自己却一毛不拔。

他有两所宅院,前所与后所交通很不便利。因为中间是我家房舍,所以他找出人来,与我父亲说,令我们把庄基卖给他,我家搬往他处,远走高飞。我父亲有心不肯,又惧他有钱,恐怕告到官,坐了狱,那时怎好? 这时几乎把我肚皮气裂,大叫著说:"要得我搬家,除非海枯石烂,日从西出,世界绝无此理,硬要霸占人家产业,他是做梦,妄想。"我这一闹,果然他大展神威,用什么告状、打架种种恐吓言语。但我绝不怕。谁知他无形中自己也就消灭了。

其余像穷人当给他的地,不许回赎,如卖一样。穷民也莫可如何。唉! 他的罪恶,述不胜述,一言难尽。真是社会害虫,真是我村不幸! 请问先生! 怎样对付他?

以上三问,俱是实事,发乎诚心,决无虚伪,请在《学生·通讯栏》答复。

孟笑愚 十四,一,二十 于京兆

致孟笑愚

笑愚先生:

你这封信写得真是"道地",我读了很受感动。第一个问题上所讲的,在中国社会已成习惯,即在别国怕也不免有此陋习。我们要晓得,这都是私有财产制度的作孽,有了私有财产制,自然要有贫富的阶级。贫者为谋生存起见,非同富者反抗,即向富者服役。故富人之待贫人当然不能平等,富家子女要嘲笑穷人子女也属当然。推而至于教师和乡人的尊敬少爷、迷信势利,也都由于这种习气。又因把劳动看作下等人糊口的贱役,所以又特别轻视。但在我们无产青年就不该自甘菲薄,校长教员虽瞧不起我们,富家学生要毁骂我们,我们尽可置之不管;乡人虽也要讥笑我们,但我们要晓得他们是缺少知识,而且屈于威权已久,似乎奴性甚深,故我们对于他们须表同情,而且还得随时开导他们,使知道我国古来崇拜"士大夫"的错误,社会上私有财产制的弊害,以共趋于改造社会的一条路。

第二个改良社会问题,我可以这样答复你,单想谋局部的改良是很难能的。中国经济虽然也已受了世界工业革命的影响,可是本国实业因受制于列强的压迫,终未能大有发达。而旧式宗法社会传统的习惯与思想,不但未淘汰净尽,且为反动的帝国主义者及军阀所竭力拥护,因此乡人的见解自然还是墨守成规。在这种环境里面,要想做点新式事业,无论大小,都足以引起乡民的嘲骂、乡绅的猜忌、甚至官厅的压迫。那么我们索性不做乡村运动吗?那又不对。我们对于居全中国人口百分之八十以上的农民实在应存厚望,实在应视为革命的主要动力,故我们必得努力走到他们中间去,亲近他们,教育他们。在实行上,自然有许多困难,除你所说的妄想"真命天子坐龙庭〔廷〕"以外,还有两大难关:一是他们的听天由命的人生观,限制了他们的革命的要求,故虽是发觉了生活的困苦,也只怪命运不好,总不想用人力去挽回补救;二是他们的敬畏乡绅而藐视无权无势的青年学生的奴性。乡绅的一言一动,他们都奉之如神明。老实说,乡绅们放的屁在他们也是认为香的。他们情愿被乡绅们骂为"猪狗畜生[牲]"而却不愿意被青年学生尊为平等的人。但他们无论怎样顽固,我们终要重视他们而且尊敬他们,只要我们的言行能够吸动他们的观听,多少终可收点效果。譬如他们希望"真命天子出世",无非是想过过太平日子,免掉战争离乱之苦,于是我们就当极亲切的对他们讲,眼前物价增高的原因、国内战争的原因、谋生求学发生困难的原因,是由于军阀、官僚的剥削、国际帝国主义的侵略。我们所引的例证总要是极具体、极切实,最好就是属于眼前和当地的。我相信只要我们善为说法,总不致于失望。我对于你办"家族学社"的主张,以为不妨试办试办。不过试办不通,切不要引为绝望。因为我们要改革(不是改良)社会,本来是须著眼于总体的解决的。

第三项所叙的事实也是国内的普通现象。这种恃强逞凶的恶棍的行为真要令人发指。但既是普通的现象,就难单独的对付他。社会经济组织根本的改造原未可期于朝夕,但倘使国家能实行中国国民党所主张的民生主义,留意到平均地权、节制资本两个原则上去,也不难改革那些地主的恶势力。所以我们眼前应做民族革命的工夫,使国民在政治上经济上都能达到平等的地位。

原载 1925 年 5 月 5 日《学生杂志·通讯栏》第 12 卷第 5 号

第五节　对青年学生公民生活的指导

一、培养团体精神

杨贤江与徐廉垣的通信

徐廉垣致江一

江一先生：

我在《学生杂志》九卷三号里，读了大作《一个学生界的新组织》（星期讲演会）得的益处，很是不少！尤其服膺你那几句总结的话，就是："发达本地方青年学生研究学术的空气，促进本地方青年学生联络感情的机会，供给本地方青年学生丰富生活的环境。"因为现在的青年学生，往往把星期日误用了。觉得经过六天的束缚，这天可随便了。趁著高兴，去做些无聊的消遣，打牌、吃馆子、……真正危险的很！倘若有了这种组织，就可挽救这个弊病了。在生活上，既然不觉得干燥无味，又可藉以联络感情，研究学术，增进道德。真可算得是一举数[得]，我对于这个组织，是非常赞成，并且我已经实验过一年光景，总算也有点效果。不过我的办法，和先生所说少有不同处，暂且写在下面，求先生指教！

（一）每两星期才举行一次。恐怕过勤了，觉得麻烦，便持敷衍态度。

（二）人数并不在多，要是同志，才来加入，以免发生意见，有始无终。

（三）辩论会要占一半的时间，因为有件事情，不经多数人的辩驳，得不到真理。

（四）请人讲演的题目，随时由我们自己定。以便早加思考，好做个思想的指导。

（五）无论何人，皆可参观，以广求批评。

其他的办法,都和先生说的相同。是否有当,望加更正! 并祝你康健快乐!

徐廉垣　十一,四,十　青州省立四师

致徐廉垣

廉垣先生:

我上次讲星期讲演会的办法,原是照上海地方所拟定的而言,并不是确定了一个办法叫人家都来照样去做。所以热心的有识的青年们,肯对于这个组织加以考虑,认为宗旨是不错的,尽可各按本地情形,规定最适宜的办法,实心实力地做去。先生所说的办法,如果在实行上觉得便利,自然是可以的。惟我希望在人数一层,如其可以扩充,还是以扩充为好。因为我国人最缺乏团体训练和组织能力,我们做学生的,对于这两种习惯,自以愈早养成为愈好。还有一层,现代社会有种种不合理不公平的制度和习俗,我想我们青年学生,也当负有一部分改造的责任。本地的事,由本地的人来谋改造,实是最自然的步骤;然这非赖团体的力,恐怕难以做出有效的动作。所以从这一点著想,也有结成团体的必要。不知尊意以为何如? 顺祝你康乐!

江一　四,二五

原载 1922 年 6 月 5 日《学生杂志·通讯栏》第 9 卷第 6 号

二、培养国家意识

杨贤江与赵康的通信

赵康致杨贤江

贤江兄:

(上略)你的学生干涉政治的主张,我不赞同,我可以在此向你说一个明白:我不赞同"'学生干涉政治'的主张",是不赞同只是主张而不能起来实行。披发行吟痛哭流涕的屈子、贾长沙,国内固然不多;吴樾、汪兆铭、温生才、彭家珍、秋瑾、莎非亚,又那里找得出一二呢? 千万言只是"宣传""主张"的"舆论"之力,还不及一声炸弹一响手枪之能振聩发聋,轰动一世!

贤江兄,此一段愤激之谈,我已蓄之久矣,并非有意诋毁到你,实在我觉得人们都可怜极了——第一个可怜的便是我自己!我常常想,假使我主张干涉政治,我便得起来实行干涉,无所用其畏怯,无所用其夸张,一手掩著嘴巴,一手丢我的炸弹,这才是我所梦想的真英雄好青年的本色!

近年来盛倡"血与泪"文学的文学研究会,常常讽骂那惯做"灰色"的文艺品的创造社;而一般高谈马克思、克鲁泡特金的社会主义者,又转而诋斥那专写"伊和他""唉和哟"的"新进作家";但是,假使又有卢森堡、莎非亚等出世,怕不也要大骂那无气力的马克思,克鲁泡特金的笔上的信徒罢!(下略)

赵　康　九月十二日　于青岛

致赵康

赵康兄:

你不赞成我的主张,我却赞成你的主张。不过你要知道我所以这样宣传的,无非为了打破国人"非政治"的态度罢了。一个不晓得应该干涉政治的人,怕不会去干放手枪、掷炸弹的行动罢。而且近代的政治运动,须以民众力量为基础。所以我们虽不反对个人行动,却更竭力主张国民运动。为希望国民运动的实现,则宣传工夫便不可少。学生有领[导]国民运动的责任,所以我要唤起学生们的注意,把"不问政治"的谬误的见解矫正过来,且能尽他们的责任。

贤　江

原载 1923 年 11 月 5 日《学生杂志·通讯栏》第 10 卷第 11 号

三、要有责任担当

杨贤江解答张家口察哈尔区立一中陈亦奇君问题

问:我国青年有被万恶社会征服而沉沦下去者,有悲观烦闷、不能解脱者,有凡事不负责任、不知进取者。值兹教育恐慌时代,究有何法可救斯弊?

答:青年的堕落与烦闷,多由环境的压迫使然。现在外国经济侵略的势力愈甚;国内政府不良,不能振兴产业以抗外国且以救民生。加以教育不兴,正当娱乐没有提倡。故青年处在这种社会,一方面容易随俗流沉,一方面即趋于心灰意懒。要救这种现象,第一须由青年自己警觉,以改造政治、反抗外力为天职;第二须结合同志或加入有改造计划的团体,以从事实际活动;第三须阅读鼓励志气、研究时事的书报。(K)

原载 1924 年 4 月 5 日《学生杂志·答问栏》第 11 卷第 4 号

四、应当求学救国

杨贤江与 T.S.G. 的通信

T.S.G. 致杨贤江

贤江先生:

(上略)我现在有一件关于升学问题,要请先生指教我的迷途,使我将来可以升学。

我是一个半途辍学的人;我是一个受著旧家庭的顽固,放著许多的家财不肯给我求学的人。所以我不能得到大学或专门的教育,仅能有中等知识罢了。进一层说:我是一个无父无母的孤儿,没有人怜惜的,由你做什么都好,要家里的钱总是不行的。因为我还有许多伯父,我没有经济权。

我既受著家庭顽固的压迫,所以我不能不废学谋生。我离开学校已经三年了,却是我一天一天的进步,觉得总比在学校时速度增大;因为我是刻刻抱著升学的目的,所以不愿牺牲将来的幸福,庸碌过去一生。感著了许多困难,不像靠著家庭时不肯用功,可以随便荒废学业。

我既不能得家庭的帮助,那末我要求学,当然要靠著自己。又因为我除了日用开销之外,每月可以储蓄国币六十元。所以我求学的心思,更加急切。照这样的计算,一年可储蓄七百元,六年就有四千元了。有了这些钱,我想将来到欧美留学去。不论什么学校,不一定要大名鼎鼎的学校;但愿可以使我学成,不会误我的前程罢了。我现在虽是在预备英文,但是没有根基。我打算几年后回上海补习二年，再到欧美去。我现在除了日日应当做的机械生活外，我是赶紧补习各种科学，预备将来不发生困难。

我不晓得我小小的计划，将来是否能成功。所以我要请先生指教一切。有人对我说："你的计划固是很好，但现在你已经二十四岁了，再过六年不是三十岁么？到那时候，你还想求学？"我虽是晓得年纪大小对于求学是没有要紧的，可是我总没有回答他。先生以为何如？

上海什么学校补习英文最好？欧美最省费的学校，有些什么？一年大约要多少经费？请先生详细的答复我。

T.S.G. 十三，二，一 于爪哇

致 T.S.G.

T.S.G.先生：

能刻苦求学自然是好的事情。但我国受过大学教育乃至留过学，带了博士、硕士、学士衔头回来的人已经不算少了，而我国的政治、我国的社会、我国的教育、实业种种，并无进步。这是什么缘故呢？依我看来，为了他们只知求学以图私利，不知求学以谋群众利益罢了。所以卖国的卖国，营私的营私，出风头的出风头，什么国民天职，个人人格，他们都可不管。这种人越多，中国便越不可救。我们现在要讲救国，不一定要出洋留学，也不一定要求大学教育，只要能认清自己是个中国人，是个受列强压迫下的一个中国人，因而能兴起救国的热诚，在可能的范围内去尽力干救国的运动，方不愧为一个觉悟的青年。先生能有机会留学，自然无可反对，不过希望先生不要自误"前程"。倘肯采纳我这番直言，我便当快慰不尽。上海所有英文学校甚多，但那个最好倒很难说。欧美最省费的学校是什么，也不能知；大约每年一千元当是最省的了。

贤 江

原载 1924 年 8 月 5 日《学生杂志·通讯栏》第 11 卷第 7 号

第五章

杨贤江"全人生指导"思想在小学的实践

——以慈溪市贤江小学、余姚市郑巷小学、余姚市泗门镇中心小学为例

慈溪市贤江小学的前身是创办于 1937 年的草帽业小学,为纪念杨贤江先生于 2011 年 5 月正式更名为慈溪市贤江小学。学校积极实践杨贤江"全人生指导"教育思想,努力打造"全人生指导教育"品牌。余姚市郑巷小学前身为创办于 1906 年的"溪山初等小学堂",1912 年"溪山学堂"更名为郑巷小学。后学校几易校名,于 2003 年定名为余姚市郑巷小学。杨贤江先生曾于 1907-1908 年就读于溪山学堂。余姚市泗门镇中心小学前身是余姚县诚意学堂,杨贤江先生曾在这里求学并之后在这里任教,他曾说过自己的"一切根基皆培植于该校焉"。学校积极践行"全人生指导"思想,致力于促进学生的全人发展。三所小学作为全国杨贤江教育思想研究实践实验基地,不断探索将杨贤江"全人生指导"教育思想应用于教育教学实践中的方式方法,积累了丰富经验。

第一节　明确学校责任，营造"全人生指导"育人氛围

杨贤江先生说："人生是个继续不断的改造的历程，决没有可以停顿的道理。"他认为教育"没有'指导全人生'的观念存在，可以说是畸形的或蹩脚的教育"。慈溪市贤江小学、余姚市郑巷小学和余姚市泗门镇中心小学以"全人生指导"思想为指导，加强顶层设计，努力营造"全人生指导"育人氛围，并获得良好效果。贤江小学先后获得全国学生营养与健康示范学校、中国新样态联盟实验学校、浙江省示范学校、浙江省文明单位、浙江省绿色学校、浙江省卫生先进单位、浙江省重视教科研先进集体、浙江省义务教育标准化学校、浙江省健康促进学校等 10 多项省级以上荣誉称号，并成为慈溪市农村小学中唯一一所连续六年获评星级督导评估五星级的学校。余姚市郑巷小学先后获得浙江省教育标准化学校、宁波市行为规范示范学校、宁波市巾帼文明岗、宁波市现代化达纲学校、宁波市中小学规范化心理辅导室达标学校、宁波市国际象棋特色学校、余姚市先进学校、余姚市示范家长学校、余姚市书香校园、余姚市德育先进集体、余姚市首批轻负高质示范学校、余姚市首批快乐学习试点学校、余姚市第三轮校本研修示范学校、余姚市深化课程改革首批试点学校、余姚市象棋传承行动优秀传承基地、余姚市体育特色学校、浙江省非物质文化遗产"精武拳技"传承基地等荣誉。泗门镇中心小学先后被评为全国红领巾雏鹰假日小队、浙江省体育传统学校、浙江省平安校园、宁波市贯彻《学校体育工作条例》优秀学校、余姚市首批文明单位、余姚市五星级学校、余姚市先进学校、余姚市教育科研先进集体、余姚市综治工作先进集体、余姚市示范家长学校等。

一、立足顶层设计，建立"全人生指导"学校育人体系

慈溪市贤江小学积极践行杨贤江"全人生指导"思想，确立了"实践杨贤江'全人生指导'教育思想，促进学生全面而有个性地发展"办学口号，坚持"为孩子一生的发展和幸福打好基础"的办学宗旨和"培养全人、幸福一生"的办学理

念,并把杨贤江提出的"良好之习惯,清楚之头脑,康健之体魄,完全之人格"作为育人目标。学校从顶层设计出发,逐步建立了"全人生指导"理念体系,力求培育"文明、勤奋、求实、创新"校风,"团结、勤奋、爱生、创新"教风和"勤奋好学、追求真知"学风。学校还从杨贤江先生的"贤"字引申确立四大核心素养,分别为:贤德、贤慧、贤能、贤哲。希望从贤江小学毕业出去的学生是一名贤德之人,具有善良的德行;是一名贤慧之人,心灵手巧;是一名贤能之人,具有多方面的才能;是一名贤哲之人,充满智慧。

余姚市郑巷小学积极秉承杨贤江"全人生指导"思想精华,经过不断的探索和推敲,确立了"培养完成的人"的办学理念。学校坚持以"夯实全人生教育,培育贤江星少年"为办学目标,以杨贤江手记"脚踏一天星斗,手摇万里江山"为校训,力求把学生培养成"贤德、礼雅、乐学、健体、博艺"的贤江少年;把教师塑造成"贤明、师表、进取、健康、创新"的贤江教师;把学校发展成"管理精致、质量优质、特色凸显、人文和谐"的贤江校园。

泗门镇中心小学坚持"以德育教育为核心,以培养学生的创新精神和实践能力"为办学理念,以"校有特色,人有特长"为办学宗旨,在"诚意正心"校训的引领下,围绕"全人生发展"制定了学校发展愿景。一方面,学校通过诚意学校的建设,以培养"诚意教师"为目标加强教师队伍建设,增强教师"四感"即"归属感、生长感、获得感和幸福感",最终提升教师诚心诚意服务学生发展的能力。一方面,学校在"诚意教师"的教育引导下培养"诚意学子",培育"诚信,和谐,求实,创新"校风和"诚学诚思、正心正行"学风,着力提升学生"学习力"和"自动力",促进学生形成国际视野,并能够"全面发展、个性扬长"。此外,学校也把研究杨贤江教育思想作为办学之本,学校研究实践杨贤江教育思想的课题曾获得宁波市教科研成果一等奖。

三所小学在实践杨贤江"全人生指导"思想过程中,结合学校特点,从确立相应办学理念、思路,设计发展愿景入手,形成"全人生指导"理念体系。理念体系的确立有助于引领学校师生紧紧围绕"全人生指导"参与到学校的教育教学实践过程之中。

二、挖掘育人资源,营造"全人生指导"校园文化

校园文化是学校教育的重要组成部分,慈溪市贤江小学、余姚市郑巷小学和泗门镇中心小学坚持以"全人生指导"思想引领校园文化建设。校园文化能够体现出学校的整体精神价值取向,具有强大引导功能,发挥着"润物细无声"的教育影响力,是重要的育人资源。文化无处不在。一般来说,校园文化建设体现在校园环境布置和学校的各种活动之中。

(一)校园环境建设

杨贤江先生认为,美能陶情冶性,消烦舒郁,裨益于心神,影响于人格。在校园环境建设方面,三所小学从"全人生指导"出发,为力求让每一块墙壁都能孕育美感,精心设计了校园墙壁标语,形成了立体式特色校园环境文化,使置身其中的师生受到潜移默化的教育和影响。

慈溪市贤江小学对杨贤江先生的"贤"字进行引申,从孝德文化、书法文化、草编文化、贤江文化四方面开展"贤文化"建设。在校园环境布置方面充分体现四大校园特色文化。为打造孝慈文化,学校在楼梯走廊布置了孝德小故事和孝德宣传栏。为弘扬草编文化,学校开辟草编文化长廊,介绍草编知识、传播草编文化。为营造浓郁的书法文化氛围,在学校的走廊和教室里随处都可以看见刚劲挺拔的书法作品。学校还设计了书法文化长廊,长廊上挂满了书法家介绍,还专门布置了硬笔书法宣传栏和作品展示栏,随时向全校学生展示学生的优秀作品。为凸显贤江文化特色,学校将进门大厅往南的连廊设计建成了一条贤江文化长廊。在这条长廊里,长廊两边的每根柱子上都有杨贤江小时候的故事;长廊顶部的圆形灯箱上有弘扬贤江文化的学校活动照片;顶部横梁上有杨贤江的名言名句;长廊顶部还设计了一片片绿叶形状展板,展板上呈现了杨贤江先生提出的育人目标;连廊尽头的通道上开辟了贤江学子林和贤江之星展示墙,展示贤江学子、校友风采。

余姚市郑巷小学从"全人生指导"出发,构建了独特的校园墙壁文化。学校把教学楼、综合楼分别命名为"溪山楼"(以学校创办时的名称命名)、梦龄楼(以学校创始人命名)、贤江楼(以杰出校友命名)、项旷楼(以牺牲在郑巷的烈士命

名)。在学校食堂楼西墙设计的标语是杨贤江在"全人生指导"中提出的"德育造就良好之习惯;智育造就清楚之头脑;体育造就健康之体魄"。此外,学校还开设了幼年杨贤江的故事长廊、学校发展史长廊、学生作品长廊、学校小学生守则长廊、名言名句长廊等。充分利用学校围墙资源,精心设计图文并茂的绘图,传递励志、行善、诚心思想,形成了"全人生指导"墙壁文化。

泗门镇中心小学建成了诚意墙,诚意墙通过图文并茂的形式展示包含励志、行善、诚信思想的名言。以"整洁、绿色、书香"的理念精心布置的"诚雅"教室给孩子们构筑了一个学习的乐园。学校还设立了旨在"让每个孩子站在学校中央"的诚意书吧,在书吧,学生们通过自主管理诚意书架学会了与人分享。此外,学校还设计了"诚意舞台为孩子精彩"的诚意厅、"呈现孩子精彩"的科技长廊和贤江廊以及展示学生作品和学生活动照片的文化墙,为学生的"自·动"发展营造有利的氛围。泗门镇中心小学通过对校园环境的精心打造力求让学校成为花园、成为乐园、成为学园,让孩子爱上学校,让学校成为孩子毕业后依然惦记的地方。

(二)学校活动开展

校园文化还体现在学校的各种活动之中。三所小学通过开展丰富多彩的"全人生教育"活动,活跃师生的精神文化,提振师生的精神风貌,营造出"全人生指导"育人氛围。

慈溪市贤江小学为营造"贤文化"校园氛围,围绕"孝德文化""书法文化""草编文化"和"贤江文化"开展系列主题校园活动。为传承慈孝文化,引导学生做一名贤德之人,学校经常利用双休日和寒暑假,组织学生开展孝德教育"六个一""五个心"实践活动,并针对不同学段的学生设计了不同孝德实践活动内容。为引导学生积极传承书法文化,成为贤达之人,学校还经常开展邀请书法名家进学校,书法作品送模范,书法作品义卖等多种书法文化活动,使学生在活动中感受到书法文化的博大精深。为弘扬草编文化,培育贤慧之人,学校每年会组织学生参观草帽业小学纪念馆、长河草编博物馆,参观长河蓝天帽业等草帽加工厂。为传承贤江文化,引领学生向杨贤江先生学习,成为贤哲之人。学校每年组织学生参观杨贤江故居,祭扫杨贤江儿子杨肖康烈士墓,缅怀先烈的丰功伟绩,传承先烈的革命精神。学校少先队还结合德育活动,开展"寻贤江足迹""讲贤江故事""评贤江中队"等活动。此外,学校每年会举行杨贤江诞辰纪念活动,例如"与书同行"暨杨贤江诞辰 117 周年纪念活动、纪念杨贤江诞辰 118 周年暨"爱我家乡"大队活动、纪念杨贤江诞辰 120 周年暨校合唱比赛、"沐浴书香,润泽心灵"读书节表彰暨纪念杨贤江诞辰 121 周年大队活动、"徜徉书海,品味书香"读书节表彰暨纪念杨贤江诞辰 122 周年大队活动和组织学生参观杨贤江纪念馆活动,截至 2019 年,已经成功举办 29 届。另外,杨贤江的家属经常到学校参观考察、指导贤江思想传承工作。作为全国杨贤江教育思想研究实践实验基地,学校经常开展杨贤江教育思想学术研讨活动,承办宁波市杨贤江学术思想研讨会。

余姚市郑巷小学为落实"培养完成的人"育人目标,积极开展"全人生指导"校园文化系列活动,让学生在活动中增长知识,活得更有精神气。学校为促进学生个性成长,开设"梦溪"社团。在每周三下午的社团活动中学生们能够开阔视野,启迪智慧,全面提升内在潜力与素养。为促进学生的全面发展,学校举办了多种形式的主题活动,比如每学年都会开展体育节、校园文化节、科技节、读书月等主题月活动,为学生搭建了展示技能才艺的平台。学生们在主题月活动中既展示了自我才能,也增强了集体荣誉感,有助于集体主义精神的培养,促进良好班风、校风的形成。此外,为了营造促进学生行为习惯养成的氛围,学校积极开展了"贤江星少年素养银行"活动,将日常行为规范自主创建活动与银行积星规则结合起来,充分发挥了各班级学生和班主任的积极性。新学期开始,每个班级立足本班实际,确立本学期要求共同达到的项目(项目数量一、二条即可),并张贴在教室门口,每周由值周教师考核打分。由于在班级项目制定的过程中,项目由学生自己提出,项目的着眼点小并且便于操作,所以学生参与活动的积极性高,效果好。为推进活动的有效深入,学校会在活动开展一阶段后,组织专题研讨、论坛活动,各班通过交流做法和经验,总结不足和问题,从而更好地开展下阶段日常行为规范自主创建活动。

泗门镇中心小学为提升学生参与活动的积极性,借鉴杨贤江"全人生指导"思想中"自·动"教育思想,开展"自·动"德育活动。学校为保持学生的学习主动性,根据年级特点,开展了丰富多彩、多角度的"自·动"德育活动,创设有利于学生"自·动"发展的氛围。第一,开展学生自发投入校园建设活动。为了让学生自发投入环境建设,变"让我做"为"我要做",学校在建设开放式书吧时,考虑如何让学生自动起来,变"我的书吧我做主"。学校的学生艺术长廊、科技长廊、特色长廊、活动长廊,向学生征集作品,由学生进行布置,让学生参与评价。如向全体学生征集关于校训的名言、警句,并且说明推荐理由,由全体学生参与、选出若干条入选作品;开展学校迎新书画大赛,进行现场创作书写,评选出优秀作品,把这些作品展示到校园围墙上。第二,开展自主庆祝学校节日活动。为了极大地调动学生的自动、自学意识,学校让学生参与节日活动策划,并且将每个年度的节日活动实现大循环。九月开门红,开展学生自督自查三项竞赛系列活动;十月教师节,大队部倡议每位队员为亲爱的老师写一封信、做一件力所能及的事;重阳节,学生自主评选小孝星;每年十月份启动的体艺节,体育组、音乐组、美术组、书法组、科学组、综合组、语文组、英语组各组全面参与,学生参与方案制订过程;元旦,各中队自主筹备"迎元旦爱心嘉年华活动";学习雷锋日,大队委前往敬老院看望老人并打扫卫生;植树节,"我为大地添新绿"活动;六一儿童节,自导自演歌舞展示,欢度节日。第三,开展自治管理学校日常活动。为了提供学生自强锻炼的舞台,学校开展值日值周活动,学生组织、学生反馈、学生自主管理。校园文明先锋队,由三至六年级队员自行组成,对校内各种文明现象进行监控;小小讲解员,作为一支学生实践队伍,接待客人、进行讲解,历练了讲解员的能力;食堂里的值周生,勇当服务生,积极为大家盛汤盛饭,正副桌长分碗筷,一边服务一边监督大家文明就餐;护书小队,负责管理校园内开放式书吧。学生在参与活动的过程中,将校园变成家园,彰显"主人翁"精神。学校通过系列"自·动"德育活动的开展,营造促进自动发展的校园氛围,引导学生渴望主动参与,不断提升,完善自我,成为"自我""主动"发展的诚意学子。

三所小学在建设校园文化过程中,力求让校园每一面墙壁都能说话,每一项活动都能突出杨贤江"全人生指导"思想主题。校园文化建设是一个系统工程,不可能一蹴而就。因此,学校在校园文化的建设过程中,应处理好传承和发展的关系,不能仅停留在传承上,还应在传承的基础上紧跟时代,谋求创新发展,力求使"全人生教育"校园文化深入人心。

三、搭建家校合力平台,共促学生全面发展

家庭是学生成长的原生态环境,是学生重要的成长环境,学校教育成效的实现离不开家庭教育的支持与配合。学校为了实现促进学生全面发展的教育目标,需要积极搭建家校沟通交流平台。学校通过平台为家长提供培训指导,让家长参与到学校教育中,使家长在参与中感受孩子成长,增强对学校的理解和认同,进而有助于形成家校教育合力。

慈溪市贤江小学致力于打造伙伴式家校合作关系,共同促进学生全面发展。学校积极发动家长根据孩子们的兴趣特长自由组合成不同的志愿者活动课程小分队,由家长带着孩子们在闲暇时间共同开展丰富多彩的志愿者活动课程和社会实践活动,让优质的社会资源、家庭教育资源得到充分的利用,也创造了更多家长之间、孩子之间、家长和孩子、孩子与社会之间学习交往、合作交流的机会,提升了家长、社会对学校教育理念的认同度。

余姚市郑巷小学为了促进学校与家长的沟通交流,积极搭建家校沟通桥梁。为了让家长深入了解孩子在学校的学习实际情况,理解学校的工作与教师的教育教学行为,学校举行了家长开放日活动和家长会。家长开放日活动每学期举行一次,时间是半日。开放日当天上午一、二节课,家长和孩子共同学习聆听由语数任课老师进行的课堂展示;第三节课是班主任老师同家长亲切交流时间,班主任老师为了让家长更全面了解孩子在校学习生活情况,会向家长详细汇报学生开学以来的在校表现,同时也会向家长指出家庭需要在哪些方面配合,如家庭作业的完成,孩子课外书籍的阅读指导等等。家长开放日活动,不仅使父母与孩子在亲子共学中拉近了情感的距离,帮助孩子健康成长,而且也让家长在听课观摩以及同老师的交流中,更加理解学校的教育理念和老师的教学工作,从而更加积极配合学校教育孩子,增进学校与家庭的沟通。为了促进学生们健康快乐的全面成长,学校会邀请专家来到家长会中为家长们指导如何与孩子进行快乐美妙的交流沟通,帮助孩子成长为自强、独立、具有责任感和富有爱心的人。比如学校邀请余姚市实验学校小学部副主任、余姚市心理援助协会

会长、国家二级心理咨询师、宁波市教坛新秀励娜老师为全体家长和老师作了题为《遇见孩子，读懂孩子》的讲座。

泗门镇中心小学为了建立学校、家庭、社会三位一体的学生整体教育网络，实现家校携手共同促进孩子全面健康成长的目标，学校积极构建家校合作机制，搭建沟通桥梁，承担家长培训的职责。第一，为了充分发挥家长对学校教育、教学工作的参谋和监督作用，增进家长对学校教育理念的理解，学校建立了各年段家长委员会和学校家长委员会理事会。第二，为了实现家校互相配合的双向沟通模式，学校通过召开家长会和组建家长志愿者队伍搭建家校沟通平台。借助这一平台，家长能够全面了解学校教师的教育教学工作和孩子在学校的学习状况，从而参与到学校教育中。为了实现家校合作育人，共促孩子更好成长，学校家长会邀请了专家做专门指导。比如一年级段家长学校邀请了宁波骨干、余姚名师魏玉婷老师作《让语文走进家庭让家庭走近语文》的讲座，指导家长应该怎样有意识地去培养孩子的语文素养。五年级家长会邀请了高级家庭教育导师，余姚市阳明文化交流中心的俞亚春主任作《沟通从心开始》的讲座，指导家长们如何更好地走近孩子，使他们更加健康快乐成长。由于各学段学生具有自身特点，学校的各年级家长会中的家校沟通重点也会各有侧重。比如在一、二年级家长会中，老师和家长们沟通交流的重点是孩子的习惯培养。因为一二年级是孩子习惯培养的关键期，因此借助家长会平台老师会与家长共同探讨如何培养孩子的学习习惯和行为习惯。随着三、四年级学生学习内容的难度提升，对孩子的学习要求也越来越高，因此三、四年级家长会家校沟通的重点是在关注孩子学习习惯和行为习惯养成的前提下，引导家长明确孩子所处的年段特点和知识结构特点，更好地为孩子的学习助力。五、六年级家长会家校沟通的重点是孩子学习的广度和深度、高年龄段孩子的心理以及如何对孩子倾注更多的关注与爱。第三，为了使家长获得专业性的家庭教育指导，进一步增强学校与家庭、师与家长之间的密切联系，学校举办了多期系列家长学校活动，比如"我与孩子共同成长"征文比赛活动、《提升爱的艺术和能力——儿童家庭教育浅谈》的专题讲座活动、"弘扬诚意精神、共营品质校园"第27期家长学校开学典礼活动等。

三所小学为促进学生的全面发展,积极汇聚学校、家庭、社会的多方力量,通过不同形式努力搭建家校沟通平台,增强家校联系,促进学校与家庭、教师与家长的交流沟通,共助学生的全面健康成长。

第二节 指导学生成长,构建以"全人生指导"思想为基础的课程及评价体系

立德树人是教育的根本任务。《关于全面深化课程改革落实立德树人根本任务的意见》教基二[2014]4号中指出:"课程是教育思想、教育目标和教育内容的主要载体,集中体现国家意志和社会主义核心价值观,是学校教育教学活动的基本依据,直接影响人才培养质量。"课程作为集中体现国家意志、教育目标和教育内容的主要载体,具有重要的育人功能。评价作为促使学生良好行为习惯养成的重要手段,是实现课程育人效果的重要保障。合理的评价体系能够成为推进课程育人效果实现的助推器。慈溪市贤江小学、余姚市郑巷小学和泗门镇中心小学非常重视课程及评价的育人功能,通过深入研究杨贤江"全人生指导"思想,坚持构建立足于杨贤江"全人生指导"思想的课程体系和评价体系,引领学生健康成长,全面发展。

一、慈溪市贤江小学:搭建"全人生"课程及评价体系

慈溪市贤江小学从杨贤江的"贤"字引申确立了贤德、贤慧、贤能、贤哲四大核心素养。学校围绕这四大核心素养,开展相应的课程建设,不断丰富课程内容,完善课程建设,逐渐形成了"全人生"课程体系(见图1)和评价体系。"全人生"课程体系包括贤德课程、贤慧课程、贤能课程和贤哲课程四大课程群。贤德课程群中的基础性课程包括心理健康课程,少先队活动课程,品德与社会,品德与生活四类,拓展性课程内容有:安全演练、急救知识、全人生十个好习惯,德育主题活动课程,志愿者活动课程,孝德实践课程,"我是贤江小主人"以及《贤江爷爷》课程。贤慧课程群中的基础性课程主要是综合实践课程和劳动技术课程,

拓展性课程内容有:实践类拓展性课程,"全人生"节日课程,贤江小农场,研学旅行课程。贤哲课程群中的基础性课程包括语文,数学,英语,科学,信息技术,拓展性课程具体内容有经典诵读,读书节,作家、科学家进校园,快乐英语,魔法实验室,科技节,科技馆探索,快乐编程,数学思维。贤能课程群中的基础性课程包括体育,音乐,美术,书法,拓展性课程具体内容有体艺类拓展性课程,足球社团,小天鹅大舞台,艺术节,体育节。可以说,整个课程体系与学校"全人生教育"理念体系高度契合。

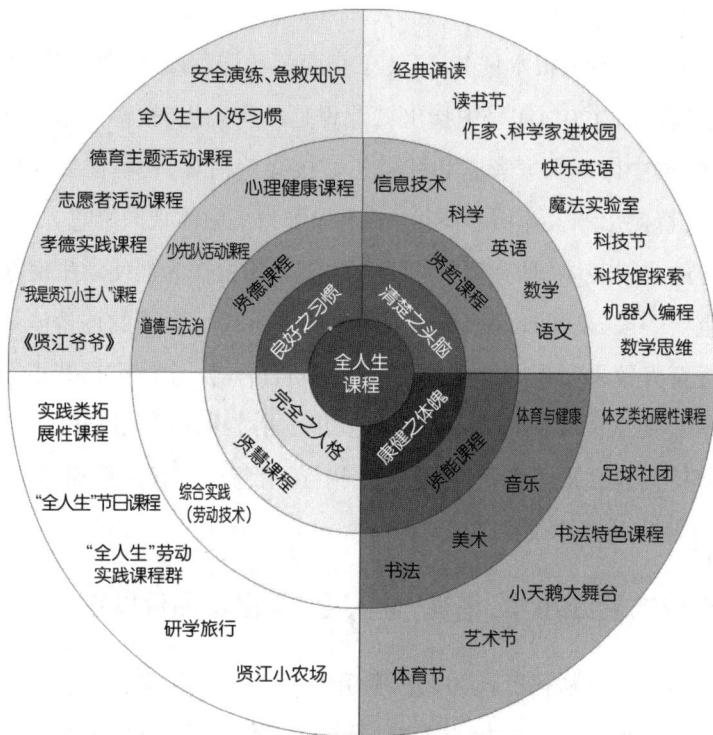

图1 贤江小学"全人生"课程框架图

在四大课程群基础上,学校从基础性课程和拓展性课程两个维度进行开发与建设。在开足开齐基础性课程的同时,开发了近50门拓展性课程,满足学生的选课需求。学校结合多年积淀下来的学校文化和办学特色开发出系列校级精品课程,并聚焦劳动教育,开展"全人生"劳动实践课程群的开发与建设。同时,学校还十分重视学生评价体系的探索研究,紧紧围绕贤德、贤慧、贤能、贤哲四大核心素养设计评价项目,建立了"全人生教育"评价体系。

(一)书法拓展课程的开发与建设

杨贤江先生曾指出:"我们正当富于生气、丰于热血的时期,该当有艺术的修养,来发挥扩大我们的心情呵!""我们倘若要保持活泼的生机,必需有艺术的栽培呵!"[①]书法作为一门高雅的艺术,能够使孩子静心养气,陶冶性情,提高审美情趣。通过学习书法,能促进学生养成细致、专注、沉着、持久的学习品质;通过练习书法,可以培养孩子的观察力、思考分析和表达能力,有益于孩子个性的发展,创新精神的培养。因此,书法特色教育非常有利于贤德、贤能、贤哲等多方面核心素养的养成。作为贤能课程群中的书法拓展课程,慈溪市贤江小学主要从以下三个方面进行开发和建设。

1.开设书法短课,开展书法考级

学校组织书法教师编印了适合本校特色的书法校本教材。每周一、三、五中午安排 15 分钟的书法短课时间,组织全体学生分阶段有步骤地根据校本教材进行科学练字。同时,学校成立书法考级小组,每学期组织一次书法考级。一、二级为铅笔临摹,三、四、五级为钢笔临摹,六级为现场作品创作,并把书法等级作为获得书画星的必备条件。这样的评级活动引起教师、学生和家长的重视,促进了学校书法特色教育的纵深发展。此外,学校还开设书法拓展课,并在此基础上,挑选优秀的书法苗子成立校级书法社团。这种从全体学生到特长生的阶梯式培养,更好地体现了因材施教的教育原则。

2.展示书法作品,彰显书法魅力

在书法特色教育的带动下,校园内翰墨飘香。从教室布置、过道布局到书法长廊的设计均凸显出学校的书法特色和文化底蕴。老师们在布置教室时都会留出一块书法专栏,展示本班学生的书法习作,有的班级整个教室布置以书法艺术为主题。2017 年学校对 37 米长的二楼弯曲连廊两边重新粉刷,请学校书法拓展课高级班的"小书法家"们利用书法拓展课时间,用环保材料现场书写书法作品,进一步丰富了拓展课的内容和形式,为学校增添了一道独特的文化风景线。

---

① 杨贤江:《青年的艺术感》,《学生杂志》第 8 卷第 6 号,1921 年 6 月 5 日。

3.丰富书法活动,提升书法能力

学校经常利用书法拓展课组织书法文化活动,如邀请书法名家进学校,书法作品送模范人物,书法作品义卖活动等。学校会组织"小书法家"开展"写福送春联,书法进万家"活动。活动中,孩子们齐聚社区广场,挥毫泼墨。孩子们把一幅幅春联送到老百姓的手中,也把喜庆和福气送到千家万户。这一活动让孩子们在受到良好书法技能训练的同时,也感受到博大精深的书法文化和春节节日文化。同时,学校定期组织"贤江杯"书法现场赛、书法作品展览,进一步激发学生学习书法的兴趣,展示学校书法特色教育成果。

(二)德育校本课程《贤江爷爷》的开发与建设

慈溪市贤江小学往西1000米有省重点文物保护单位、市青少年德育基地——杨贤江故居,在学校周围有贤江大道、贤江图书馆、贤江文化广场。在学校里面,有贤江文化长廊、杨贤江名言墙还有杨贤江生平事迹专栏,以及许多蕴含着杨贤江元素的宣传作品。学校充分利用这些资源,开发编写了德育校本教材。为了更贴近孩子,让孩子更好学,学校为这一校本教材取名为《贤江爷爷》。

学校结合教材,让学生通过讲故事、演小品、诗朗诵、开展杨贤江知识竞赛等活动,学习杨贤江小时候刻苦勤奋、善于思考的良好习惯,以及坚持真理、严谨求实的科学态度,从而培育学生的贤德和贤哲这两大核心素养。除了文本方面的课程资源,学校还在《贤江爷爷》课程中安排了参观、访问、调查、考察等活动。组织学生参观杨贤江故居、祭扫杨肖康烈士墓,缅怀先烈的丰功伟绩,传承先烈的革命精神。在《贤江爷爷》拓展课程中,还开展"寻贤江足迹""讲贤江故事""评贤江中队"等活动。经过不断丰富与完善,《贤江爷爷》德育校本课程被评为慈溪市首届精品拓展性课程。

(三)"全人生"劳动实践课程群的开发与建设

学校坚持以杨贤江劳动教育思想为指导,从2012年9月开始进行劳动实践课程的探索研究,于2017年提炼总结出"全人生"劳动实践课程群品牌。贤江小学"全人生"劳动实践课程群的开发与建设,力求体现学校办学理念和地方特色,充分整合了校内外教育资源,实现了学校、家庭、社会三者联动,师生、家长及社会认同度高,学校于2019年5月获评浙江省中小学劳动实践教育项目试点学校,同年10月课题《以杨贤江劳动教育思想为指导,开展劳动实践课程群的开发与建设》获评宁波市杨贤江专项课题成果一等奖。"全人生"劳动实践课程群在实践过程中注重开展体验教育、养成教育和实践教育,引导学生在学习劳动知识的同时,自觉遵循劳动规范,教育效果明显。学生文明程度不断提高,学校先后获评宁波市文明校园和浙江省文明单位。结合劳动实践活动中开展思想道德和行为规范教育,在活动中学生素质得到全面发展。

　　杨贤江在对青年的全人生指导中经常谈到对学生进行劳动教育的问题,他针对当时中国青年轻视劳动的生活态度,劝告青年要热爱劳动、学会劳动。在多篇论述中谈到关于学生中开展劳动教育的问题。他在《现在中国青年的生活态度》一文中指出:"我们必须承认,劳动是人类生活的要求、幸福的源泉。……我们若是轻视或放弃这方面的生活,就不免于死,否则也是个社会的寄生虫。"[1]他在《教育与劳动》一文中指出:"一个人的生活,应把头脑的活动和手足的活动平等注重,理论的知识和实际的技能彼此联络。"[2]"劳动的要素"加上"修养的意义","才能有个健全的人格,才能有个文明社会"。从杨贤江先生的论述中,我们可以清楚地看到,劳动是人类生活的需要,也是人全面发展的需要。学校必须重视劳动教育,才能实现人的全面发展。基于上述观点启发,慈溪市贤江小学通过创造性地运用杨贤江劳动教育思想,从"我与学校""我与家庭""我与社会"三个维度出发设计"全人生"劳动实践课程群(见图2),以学生的兴趣、需要和能力为基础,充分利用校内外教育资源,通过精心设计的一系列有目的、有计划的活动,增进学生的劳动实践能力,改善其劳动生活,确立崇尚劳动的价值观。

---

① 任钟印.杨贤江全集[M].河南:河南教育出版社,1995:第2卷第18-19页。
② 任钟印.杨贤江全集[M].河南:河南教育出版社,1995:第1卷第295页。

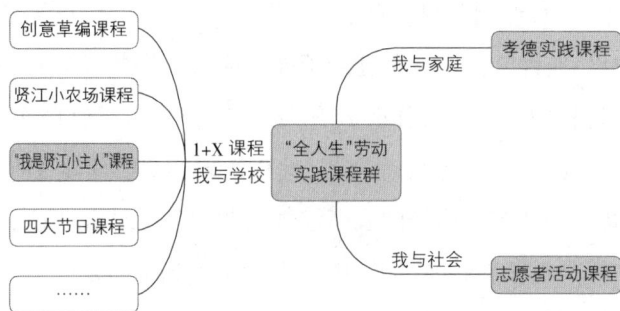

图 2 "全人生"劳动实践课程群框架图

1.我与学校——1+X 课程

1+X 课程中"1"是指"我是贤江小主人"课程。"X"是指个性化发展的特色课程。

（1）"我是贤江小主人"课程。这是人人都要参与的劳动基础性课程。每学期初，每位学生都会通过竞聘得到一个班级或学校服务岗位，让人人都成为班级或学校管理者。具体操作分四个阶段：

①岗位设置。各班在班主任的指导下，师生共同商讨班级中需要管理和学校分配的岗位，对每个管理岗位提出具体要求。

如对桌凳、书柜要求：摆放整齐，有规律；不在桌凳上乱刻、乱画；书柜上无杂物，书籍摆放整齐；讲台面干净无粉尘，教学用品摆放整齐。

对门窗要求：窗台、门窗框无积尘，玻璃洁净；前后门上没有污迹。

对墙壁要求：墙壁无污迹、球印、鞋印；墙壁上张贴整齐、平整，不乱写乱画；磁砖（含上沿）无积尘；走廊内的物品要爱护，出现损坏马上报告维修。

对地面要求：经常拖地，地面无痰迹、口香糖污迹、纸屑、尘土等杂物；卫生工具摆放整齐，经常清洗垃圾桶。

对黑板要求：下一节课前黑板擦干净，黑板框无粉笔头、粉笔灰。

②岗位竞聘。召开"我是贤江小主人"岗位竞聘班会，每位学生自告奋勇申报服务岗位，其他同学也可以与前面申报岗位的同学竞聘，力求做到班级中每位学生都能竞聘到适合自己的管理岗位。在竞聘过程中部分班级出现部分学生竞聘不到适合自己的管理岗位。此时，班主任发挥组织协调作用，引导能力

较强的学生选择难度较大的管理岗位,让能力相对较弱的孩子也能选择到适合自己的管理岗位。

③岗位实践。每位学生选择好适合自己的管理岗位后,学校统一把每个班级的管理岗位安排表设计到班级门口的展示栏中。同时,学校还在每个公共管理区域用"红领巾"图案的形式展示每个管理岗位的名称、责任人和岗位要求。接下来,整个学期里每位学生按照岗位要求积极管理实践。

④岗位评价。由于每个岗位旁边都有责任人和岗位要求,所以每个管理岗位都有全校舆论的评价;值日领导、值周教师、值日学生在检查时也会对相应岗位作出评价;班主任、班级同学对学生参与班级管理的情况进行考核打分,并用"贤江之星"星卡进行奖励评价。另外,班主任及时把"我是贤江小主人"课程活动照片、实施情况、评价结果在家长中及时通报,让家长也开展相应的指导和鼓励。

(2)个性化发展的特色课程。主要是既遵循儿童认知特点,同时又体现"贤小烙印"的劳动实践课程。包括如下课程:

第一,《创意草编》课程。这一课程是由校史引发的劳动实践课程。学校的前身是创办于 1937 年的草帽业小学。在学校附近建有草帽业小学纪念馆,还有草编文化博物馆以及众多的草帽加工厂,另外还有非物质文化遗产传承人。学校根据这些资源,分低、中、高三个层次开设草编课程。低段从编辫子入门,创编各类简单的小工艺品;中段开始学习编草帽,并创编稍复杂的工艺品;高段学习完整编草帽,并创作各类编织艺术作品。草编课程中,除了技艺训练外,还安排参观、实践、表演、艺术作品创作等实践活动。学校利用拓展课程组织学生参观草帽业小学纪念馆、长河草编博物馆,同时组织学生参观长河蓝天帽业等草帽加工厂。学校经常邀请非物质文化遗产传承人来校给学生上草编拓展课。此课程还获得了慈溪市第二届精品拓展性课程。慈溪电视台彩虹城堡栏目、美好生活栏目主题节日都拍摄过此课程,学生还通过此课程获得了"小小传承人"的称号。

第二,《贤江小农场》课程。学校利用食堂南面的一块闲杂地,组织全校各班学生进行清理,开发建成了贤江小农场,然后把整个农场平均分成 24 块,每个班级认领一块,并制作精美的小农场标识。孩子们在老师和家长志愿者的指导下开垦荒地,清理杂草、小石块,然后种植蔬菜水果,实践搭棚与覆膜,研究土壤与肥料,观察植物成长过程。平时在观察、实践的基础上还能够开展写作训练、美术写生、摄影练习、科学探究等活动,实现跨学科整合。这片"小农场"给孩子们带来了感悟生命成长带来的成就感,增强了他们的创造性,提高了他们的动手、动脑能力。

第三,四大节日课程。学校尝试把杨贤江先生罗列出来的"关于体育的、关于学艺的、关于欣赏的、关于旅行考察的、关于社会服务的、关于问题讨论的"课外活动进行深度融合,开发与建设"全人生"节日课程。学校先后开发了春节节日课程、元宵节日课程、清明节日课程、重阳节日课程,并在节日课程中进行劳动教育的渗透。在元宵节日课程中,学校组织学生们开展做灯笼、猜灯谜、兑奖品、搓元宵活动,让孩子们在劳动实践中感受劳动创造的快乐和传统文化的魅力。在清明节日课程中,学校引入风筝"非遗"项目,开展风筝课程,课程内容包括通过系列宣传活动了解风筝历史、制作工艺、发展过程、艺术价值;聘请民间风筝传人担任辅导老师,指导学生开展风筝制作活动,培养学生动手能力和探究能力;举办风筝展览,选择晴好天气,在校园内悬挂风筝,让学生感受风筝文化的魅力和传统民间艺术的精彩;举办风筝放飞活动,在学生制作的基础上开展放飞比赛,展示学生放飞的竞技水平,体会放飞风筝带来的乐趣;在风筝上创作美术作品,并举行全校评比展览。

2.我与家庭——孝德实践课程

杨贤江先生曾批评当时有些学生劳动习惯很差,甚至连个人生活自理能力都没有。他很形象地举出有的学生,整整两三个月不理发,不洗浴,不换衬衣。早晨起身后,不把被褥透松摺摺好。一件罩衫,油亮到和旧式剃头匠的刮刀布一般程度。他指出,从前的教育只是偏重于读写算,这是必须要改变的。应该一方面培养学生头脑的灵敏性,使他们善于思想,另一方面还要训练学生两手的灵巧,使他们会工作。他特别指出对青年学生要及时地进行手脑的训练。从杨贤江先生的这些精辟见解中可以看出,日常生活劳动从自我服务开始,逐渐养成劳动习惯,养成对工作的责任心的重要性。为此,慈溪市贤江小学在学生中开展孝德实践课程。

（1）科学设置孝德实践内容。学校主要设置了"学会礼仪""学会自理""学会管理""学会服务"四方面内容。在此基础上针对不同年段的学生又提出不同的具体孝德实践内容，具体内容见表1。

表1　贤江小学各年段"孝德实践课程"内容

核心素养	一年级	二年级	三年级	四年级	五年级	六年级
学会礼仪	见到长辈主动问好	学会使用文明用语	听从父母正确教导	热情待客主动打招呼	记住长辈生日并祝福	独自接待客人
学会自理	刷牙洗脸	学系鞋带	洗袜子	洗自己的鞋子	洗自己的衣服	自己钉钮扣
	便后洗手	洗红领巾	学会自己洗澡	准备换洗衣服	定期剪头发、女生学扎辫子	
	每天洗脚					
学会管理	整理书包	整理文具	整理书桌	整理衣柜	卧室整理	整屋整理
	整理玩具	叠被子	整理书柜	折叠衣服		
学会服务	发筷子	发筷端饭	收拾碗筷	洗碗	切水果制拼盘	晒被子
	盛饭	擦桌子	扫地倒垃圾	陪大人买菜购物	煮饭	烧水沏茶
		给花草浇水	洗水果	学会洗菜	能做一个菜	会烧2~3个菜
					晾晒衣服	拖地收拾
						洗全家人的衣服

（2）发放孝德实践卡，开展实践考核。

第一，学校对不同年级发放不同的孝德实践卡，提出不同的孝德实践要求。如四年级第一学期孝德实践卡（见表2）。

表 2　贤江小学四年级第一学期《孝德实践课程》评价卡

核心素养	具体表现	父母评价(优秀、良好、需努力)					
		9月	10月	11月	12月	1月	2月
学会礼仪	热情待客 主动打招呼						
学会自理	洗自己的鞋子						
	准备换洗衣服						
学会管理	整理衣柜						
	折叠衣服						
学会服务	洗碗						
	陪大人买菜购物						
	学会洗菜						
父母每月总评							
父母签名							
班主任签名							

第二,学生的实践活动,由家长每个月评价一次。学校对家长提出具体的评价要求:父母每月底前根据孩子一个月中的表现评价一次;每月月底前学生把本评价卡交班主任确认;每月父母评价为"优秀"的孩子将获得"德育卡"一张,请父母一定要客观评价孩子;孩子应该让父母独立评价,不能通过哭闹的办法让父母打高分,如有此类情况班主任将收回孩子"德育卡"一张。让孩子在家长和教师的共同评价中得到鼓励,并让良好的孝德行为内化为自觉行动。

3.我与社会——志愿者活动课程

杨贤江先生认为:把学生在校内或校外为人群服务这一件事,认为是求学以外的额外责任,这是错的。杨贤江在《评学生服务》一文中指出:"学生服务是学习做事的方法,是养成做事的习惯。服务的本身正是求学,决不能说服务与求学无关。"[①]因此,贤江小学坚持开展红领巾志愿者活动。学校少先队大队部成立了红领巾志愿者服务总队,以班级为单位成立 24 个红领巾志愿者服务队。红

---

① 任钟印.杨贤江全集[M].河南:河南教育出版社,1995:第 2 卷第 694 页。

领巾志愿者的服务项目主要分为四个大类,分别是班级统一组织的志愿者服务活动、学校统一安排的志愿者服务活动、社区志愿者服务活动、学校大型活动志愿者服务活动(见表3)。

表 3　贤江小学红领巾志愿者的服务项目

项目名称	主要内容及安排
班级统一组织的志愿者服务活动	主要指教学区等保洁服务活动。班级制订校内志愿者服务活动方案,服务内容为教学区、办公室、活动室、辅导室的保洁工作。每学期初各班自愿报名认领一个服务区域,班级志愿者服务队队长在班主任指导下安排好班级同学参加劳动。
学校统一安排的志愿者服务活动	学校每学期统一安排 2 个半天的志愿者服务活动。高段红领巾志愿者全部参加,鼓励低段志愿者积极参加。
社区志愿者服务活动	主要指社区环境清洁、环保宣传,敬老院服务,邻居老人、困难户服务等活动。以红领巾志愿者小分队形式或学生个人在家长陪同下参加。高段红领巾志愿者每位学生每学期需参加 3 天的社区志愿者服务活动。社区服务活动时间一般安排在双休日或寒暑假,在家长指导下进行。
学校大型活动志愿者服务活动	主要指学校在举行校运动会、体育单项赛、六一文艺会演、艺术节、科技节、各类展览、学农活动、一年级新生报到等大型活动时,招募志愿者开展相应志愿者活动,学生自愿报名参加。

此外,学校尝试把志愿者活动建成志愿者实践课程。当组织学生去敬老院慰问老人,去福利院看望孤儿,到社区搞卫生、拔草、宣传环保知识等参加志愿者服务活动时,从制订方案到活动准备,再到具体活动开展,最后到活动评价,都制订详细的学校、家庭、社会联动的课程方案,并设计培养学生各种劳动能力的活动环节、活动要求和评价方法。如《心相连 爱飞扬——贤江小学爱心义卖课程实施方案》(见表 4)。

表4　心相连　爱飞扬——贤江小学爱心义卖课程实施方案

心相连 爱飞扬——贤江小学爱心义卖课程实施方案

1. 课程目标

通过爱心义卖课程的实施,让学生从小树立关爱他人的意识,养成乐于助人、乐于奉献的良好品质;丰富孩子们的校园生活,提高动手实践、组织协调能力,培养团队合作精神;筹集学校"爱心基金",帮助、激励更多有困难的孩子。

2. 实施时间

准备阶段:2017 年 11 月 15 日至 12 月 1 日

义卖阶段:2017 年 12 月 1 日(周五)中午 12:00---13:30

3. 课程内容

(1)向学生、教师、家长宣传发动,明确义卖课程的目的和意义。

(2)孩子与家长商量准备义卖物品,设定好物品的合理价格,并贴好标签。义卖物品可以是自己的玩具、书籍或自己制作的手工艺品、书画作品等。义卖物品要求健康、卫生、安全,同时要求质量完好,必须保持七八成新。教师对义卖物品进行验收,合格物品才能进入义卖市场。每件物品价格不超过 10 元。

(3)学生、家长志愿者一起准备宣传海报、广告宣传标语或招牌。

(4)现场义卖工作人员(含学生、家长及教师)分工。

(5)学生布置摊位及义卖展台,家长志愿者参与指导。

(6)学生、教师正式开展义卖,邀请家长、社会热心人士参与义卖活动。

4. 课程实施要求:

在课程实施过程中需保持校园卫生,不乱丢纸屑。红领巾监督岗的同学将对整个活动过程进行监督,对不文明行为进行教育。安排 4 名以上家长志愿者参与管理。义卖结束后,统计好义卖款,存入"红领巾小银行"。活动中所有服务人员要求对"顾客"做到微笑服务、优质服务。义卖课程实施过程中一定要注意安全、防止拥挤与踩踏事故的发生。

5. 课程评价

项　目	评价或记录
本次活动给你印象最深的一刻	
自我表现评价	
对班级整体表现的评价	
参加本次活动获得体验的情况	
指导教师评价	
家长评价	
对此类活动的建议或意见	

（四）"全人生"评价体系的建设

贤江小学根据杨贤江先生提出的"全人生指导"教育思想，围绕贤德、贤慧、贤能、贤哲四大核心素养，在学生中实施"贤江之星"星卡激励评价办法。学校制订了详细的评价方案，紧紧围绕学校的育人目标和核心素养设计评价项目。设计制作了五种单色卡和一种彩色卡，其中有红色的德育卡、蓝色的智育卡、绿色的运动卡、紫色的艺术卡、黄色的实践卡，彩色的贤江好少年卡，并详细制订了考核和奖励办法。如获得各类单色卡 10 张，可调换五彩"贤江好少年卡"一张；获得"贤江好少年卡"5 张，可调换贤江好少年章一枚。贤江好少年章由校长每月月初升旗仪式时颁发。每月月底学校评比"每月之星"。学校还对每班一学年中获得"贤江好少年卡"最多的学生命名为"贤江之星"，每年的"六一"节举行隆重的表彰仪式。

总之，慈溪市贤江小学坚持深入挖掘杨贤江"全人生指导"思想的理论价值和实践意义，努力构建全人生课程体系和评价体系。在全面加强新时代大中小学劳动教育的背景下，贤江小学努力探索将杨贤江"全人生指导"思想这份宝贵的历史遗产转化为当前教育改革和发展的思想资源，重点推进"全人生"劳动实践课程群的系统性建设和考核评价细则的具体化修订。

二、余姚市郑巷小学："品德 +"德育课程及评价体系

《义务教育课程改革指导手册》中指出"国家德育课程是基础教育中重要的基础性课程，是学校德育的'母本'，要以国家德育课程为主，整合实施三级德育课程，构建新型德育课程体系。确保国家德育课程不因'整合'而迷失自我"。作为余姚市首批深化课改试点学校，余姚市郑巷小学在"培养完成的人"办学理念的引领下，以国家德育课程为中心将学校校史文化课程、行规礼仪课程、棋艺文化课程和主题月活动等进行整合实施，建立"品德+"德育课程，这有助于加强课程之间的相互配合，发挥德育课程综合育人功能。

（一）"品德+"德育课程内容

学校以"立德树人"为根本任务，以社会主义核心价值观和新版中小学守则为依据，在"培养完成的人"办学理念引领下，以培育具备"贤德、礼雅、乐学、健

体、博艺"五大素养特质的"贤江少年"为目标,确定了"品德+校史文化课程" "品德+行规礼仪争创课程""品德+棋艺文化课程"和"品德+校主题活动课程" 四大主题板块(见图3)。

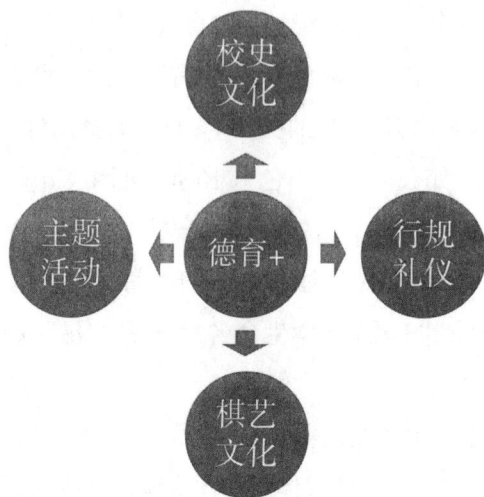

图 3　"品德+"德育课程内容框架

1."品德+校史文化课程"

校史是对学校文化的传承。余姚市郑巷小学作为杨贤江先生的母校,是一所拥有百年历史的老校,培育出为数不少的像杨贤江这样的优秀校友,因此学校可以挖掘很多德育故事,尤其杨贤江的童年励志故事更是校史文化中不可或缺的财富。如《奇妙的考试》《溪山求学》《精读文史书》《剪掉"猪尾巴"》《乐于助人的好孩子》《初当"小先生"》《杨贤江的俭朴生活》《新的追求》《喜登龙泉山》等。丰厚的校史文化资源为"品德+校史文化课程"的开设奠定了基础。

在这类课程中教师会引导学生探究校史,使学生在校史文化的探究中倍感亲切与自豪,乐意沿着名校友的足迹前行。同时,这类课程也会借助"贤江讲坛"这一平台,使学生在校史课程中练习思辨能力,培养思辨思维,使学生成为有思辨力的人。

2."品德+行规礼仪争创课程"

本课程力求使学生在品德学科课程中培养文明言行。在品德课中结合学校行为规范创建活动运用相应的绘本故事,通过"读读绘本·思考问题"——"做做游戏·感悟问题"——"回忆生活·解决问题"来构建道德情境,在故事情境中有效地引发思考、淡化"品德"的教学痕迹,触动孩子的心灵。学校为了丰富课程资源,改变教学方式,选择了大量指向相应道德情境的绘本。

学校以品德课程(现为道德与法治)的教材内容为核心,结合《中小学生守则》和《浙江省中小学生日常行为规范》,确定校本教材主题及具体要求。基于此,学校针对一二年级《道德与法治》教材内容结合绘本故事部分资源制作了对接内容表(见表5)。

表 5　教材与绘本资源对接表

年级	一上	一下	二上	二下
《道德与法治》教材内容	第一单元 我是小学生啦 《开开心心上学去》 《拉拉手 交朋友》 《上学路上》	第二单元 我的好习惯 《我爱整洁》 《做事不拖拉》 《不做"小马虎"》	第三单元 我们在公共场所 《我们不乱扔》 《大家排好队》 《我们小点声》	第三单元 绿色小卫士 《小水滴的诉说》 《清新空气是个宝》 《我是一张纸》
绘本故事列举	《我要上学了》 《我的兔子朋友》 《上学的路》	《根本就不脏嘛》 《再见,电视机》 《乱扔东西的塔格叔叔》	《讨厌的大肥猪》 《排队啦,排队啦》 《轻声说话的薇乐》	《小水滴》 《都是放屁惹的祸》 《一张纸的旅行》
部分绘本插图				

3."品德+棋艺文化课程"

郑巷小学以培育具备"贤德、人文、智趣、健体、蕴美"素质特质的"贤江少年"为目标,其中"博艺"目标是指,一方面在一二年级普及国际象棋教育,着重培养孩子学会国际象棋的常识性技法,培养对棋的兴趣,使之成为将来的生活情趣。三年级以后,针对喜欢下棋且有特殊天分的孩子,学校在提高培养中使其能够感悟棋道,运筹帷幄。另一方面,学校开设的所有课程都是为了学生的广博技艺、健全人格而奠基的。

围绕"博艺"目标,学校在《品德+棋艺文化》特色课程上进行积极探索,围绕国际象棋这一主题,联系语文、品德、心理等学科的相关内容,广泛组织整合多方面内容要素,确定课程中涵盖的下列三类内容:一是棋中蕴含的博大精深的中国文字与文学,如与棋有关的诗词、言语、楹联、成语等;二是棋文化中的礼仪与道德修养,如落子无悔、遵循规范等;三是儿童心理品质内容,包括如何学会坚强、抗挫折、正确对待成败、不急躁等。这些心理品质是在棋的竞技活动中尤为需要具备的,同样也是现在儿童普遍需要具备的心理品质。

4."品德+校主题活动课程"

杨贤江曾指出:学生时代是最好、最适合养成种种善良习惯的时代,也就是培养种种健全心境的时代。郑巷小学秉承先贤思想,施行"品德+校主题活动",让学生在德育活动课程中促健康成长。

学校1—12月通过"校园主题月"课程的实施,旨在依托该课程,聚焦某一主题,开展跨学科、跨领域的课内外、校内外各种课程资源的全方位统整,体现多元化的优势组合,呈现出丰富的课程学习形式,提供多彩的活动体验(见表6)。

表6 学校主题活动安排表

月份	每月主题活动	活动内容安排	活动目的
1、2月	低碳过春节 ——环保从我做起	低碳过春节	借助寒假期间欢度新春佳节之际,向学生倡导低碳环保的生活方式,通过感民俗知民情实现低碳过春节。
3月	爱与绿同行 ——爱心与责任并存	爱心捐款 校园护绿	3月是街道每年一次的爱心捐款活动开展时间,也是学校校园文化布置爱绿护绿行动月,两项活动合二为一,重在体现爱与责任同行。
4月	学杨师杨 ——贤江学子爱母校	贤江讲坛 翻阅校史 寻访校友	2006年4月学校开展了建校100周年庆祝活动。之后便将每年的4月作为"贤江母校"开展学杨师杨实践活动向母校名人学习奋进的时间。旨在通过本主题系列活动的参与,使学生更加热爱学校,敬重著名校友,积极进取,完善自我。
5月	安全月 ——珍爱生命学会自护	消防安全 防震减灾 逃生演练 法制讲座	5月作为安全生产月,学校在珍爱生命学会自护方面积极引导学生在参与各种形式的体验活动中学会自我保护的准确方法。

续表

月份	每月主题活动	活动内容安排	活动目的
6月	读书节 ——读书伴成长	名著推介 好书漂流 跳蚤市场	临近期末,此项活动旨在对本学期的课外阅读进行总结提升。
7、8月	当好小主人 ——安全当家让父母放心	当家体验 居家安全 预防溺水	时值暑假期间,学生的居家安全、户外活动安全都有一定隐患,该主题活动旨在教育学生提高安全意识,进行当家体验为父母减轻负担。
9月	学会感恩 ——教师节等系列活动	教师节点赞助力 中秋佳节倍思亲 重阳敬老我先行	9月节日众多,结合各大节日进行感恩教育,提升公民素养。
10月	体育节 ——我运动我健康我快乐	庆祝国庆节 运动促健康	通过"校运动会"竞技田径活动强身健体,为建设祖国打好基础。
11月	科技节 ——科技创新嗨翻天	科学故事 科技创新 变废为宝	具体活动主题根据上级部门要求而定,重在提升学生的科学精神和科技创新能力。
12月	艺术节 ——艺术之花开满园	班级节目秀 社团成果展	搭建展示平台,让学生尽情释放学习的快乐之情,收获之喜。

（二）"品德+"德育课程教学体系

郑巷小学在"品德+"德育课程实践探索过程中,以学生发展核心素养为总体目标,融合学生健康成长、家庭生活等六大领域,以品德与生活（社会）、道德与法治的内容体系为主轴,首先确立了符合学生阶段成长需要的学习主题,然后将其他学科中有关的专题德育内容予以围拢规整,并有机链接与主题相适应的道德实践活动,构建了"主题式板块化系统性"的教学体系。例如在一年级上册道德与法治第一单元中"主题式板块化系统性"的教学体系运用。

一年级上册道德与法治第一单元的教学主题是"你好,新学校",道德与法治教材根据一年级新生入学的认知特点和学校培养目标安排的教学内容,具体为《美丽的校园》等四课。而《人·自然·社会》中《管理好自己的物品》等这几课的内容与国家课程这一单元的主题基本一致,目标相似,也都是一年级新生入学教育的必要内容。《小公民》中《我能自己做》《学校里的规则》两课的内容与入学养成教育相关度也较强。少先队课中本月要求学生学习队知识,会戴红领巾,唱队歌等,在10月13日建队节前后要举行入队成长礼。同时,学校在本月会开展幼小衔接活动。因此,为了让教学变得更具科学性和有效性,郑巷小学在全面分析各相关课程与主题活动的基础上,通过重组、删减等方法,对第一单元的教学内容进行重构,形成了一个主题式模块化的教学体系(见图4)。

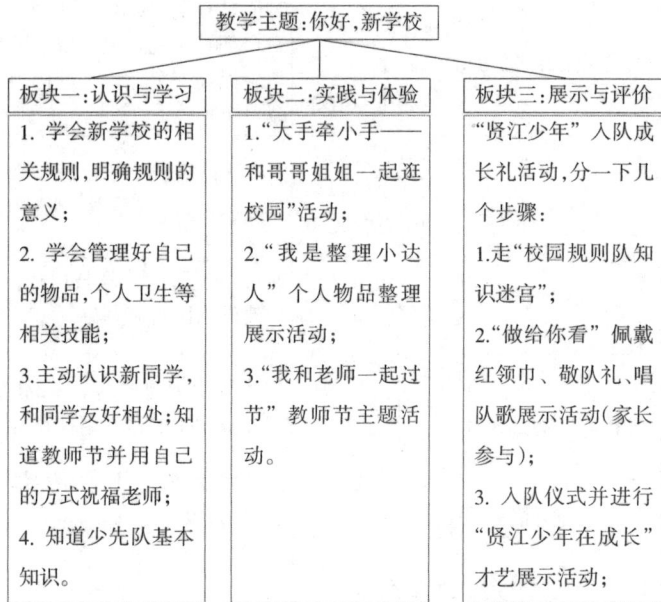

教学主题:你好,新学校

板块一:认识与学习	板块二:实践与体验	板块三:展示与评价
1. 学会新学校的相关规则,明确规则的意义; 2. 学会管理好自己的物品,个人卫生等相关技能; 3.主动认识新同学,和同学友好相处;知道教师节并用自己的方式祝福老师; 4. 知道少先队基本知识。	1."大手牵小手——和哥哥姐姐一起逛校园"活动; 2. "我是整理小达人"个人物品整理展示活动; 3."我和老师一起过节"教师节主题活动。	"贤江少年"入队成长礼活动,分一下几个步骤: 1.走"校园规则队知识迷宫"; 2."做给你看"佩戴红领巾、敬队礼、唱队歌展示活动(家长参与); 3. 入队仪式并进行"贤江少年在成长"才艺展示活动;

图4 《你好,新学校》课程教学体系

(三)以贤江少年素养特质为目标,建立"贤江星少年"的评价机制

郑巷小学结合中国学生发展核心素养,梳理《中小学生守则》和《浙江省中小学生日常行为规范》,建立学校"贤江星少年素养银行"活动,以活动为实践的载体,开展多元评价机制,旨在通过综合性评价、形成性评价、过程性评价和表现形式评价使每一个学生具有"贤德、礼雅、乐学、健体、博艺"五大素养,真正实现培养"完成的人"的目标。

作为学校德育行规课程,"贤江星少年"素养银行活动针对不同学段的学生设置了针对性的行为规范内容(见表7),每一项行为规范内容主要借助"素养银行"这一平台实现。每学期郑巷小学通过对品德课、班会课的二合一整合实践,遵循"21天坚持成习惯"的规律,大大提高了品德课课堂教学践行与生活实际的实效,有效促进了学生行为规范的养成。

表7 "贤江星少年"素养银行行为规范自我争创活动内容

年级	贤德星	礼雅星	乐学星	健体星	博艺星
一二年级	近一个月来,在"品德与生活"和"品德与社会"课上表现好,学校大型活动遵守秩序。	1.上学路上靠右行;2.进校我能主动向值勤师生问好;3.坐立走有精神;4.未经同意,不动他人物品。	1.上学每天带齐学习用品,课前做好准备;2.我会主动向老师请教、与同学交流;3.能按时完成作业。	1.按时起床、按时上学;2.自己整理书包;3.勤洗手、勤剪指甲,学会自己穿衣、刷牙、洗脸。	1.学会唱国歌;2.近一周里,在音乐、美术课、体育等上参与活动、有出色表现;3.美术、书法、摄影、手工制作等作品入选班级各园地作品展;4.国际象棋参加班级比赛。
三四年级	近一月来,在本学期班级申报的班级行为规范自主创建活动中(有关德育方面内容的)表现突出的。	1.校园里见到老师能主动问好;2.会经常使用"谢谢、对不起、请";3.过马路走横道线,红灯停、绿灯行。	1.能做到专心做作业;2.课堂上会积极举手发言;3.初步具有看课外书的习惯。	1.早上起来自己叠被、整理卧室;2.不掉饭粒,尽量吃饭不剩饭菜。	1.美术、书法、摄影、手工制作等作品入选学校橱窗作品展;2.参加田径、国际象棋参加街道、校级比赛。
五六年级	能自动关心同学,辅佐老师、家长做力所能及的事,主动帮助需要帮助的其他人(邻居、老弱妇孺等)、具有拾金不昧等优秀品质,在班级、学校有一定影响。	1.愿意把好的物品和伙伴们共同分享;2.同学有困难能主动询问,并乐于帮助。	1.努力克服学习上的困难;2.每天阅读有益书籍30分钟。	1.不挑食、安静就餐、文明放盘;2.养成正确喝水、用眼的习惯;3.定期洗红领巾、保持个人整洁;3.坚持每天在家锻炼30分钟。	1.我会唱较标准的队歌;2.美术、书法、摄影、手工制作等作品入选街道、市级比赛作品;3.参加市级舞蹈、歌唱、乐器、田径、国际象棋等比赛。

　　学校设立"贤江星少年"素养银行总行,各中队设立分行,委派1名队员为分行行长,4名队员为工作人员,每位队员为储户,将所得的各类星及时存进素养银行,以便期末进行统计。贤江少年得"星"后,每个月还要及时写下"个人评价"和"家长评价",一并存进银行,如这个月表现如何,做的好的方面需要保持,不足的方面需要改进。学生在参与活动的过程中不断提升自己的道德情操,并逐渐内化为行为准则。

余姚市郑巷小学在"培养完成的人"的办学理念指引下,在对"品德+"德育课程及其评价机制进行实践探索的过程中,以培育学生的"贤德、礼雅、乐学、健体、博艺"五大素养特质为重点,通过有效整合德育资源,提高了德育的契合性、操作性和实效性。学生在每一个主题活动强化教育后,道德认识、道德行为都有明显提高。近几年里,学校多名优秀学生获得余姚市级以上德育类荣誉,成为贤江少年的骄傲,他们的优秀事迹也成为全校师生的学习榜样,更是贤江少年们学习的典范。

三、余姚市泗门镇中心小学:不断创新课程体系及评价机制

余姚市泗门镇中心小学坚持深入研究杨贤江"全人生指导"思想的理论和实践意义,努力挖掘这一宝贵思想并将其融入课程体系和评价机制的建设过程中。学校为培育全面发展而又个性扬长的诚意学子,不断创新课程体系和评价机制,建立了"自·动"系列课程,设置了个性拓展性课程,打造了特色项目课程。

(一)建立"自·动"系列课程

"自动"教育是杨贤江"全人生指导"教育思想中的重要主张。杨贤江先生曾指出"教授之力,仅为诱导之具,而自动之力,实为成功之基"。因此,在小学教育中要通过自动、自主的形式引导学生,培养自动自能之事,促进自主创新之能。

1."自·动"成长课程

余姚市泗门镇中心小学根据学生在不同阶段的身心特点,针对不同的学段开设了不同的自动成长课程(见图5)。

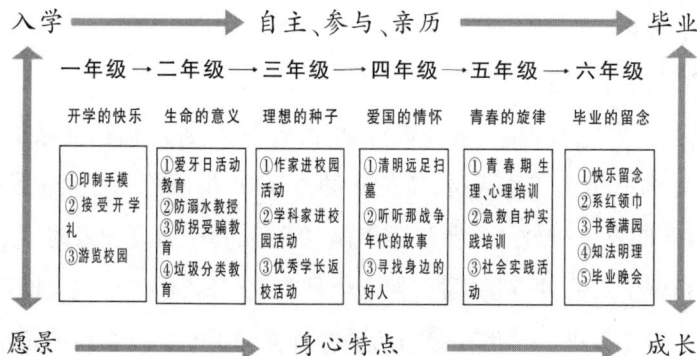

图5　自动成长课程

一年级的学生需要体会到开学的快乐,学校设立印制手模,接受开学礼和游览校园的自动成长课程;二年级的学生需要感受生命的意义,学校设立爱牙活动日教育,防溺水教育,防拐受骗教育和垃圾分类教育等课程;三年级学生应该播撒理想的种子,学校设立作家进校园活动,科学家进校园活动以及优秀学长返校活动等课程;四年级的学生应该拥有爱国的情怀,学校设立清明远足扫墓,听听那战争年代的故事,寻找身边的好人等课程;五年级的学生需要聆听青春的旋律,学校设立青春期生理、心理培训,急救自护实践培训和社会实践活动等课程;六年级的学生面临毕业,学校设立快乐留念,系红领巾,书香满园,知法明理和毕业晚会等课程。通过这些课程,让学生自主参与,亲身体会,激发其自动之力。

2."自·动"节日课程

泗门镇中心小学以元旦、学习雷锋日、植树节、六一儿童节、建队节、教师节、国庆节和重阳节等多种节日为重要载体,建立"自·动"节日课程(见图6)。

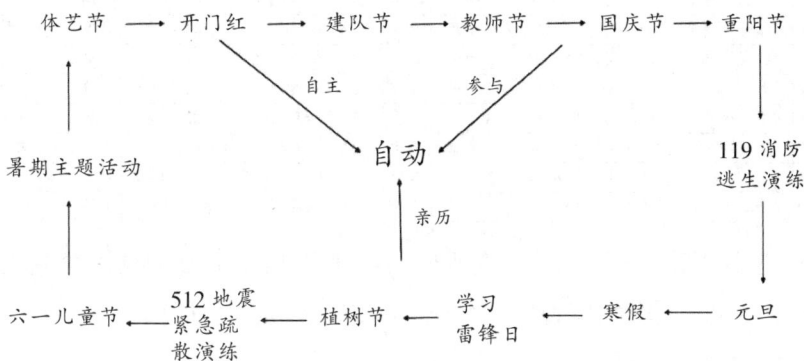

图6　"自·动"节日课程

在活动课程的设置中,努力营造学生发起、学生管理、学生参与的开放式活动环境,让活动成为学生自动发展的契机,真正做到:因学生而生,为学生而设,培育学生的自动、自主之力。多一种评价,就多一个好孩子! 为了全面展现孩子精彩,引导个性发展,鼓励丰富人生,在"自·动"节日活动课程中设置了"诚意星舞台"和个人成果展。学校在2018年共举办了18场诚意星舞台展示和7场个人成果展,极大地促进了孩子自动、自主、全人生发展。

(二)设置拓展性课程

杨贤江先生说:"要注重青年身心的全面发展,要使青年成为一个健全的完人。健全的完人应有强健的身体及精神,有工作的知识及技能,有服务人群的理想与才干,有丰富的好尚与习惯。"余姚市泗门镇中心小学为促进学生的全人发展开设了丰富的拓展性校本课程,其中包括校级课程:《小小银球》《硬笔书法》等;阶段课程:《经典诵读》;个性课程:《小小书法家》《钻石绣》《论语故事会》《教学模型思维》《花儿朵朵》《国学小故事》《探秘动物世界》《乒乓》《小古文诵读》等(见表8)。

表 8　余姚市泗门镇中心小学 2017 学年拓展性校本课程计划表(节选)

类型	编号	课程名称	课程类别	编导教师	修习对象	选课形式	班额	活动时间	活动地点	选用教材	备注
校级课程	1	《小小银球》	体艺类	乒乓教师	1-6年级	必修	行政班	按权课表	原班教室	校本	传统体育
	2	《硬笔书法》	特长类	书法教师	1-6年级	必修	行政班	按权课表	原班教室	地方	写字教育
级段课程	3	《经典诵读》	知识类	任课教师	2-6年级	必修	行政班	按权课表	原班教室	自编	生命教育
个性课程	4	《小小书法家》	体艺类	张俊萍	3年级	选修	28	每周三第6节	306教室	自编	写字教育
	5	《钻石绣》	综合类	施琴琴	3年级	选修	28	每周三第6节	305教室	自编	刺绣文化
	6	《论语故事会》	知识类	李丹	3年级	选修	27	每周三第6节	304教室	自编	传统文化
	7	《数学模型思维》	知识类	施薪潮	3年级	选修	27	每周三第6节	301教室	自编	数学游戏
	8	《花儿朵朵》	体艺类	应泽瑜	3年级	选修	27	每周三第6节	303教室	自编	美术绘画
	9	《国学小故事》	知识类	高丽萍	3年级	选修	27	每周三第6节	302教室	自编	传统文化
	10	《探秘动物世界》	综合类	张金锦	3年级	选修	27	每周三第6节	科技创新实验室	自编	科学文化教育
	11	《乒乓》	体艺类	杨淑益	3年级	选修	27	每周三第6节	体艺楼乒乓球馆	自编	体育教育
	12	《小古文诵读》	知识类	外聘	4年级	选修	26	每周三第6节	406教室	自编	传统文化

此外,为了让每一个孩子学有所长,学有所用,学校还面向全体少年儿童设置了包括木偶情、国画、铜管乐、大合唱等特色少年宫项目课程。

(三)打造特色社团课程

余姚市泗门镇中心小学为培育全面而又个性发展的诚意学子,坚持打造多项社团课程,形成了学校的特色教育。

1.乒乓球特色

泗门镇中心小学乒乓球社团成立于1996年,是学校的传统体育项目课程。凭借该特色项目,学校曾获得浙江省体育传统学校、宁波市贯彻《学校体育工作条例》优秀学校、宁波市体育业余训练先进集体、宁波市体育训练点校的荣誉称号。学校曾多次向省乒乓球队输送优秀学生。其中,我校学子陈月琴,在2004年荣获全国锦标赛双打第三名。

2.书法特色

泗门镇中心小学于 2005 年被评为宁波市书法实验学校。学校书法组编写了书法校本课程《汝湖艺苑——余姚市泗门镇中心小学硬笔书法校本课程》，并获得余姚市优秀校本课程。此课程已在校内推广使用，教育学生"认认真真写字，做人"。目前已有学生书法作品获得了全国二等奖、省市一等奖。

3.民间艺术特色

作为浙江省非物质文化遗产传承教育基地，为传承民间艺术，学校聘请民间艺人并把"木偶摔跤""犴舞"等民间艺术引进校园。在老艺人和专家的指导帮助下，2004 年学校正式成立了"木偶摔跤"社团，以综合课程为载体，把"木偶摔跤"作为学校的艺术特色传承下去。中央电视台曾专门到学校采访"木偶摔跤"，并制作了专访节目，将泗门镇中心小学的民间艺术工作搬上银幕。此外，"木偶摔跤"节目也曾在上海世博会、杭州动漫节中演出。2018 年，学校"木偶摔跤"小组成员还受上海电视台邀请参加《拜见小师傅》节目录制。

4.舞蹈特色

泗门镇中心小学乡村少年宫舞蹈社团坚持以教育改革和素质教育为宗旨，以营造学校活动氛围，提高学生整体素质为目的，为学生展现自我才华、实现全面发展提供了良好条件。舞蹈兴趣小组是孩子们放飞艺术梦想的乐园，是奔向艺术殿堂的云梯。每一位小天使来到这里满怀自信，神采飞扬，用形体表达美，用形体传递美。近几年里，学员们参加了多次市级比赛和演出活动，获得了许多荣誉。学校舞蹈节目荣获 2017 年浙江省舞蹈大赛一等奖，并且连续几年获得余姚市中小学生舞蹈比赛一等奖。

5.计算机特色

泗门镇中心小学编程社团成立于 2008 年，这是一个以"共同学习、提升自我"为目的的学生组织，是一个为众多编程爱好者提供一个共同学习、互相探讨，增长社会实践经验和能力的平台。计算机兴趣小组现有组员 26 人，专业指导教师一名。小组成员曾多次参加宁波及余姚市级的计算机大赛，并在过去的几年中都取得了优异的成绩。共有 15 人次在宁波市级比赛中获奖，其中一等奖 6

人,共有 58 人次在余姚市级比赛中获奖,其中一等奖 19 人。

(四)聚焦育人目标,完善评价机制

余姚市泗门镇中心小学聚焦育人目标,开展了"诚意星"评价活动,这一评价机制力求给每一个学生、每一个发展领域,给予一种肯定、一种期望、一种激励与导向,从而使学生能够自主、自动全面的发展。学校从学生日常行为习惯、学习状况、专长发展等方面入手,结合期末"诚意星"的评选、操作规范的制定等方面,扎实落实、推进"诚意星"评价的落实。

1.群星闪耀,自主参与评价

五种不同的星代表着不同的成绩,代表着学生在践行诚意少年的过程中,在某些方面取得的可喜进步,它代表一种认可,代表一种荣誉。"蓝星"——让心灵净化;"红星"——让学习发展;"金银星"——让特长闪亮;"钻石星"——让品德感化心灵。

2.期末总评,彰显自主评价

为了激励、促进一部分发展比较全面的学生向更综合的层次发展,学期结束依据诚意星数量的多少评"诚意星",该评价的具体标准为:期末根据学生得星数取前 50%评为"诚意星"。

三所小学结合各自特点,在杨贤江"全人生指导"思想的实践探索中,形成了各具特色的课程及评价体系,为指导学生的全面健康成长奠定了基础。

第三节　加强队伍建设,塑造"全人生指导"教师队伍

杨贤江先生认为教育就应该培养健康的"完人",而培养这样"完人"的责任就在于教师。学校育人目标能否实现,教师队伍建设是重要影响因素。此外,从学校的长远发展、教师的专业成长来说,学校教师队伍建设也是十分必要的。慈溪市贤江小学、余姚市郑巷小学和余姚市泗门镇中心小学坚持以"全人生指导"教育思想为引领,为促进学生的全面发展,努力塑造"全人生指导"教师队伍。

慈溪市贤江小学坚持以课题研究为引领,不断促进教师专业成长。课题行

动研究实施过程中,广大教师也经历了一个学习、思考、提高的过程,特别是在教育思想转变、开展行动研究能力提升方面产生了较大的影响,为教师的专业成长形成了强大推动力,推动教师由"经验型"向"科研型"转变。例如通过宁波市杨贤江教育思想研究专项课题 "以杨贤江劳动教育思想为指导,'全人生'劳动实践课程群的开发与建设"的研究,广大教师对劳动教育模式的认识更加全面,对劳动实践课程的开发和实施能力也有了进一步提高。在课题研究的过程中,一大批教师迅速成长。在劳动实践课程群开发与建设课题组的4名成员中,1名教师获评慈溪市第八届名教师,1名教师获评慈溪市第八届骨干教师,2名教师被市委组织部评为慈溪市"115人才"第二层次培养人选。仅在2018年度,慈溪市贤江小学教师中获得市级以上业务类奖项的共计73人,其中国家级3人,省级2人,宁波市级14人,慈溪市级54人。

余姚市郑巷小学以杨贤江"全人生指导"思想为指导,积极搭建平台助力教师教育教学能力全面提升。第一,搭建科研平台,提升教师科研水平,推动教师专业成长。一方面,学校通过召开贤江学术论坛,以论坛促交流,以交流促成长。教科研是教师专业成长的必由之路。论坛中骨干教师围绕论坛主题分享科研经验,这一交流平台有助于参会老师实现理论学习和思想认识的提升。另一方面,学校积极组织全体教师立足课堂探索教育教学规律,深化教育教学改革实践,踊跃参加市论文(案例)评比活动。在2019年度余姚市中小学(幼、特)学科教学论文(案例)评比中,提交论文11篇,获奖7篇。第二,搭建教师风采展示平台,促进教师综合素质全面提升。例如为进一步规范学校教师钢笔字书写的基本技能,学校举办了教师钢笔字现场书写比赛,为教师搭建了一个锻炼自己、展示风采的平台。第三,搭建教研平台,助推教师的专业素养和教学能力发展。学校开展以"学为中心 问诊课堂"为主题的教研活动。主题教研活动的开展让教学异彩纷呈、方式多样,在不断的思维碰撞中,激发出创新的火花,达成最优的教学共识,助推了科学教师的专业成长,促进了课堂教学改革的深入推进。第四,搭建青年教师成长平台。一方面,通过专家推门听课制度,助推新教师成长。另一方面,通过骨干教师引领,激励青年教师专业成长。为激励青年教师在专业方面持续发展,学校在搭建教师教学展示平台的同时,还组织优秀骨干教师力量为青年教师提供精准指导,引领其明确专业成长方向。

余姚市泗门镇中心小学坚持以杨贤江"全人生指导"思想为引领,力求通过构建青年教师泛专业素养发展的培养模式,建设一支高素质的教师队伍,从而促进学校发展,推动学生全面健康成长。这里所说的青年教师泛专业素养主要指专业之外的部分素养,如文化素养、心理素质、人格魅力、反思能力、关怀素养、教师的个人兴趣等。余姚市泗门镇中心小学主要从以下四个方面开展推进青年教师泛专业素养发展的实践探索。

1.构筑教师泛专业素养发展文化系统

在学校教师泛专业培养过程中最重要的是创设一个良好的氛围让教师进行自动学习。以学校为主要基地的教师学习已经成为教师泛专业发展的主要渠道,由于学校情景中教师泛专业素养发展大多数是在非教学性质的同事交往中实现的,因此营造泛专业的教师文化氛围是教师素养发展最理想的土壤,也是教师在学校环境下进行泛专业素养发展的保障,同时它能更好地促使教师自动学习。

第一,激起教师发展的共同愿景。在学校中构建教师泛专业素养发展文化的一个基本的因素是人的因素,文化的基本承载者及体现者是教师,因此在学校中构建教师泛专业素养发展文化首要的一个前提就是激起教师泛专业素养发展的共同愿景。为了激起教师泛专业素养发展的共同愿景,余姚市泗门镇中心小学首先根据自己学校的实际情况,邀请青年教师参与制定学校《泗门镇校2016—2019 三年发展规划》等近、远期目标和规划,组织教师自己制定《泗门镇校青年教师个人三年发展规划》。教师通过参与目标规划的制定,既能了解学校的发展目标,又能把这一总目标与教师合作团队的具体目标结合在一起,进而融入个人的教学、科研之中。其次,学校鼓励教师在教学中独立思考,勇于开拓创新,同时还组建"泗小青年教师发展群""微信群"等鼓励教师之间随时进行沟通、交流与分享。

第二,建立长效持久的组织机构。泛专业发展教师文化的生成,不是自发形成的,它最初需要学校通过相应的组织机构来加强领导和管理,以不断激励教师增强合作研究的意识,掌握合作研究的方法和技术,养成合作研究的规范,并逐步引导教师形成自主、自律的合作行为。在具体实践过程中,学校通过建立课程开发教师小组、青年教师发展联谊会等组织,促进教师合作文化的生成。

第三,创设开放合作的学校氛围。当教师有了泛专业素养发展的意识,外界却没有提供其相应的、促进合作的环境,那么依然只能流于形式。因此,构建一个让教师能有效地进行相互沟通和合作的开放的学习氛围对于教师泛专业素养发展文化的建设至关重要。为满足教师泛专业素养发展的文化需要,泗门镇中心小学通过教职工代表意见征求制度,集体备课制度,语文、美术名师工作室等运作,创设开放合作校园氛围,使教师能自由且愉快地进行全校间互学,甚至实现校际间交流和学习。

2.完善教师泛专业素养发展的环境

杨贤江在《答四川王楷登君(1925年6月)》中曾讲到好的环境应该适应,坏的环境应该改造。但为改造计,就是对于坏的环境也应该知其弊病所在,以便计划适用的改造方案。这充分说明环境对于发展的重要性,教师泛专业素养发展离不开必要的环境支持,它是实现泛专业素养发展的外在必要条件。在具体实行中余姚市泗门镇中心小学依照杨贤江的理论思想对于原有好的环境进行保留,对于不利发展的环境进行了改造,从而完善教师泛专业素养发展的环境建设,为此,学校从三方面努力实行。

第一,提供交流与分享的平台。学校为教师提供各种形式的交流与分享的机会,定期召开优秀教师经验分享传播会、举办各种学术报告会、课题研究报告、专题讨论、优秀教师公开课观摩等多种形式促进教师泛专业素养发展。为实现基于媒体技术的知识共享,学校搭建校园局域网,利用数据仓库、文件管理系统建立知识共享的数据库,为学校青年教师提供交流的空间和泛专业素养发展的虚拟平台。

第二,建设学习与共享的载体。杨贤江非常注重环境的熏陶对于青年的成长,他认为环境的熏陶能带给人的是精神和感情的充实,而优美的校园环境有利于陶冶师生的情操、启迪师生的智慧,良好的物质文化不仅能够给教师提供工作、学习、交流的空间,更能激发教师共享自身知识的态度、情绪和行为。学校建设或改善教师的工作环境,以提高教师交流的机会,建立"诚意"

教研活动室、书报室等,便于教师交流协作。构建学习、知识共享的视觉听觉文化,在办公室、教学楼和教室悬挂教师书画作品等,促进教师泛专业素养发展的成果共享。

第三,创建丰富与个性的资源。学习资源的易得性是学习化社会的前提条件,也是实现泛专业素养发展的必备条件。学校在购买学习资源的同时,充分调动青年教师的积极性,进行自主选购,经整理后形成的学习资源,供学习者选用。学校对购买或收集的学习资源实行分类管理,对于数字化资源,实现智能搜索功能,方便教师使用和学习。

3.建立教师泛专业素养发展实践模式

根据美国心理学家奥苏伯尔对有意义学习的基本的观点,教师泛专业素养发展就是一种有意义的学习。泗门镇中心小学主要从以下三方面着手建立。

第一,建立实践共同体模式。对于学习伙伴的选择杨贤江是很有远见卓识的,他认为应善用与同学共事的机会,选择情投意合、志趣相同,能够"为谋实际生活的改善"而"同心协力的干"的人,至于彼此间的学问能力及性格差异,可通过"互助"解决,互相取长补短,达到共同进步的目的。共同体指有着共同的愿景、目标、追求、理想、信念、价值观、志同道合的一群人,自愿形成的一种自下而上的非正式性团体。泗门镇中心小学从 2017 年 1 月就开始着手组建青年教师联谊会,后又根据教师自身爱好组建多个共同体(也称之为工作坊)(见图 7)。

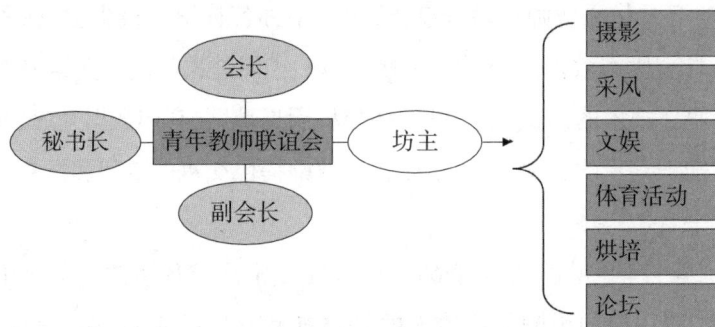

图 7　青年教师联谊会工作坊一览图

第二,建立"三位一体"阅读模式,即建构"自我"的阅读,捧着"情怀"的阅读和回归"生活"的阅读。泗门镇中心小学积极鼓励教师开展"自我阅读"。学校每学年安排专项资金用于教师购买书籍,让教师可以通过自主购买喜欢书籍的形式进行自我阅读。同时学校还向教师开放学校图书馆让教师尽情自我阅读,使教师在阅读中体会幸福和满足。在教师自主阅读的基础上,学校还会不定期组织"读书沙龙""青年教师论坛""泗小青青年说"等活动,教师们在这些活动中交流教育感想,细细品味读书所带来的智慧。

第三,建立一体化研究模式,就是教师要把教育教学、学习、研究有机结合起来,要突破时空的限制,还要打破研究的思维定势,不仅做规范性的课题研究,更多是基于对自身教育教学实践中的问题进行反思的实践性研究,进而打通各个部分之间封闭的系统,实现一体化。具体来说,一方面一体化研究模式是实现"场"内与"场"外研究的一体化。学校通过诚意课堂节、骨干带徒活动、青年教师课堂展示等活动让青年教师进行"场"内和"场"外的研究,通过这种方式有效促进了教师综合素养的提升(见图8)。另一方面,一体化研究模式是实现学生发展与课程建设的一体化(见图9)。教师的研究既要立足课堂这一主阵地,更要超越课堂,关照和学生发展相关的家庭、社区、社会。泗门镇中心小学音乐老师吴立光为了更好地进行合唱教学,他课外不断钻研,学校还多次支持他前往上海请教上海音乐学院的教授,到目前为止他的合唱课程在学校是首屈一指的,学生都抢着加入他的合唱队,所带合唱组多次在各级各类合唱活动中获奖。

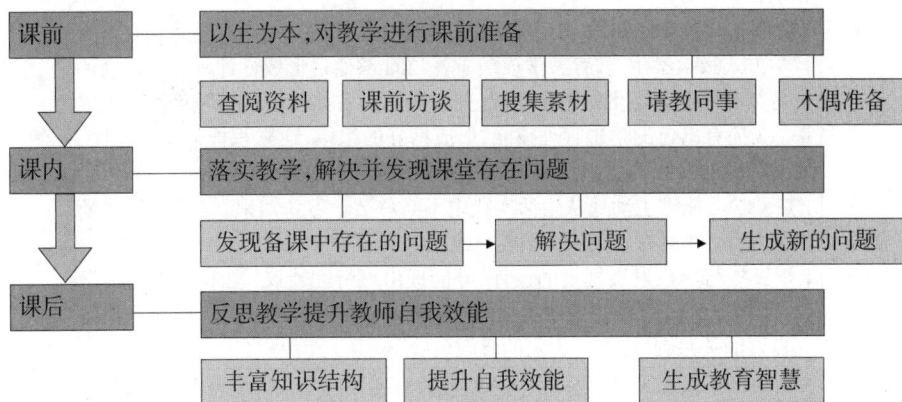

图8 一堂综合课"木偶摔跤"教师场内外研究一体化流程图

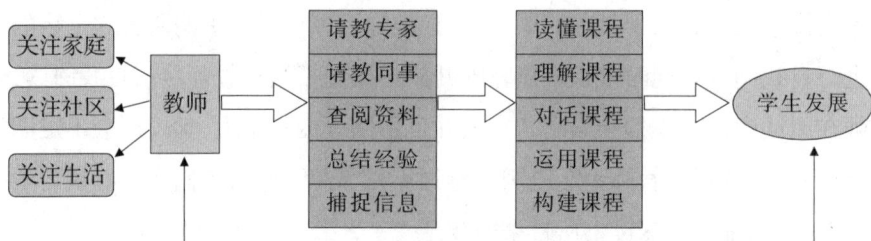

图9 学生发展与课程建设一体化流程图

4.建立教师泛专业素养发展评价制度

教师评价是指教育行政部门或学校依据一定的标准对教师的工作状态和工作成就做出全面判断和评定的过程。学校通过评价为教师发展提供科学的反馈信息。教师基于这个反馈信息,进行有针对性的反思、学习、改进,进而实现教师泛专业素养发展的发展性评价。建立教师发展性评价制度不仅能实现教师泛专业素养发展,还有利于学生的全面发展、学校教学质量的全面提高,进而推动整个民族教育质量的提高(见表9)。

表9 教师泛专业素养发展评价表

评价内容	评 价 标 准	评价等级
职业道德	1.爱心。2.上进。3.正直诚实。4.奉献/职业热情。5.公正。6.积极向上的健康心态。	
学科知识	1.正确掌握本学科的有关概念。2.灵活应用本学科的基本方法。3.了解本学科的动态和发展。4.熟悉本学科的基本体例。5.善于将学科知识和生活实际相结合。	
教学能力	1.有所教学科良好知识,并且能将这些知识通过精心计划、有趣而又有效的教学方式教给学生,教育教学成绩显著。2.能够通过形成性评价和总结性评价持续有效掌握学生的进步情况,并且采用有效和创新的措施巩固评价成果。3.拥有出色的学生管理技能,形成良好的纪律,建立积极的师生交往,体验积极的情感,赢得学生的尊敬,能够激励学生超越自己。	
文化涵养	1.热爱学习能够主动地从生活实践中不断总结学习新知识。2.了解和热爱祖国文化。3.具有较高的文明礼仪水平。	
参与和共事能力	1.积极参与学校发展规划的设计,并能提出可行性建议。2.积极参与本学科、所在教研组的发展规划及学校相关活动。3.与学生、家长、同事之间建立良好的关系,并能赢得大家的尊敬。	
反省与计划性	1.能制定并有效实施个人发展计划,并具有随环境变化的调整能力。2.制定并有效实施教学工作计划,以周、月、学期、学年计划为主。3.建立反思习惯,能以学生的实际学习情况因材施教,对症下药。	

余姚市泗门镇中心小学坚持以杨贤江"全人生指导"思想为指导,努力构建青年教师泛专业素养发展培养模式,并收获了一些成果。

第一,教师素养得以全面提升。泗门镇中心小学教师进行多渠道的泛专业素养学习,除本专业外很多教师都有一技之长,这大大提升了学校教师的综合素养。学校的不少教师走上了"自我更新型"发展的道路,不但在自己所任的学科中显露头角,并且通过自身泛专业素养发展而影响到了其他老师和学生,对他们的发展也起到了促进作用。如美术组谢烨老师,也是摄影爱好者,学校每一次的活动都有她的身影,她拍的照片连电视台记者都赞叹不已。此外,泛专业素养的发展也有助于教师专业化发展水平的提升。学校多名青年教师参加了浙江省特级教师带徒活动,有12名教师通过综合考评成为浙江省特级教师的徒弟,这在余姚市乃至于宁波市都是首屈一指的,青年教师参加各级各类业务比赛也有多人次获奖。

第二,促进了学生综合素养的全面发展。教师的多元化发展更好地促使学生多元发展。学生参加各级各类比赛活动,在这些活动的领奖台上总能看到泗门镇中心小学孩子的身影, 如参加浙江省教育系统舞蹈比赛获得浙江省一等奖,学校木偶摔跤队多次应电视台邀请前往各地进行汇报演出等。这些硕果的取得是学校学生多元发展的成果,这离不开学校教师的努力付出,离不开教师自身泛专业素养的发展。

第三,大力促进了学校发展,形成诚意、正心的教育品牌。泗门镇中心小学在大力发展教师泛专业素养的同时,要求以教师泛专业素养作为教学资源去影响学生,将教师的泛专业素养与课程结合,鼓励教师积极参与拓展课程开发,到目前为止多位教师开发出了彰显个性的34门拓展课程,其中部分课程已经被评为省市级精品课程。学校通过教师泛专业素养的发展以及后续产生的功效,学校各项指标皆位居余姚市小学前列。而这和杨贤江思想的引领是密不可分的,和学校诚心诚意进行教学、诚心诚意进行学习、诚心诚意进行泛专业素养的发展是密不可分的。因此,泗门镇中心小学结合"诚意、正心"的教学理念,提出树立"诚意、正心"的教育品牌。

第六章

杨贤江"全人生指导"思想在中学的实践

——以慈溪市杨贤江中学为例

在实践探索杨贤江"全人生指导"思想的当代意义方面，慈溪市杨贤江中学是中学系列尤其是普通高中的一个样板。浙江省慈溪市杨贤江中学，是浙江省一级重点中学，是由慈溪市属普通高中——贤江中学、庵东中学、坎墩中学融合而成的一所具有较大规模的新型学校。原三校分别坐落在慈溪市长河镇、庵东镇和坎墩街道。贤江中学于1981年与中心小学脱构成为初级中学，1998年增设高中部，1999年初高中分设，成为市属普通高中。庵东中学建校于1956年，1970年增设高中部，1993年成为市属普通高中。坎墩中学创建于1957年，1970年增设高中部，1978年起初中停招，1993年成为市属普通高中。

第一节　立足顶层设计，致力于"全人生指导"教育

在慈溪市杨贤江中学建校之初，盛世雄校长提出了"一年稳定，两年理顺，三年见成效，十年磨一剑"的办学方略。在四年多时间内学校就已经迈出了可喜的"三大步"：2003 年被评审为"浙江省三级重点中学"，2004 年被评审为"浙江省二级重点中学"，2006 年被评审为"浙江省一级重点中学"。杨贤江中学的发展为什么如此迅速呢？学校始终坚持践行杨贤江"全人生指导"思想是重要原因之一。

学校创建初期，杨贤江中学的领导班子就达成共识："杨贤江革命精神是我们这个家园的传家宝。弘扬杨贤江教育理论和教育思想是我们这个家园在与时俱进、谋求快速发展中取之不尽、用之不竭的力量源泉。杨贤江先烈的遗产是'国之瑰宝'，是我们杨贤江中学的灵魂。我们应珍视它、发展它，用以推动我们的教育事业。"[①]在这一共识的指导下，杨贤江中学成立了杨贤江教育思想研究所，开展杨贤江"全人生指导"教育思想的研究与实践探索。杨贤江中学秉承杨贤江教育思想，坚持对青年学生进行"全人生指导"，造就青年学生"完全之人格"，为国家培养更多的德智体美劳全面发展的社会主义接班人和建设者。

杨贤江"全人生指导"思想认为：对青少年学生进行全方位、多侧面的引领指导，内容包括学生理想、道德、身体、知识、艺术，乃至就业、婚姻、择友、生活习惯等都要全面关心，把青年培养成为"中国社会改进上适用的人才"。在此认识上，杨贤江中学以"比现在更好——改良并丰富人类的生活"为校训；以崇礼、尚学、乐群、有恒为校风；以爱国敬业、修身尚德、博学创新、授知育人为教风；以尊师、好学、静定、博精为学风。

杨贤江中学在把握教育的本质和时代精神发展的基础上，坚持不断创新，理清办学思路，制订育人原则和目标、教育和教学方法。教师在学校理念的引

---

① 沈百宗、张幸华、盛世雄：《前进中的杨贤江中学》，光明日报出版社 2005 年版，第4—5 页。

领下积极弘扬贤江精神,实践贤江精神,在教育教学实践中求革新、求进步,负起培养有改造能力、全面发展学生的责任。学生在教师指导下自主地、自觉地"学会做人、学会做事、学会做学问",以一个具有完善人格的人去获得人生的成功。学校、教师、学生一起共同践行,并在教育实践中,扎实开展"全人生指导"为学生终身发展奠定基础。2011年,全国杨贤江教育思想研究会指导下的"贤江班"提前招生,开展"全人生指导"校本化育人模式实验初探,培养红色革命后代和高素质人才,以实现"学杨,师杨,弘杨"宗旨。截至2019年,"贤江班"已经招生七届,毕业四届,均取得优良的效果,社会美誉度与日俱增。

第二节　培育校园文化,打造融合社会实践的贤江特色

杨贤江中学围绕杨贤江"造就完全之人格"的教育理念,通过杨贤江铜像、陈列馆、语录等载体,营造贤江校园风貌,融入师生。同时,整合和发挥校园资源,以杨贤江教育思想为引领,重点打造融合社会实践的贤江特色。

一、培育"全人生指导"校园文化

杨贤江中学通过营造"全人生指导"校园文化,让杨贤江的教育思想融入校园。学校在正门中央耸立起杨贤江的等身铜像,在图书馆开辟了"杨贤江生平事迹陈列室",在教学楼过道选贴了杨贤江的名言警句,在学生活动区建立了"杨贤江文化长廊"。杨贤江中学在加强校园"显性"文化建设的同时,也注重加强校园"隐性"文化建设。学校围绕"弘扬贤江精神,打造教育品牌"的办学宗旨,启动"学杨师杨"工程,号召全校师生依据杨贤江教育理论,讨论并制定学校的校训、校风、教风和学风。譬如,学校的校训"比现在更好——改良并丰富人类的生活",直接语出杨贤江的一段话:"我们求学的目的,是在改良并丰富人类(包括自己和人)的生活(包括理想、习惯、态度、好尚等等)。换句话说,是在获得普遍人群的幸福。"学校制定的崇礼、尚学、乐群、有恒校风,爱国敬业、修身尚德、博学创新、授知育人的教风和尊师、好学、静定、博精学风,就是根据杨贤

江立志有恒、勤奋好学、与时俱进、发现创新等至理名言和崇高品格,融合本地的优良文化传统与时代精神风貌,提炼概括而成。杨贤江中学培育的校园文化既有杨贤江"全人生指导"思想的内在精华,又具有慈溪人的"个性"特色,更适合当今时代的发展需要。

二、开展社会实践大课堂活动

杨贤江中学运用杨贤江"全人生指导"教育思想指导学校开展"社会实践大课堂"活动,力求打造融合社会实践的贤江特色。"社会实践大课堂"是学生以社会成员的身份,进入实际的社会情境,直接参与各种社会生活和社会活动领域,开展各种力所能及的社区服务性、公益性、体验性的学习,它以学生获取直接经验、发展实践能力、增强社会责任感为主要目标。

社会实践大课堂活动的开展旨在打破教室的束缚,拓展学生的学习空间,实现学生整体、和谐的发展。走进社会实践大课堂,能很好地满足学生参加内容丰富、形式多样的多资源类别的社会实践活动,有利于引导青少年学生了解历史,关注当代,树立正确的理想信念,养成良好的道德品质,提升科学人文素养,发展兴趣爱好,增强创新精神与实践能力,实现多元发展。

杨贤江认为,"全人生指导"旨在促进"人的全面发展",成为一个"圆满发达"的"完成的人",这种人应当具备四个方面的基本素质:"有强健的身体及精神,有工作的知识及技能,有服务人群的理想与才干,有丰富生活的好尚与习惯。"他指出,实践"全人生指导"的方针是:"第一,要有整个的圆满的人生活动;第二,学校课业要与心身要求及社会环境相适应;第三,教学两方要有共通的目标与统一的进行;第四,要打破课内与课外的区别;第五,要消除校内与校外的界限。"可见,"全人生指导"是一个系统工程,既指德、智、体、美、劳诸方面的全面教育,又指对青年的求学、就业、社交、恋爱、婚姻以及兴趣爱好、为人处世的全面指导;既指校内生活,又指校外生活;既对学生的今天负责,又对学生的明天负责,最终使青年学生身心和谐发展、健康成长,学会求知、学会做事、学会做人,以适应社会改进之需要,以期有一个"圆满发达"的人生。

可以说,杨贤江的全人生教育思想至今仍不失其现实意义和前瞻力量,并与当今开展的社会实践大课堂活动不谋而合。杨贤江中学在社会实践大课堂活动的推进过程中,坚持以杨贤江"全人生指导"教育思想为指导,精心规划,广挖资源,积极实践,探索出一条行之有效的实施之路,力求实现社会实践大课堂活动的实效化、校本化和常态化。

(一)强化领导,创新机制,夯实社会实践大课堂活动基础

为确保学生真正走出去,动起来,实现活动的实效化,杨贤江中学高度重视,校领导多次进行调研、探讨和组织规划。首先,学校强化组织领导,明确了责任分工:校长亲自抓,由政教处负责活动的安排、组织、协调等;教务处负责内容的筛选、汇总、课表安排等,总务处负责活动的物质保障。其次,学校规范制度建设,创新工作机制,建立起一系列配套的活动制度、活动流程和安全应急预案,确保活动有效开展。再次,学校重点加强了校内外指导教师队伍建设,逐步形成了以综合实践课程教师为主、全体教师参与的校内体制,此外还聘请宁波行知职高、杭州湾职高等学校的专业教师,慈溪市蔬菜开发有限公司、宁波大桥生态农庄的技术人员,慈溪交警、社区社工等协助活动组织、项目辅导等工作,完善了社会实践大课堂工作的师资网络。

社会实践大课堂活动不能仅仅停留在搞几次外出活动,杨贤江中学在建设过程中注重挖掘对学生的思想品德教育过程和社会教育内容,力求实现社会实践大课堂的常态化和长效化。为此,学校开展了以如何使大课堂活动更具实效为主题的研讨活动。在开展社会实践大课堂活动的过程中,杨贤江中学既关注学生在活动中的参与,也注重学生各项能力的提高,实现学生在走出校门参与社会活动的过程中学有所得、学有所获。

(二)挖掘资源,进入课程,保障社会实践大课堂持续实施

杨贤江中学为更好地持续推进社会实践大课堂活动,在与学校特色相结合的基础上必须撷取精华纳入校本课程体系,实现活动的校本化,规范、科学方能后劲十足。

一是整理资源,将部分活动纳入特色学校课程。在社会实践大课堂活动开展过程中,注意选取成效显著的资源和较为成熟的活动案例,提炼特色,二次开发,纳入学校课程。如学校的宁波精品校本课程《慈溪生态》,对学生进行生态

文明教育,让学生深入了解慈溪的生态环境、能源开发利用和可持续发展的方向。同时,有组织地开展社会实践大课堂活动,定期进行生态知识宣传、环境清理等活动,引导学生人人争当生态文明志愿者,营造健康优美的校园环境,创设浓郁的生态教育氛围,校园里柳色青青团花锦簇,教室布置得典雅大方,文明舒适,卫生整洁,学生置身于教室便有一种赏心悦目,神清气爽之感,在不知不觉中受到美的陶冶。

二是拓展课程,将学科教学延伸至社会课堂。在各学科的教学内容中,有许多适合学生课外继续研究探索的资源。学校组织教师充分挖掘这些信息形成"学科实践资料包",引导学生在大课堂实践活动中检验和运用小课堂所得。各任课教师针对所任学科的特点和学生的实际情况,进行有针对性的教学指导,使大课堂走进小课堂,再通过小课堂进一步践行大课堂,把优质的教育资源利用好。如学校艺术组组织开展的社会实践大课堂——《爱我中华 画我慈溪》主题美术课,在活动中充分展现了学生的良好的精神风貌,学生的写生作品完成的也很出色,在社会大课堂活动的基础上,将学生的写生作品制作成版画作品,获得很好效果。

学校用研究杨贤江"全人生指导"教育思想的成果,开发适合本校教育实际的校本课程,形成特色校本课程体系,构筑了新的育人平台,构建出学校特有的"校园环境熏陶——课堂楷模引导——班团主题体验——社会实践大课堂活动拓展"这样一个全景、立体式的情境教育新模式。特色校本课程——《楷模,杨贤江》的教学实践,从课内到课外,从教材到活动就形成了一个系统。育人模式的实践也从课堂走向校园、走向社会,"全人生指导"模式也渐趋成熟。

(三)注重实效,深度合作,形成社会大课堂常态体系

杨贤江中学在建立活动基地、规范活动内容的基础上,进一步确定了活动常态化的新目标,开始尝试与各类实践基地深度合作和常态发展的合作模式。

一是深度合作。为进一步发挥社会实践大课堂活动在学生成长成才中的积极作用,学校与奉化市滕头学生社会实践基地、杭州湾湿地公园、慈溪市中小学生素质教育实践基地等宁波市首批中小学生社会实践大课堂资源单位、宁波行知中等职业学校、慈溪技师学院等院校以及宁波方太厨具有限公司等企业签

订长期合作协议,共同探索开展合作型社会实践大课堂活动,充分利用地方资源,努力寻求社会支持,通过各种方式建立社会实践大课堂的基地与网络。

二是常态发展。将社团活动纳入综合课程管理体系,把学生社团建设纳入社会实践大课堂建设系列。社团以其有别于班级和课堂的组织形式实现了教师、学生、活动的有机整合,由社团自主聘请校外学者、专家,担任本社团导师,开展与学校的教育理念和学校实际相结合、与学校科研课题相结合、与学科教学相结合、与社会热点相结合、与学生的生活实际相结合、与传统节日、纪念日和民俗风情相结合的社会实践大课堂活动。学校的手绘社开展了校园井盖文化、墙壁文化创意大赛等。学雷锋日、成人节、清明节、教师节、中秋节、残疾人日、地球一小时等等,这些传统节日、纪念日更是生成了众多的社团实践大课堂活动主题。此外,学校还将社团的活动与实践基地有机结合,如书法社团到社区服务基地送春联;棋社、厨艺社团到敬老院送温暖、献爱心等。学校通过丰富多彩的社团活动既为学生自由全面发展提供了广阔的舞台,也推进了社会实践大课堂活动的常态发展。

第三节　造就完全人格,构建"3-3-6-1"课程体系

杨贤江中学秉承杨贤江教育思想,坚持对青年学生进行"全人生指导"教育思想指导,造就青年学生"完全之人格",努力构建"3-3-6-1"课程体系,形成"全人生指导"教育体系,提高办学水平,树立学校品牌形象。

一、整体提升课程设计,构建"3-3-6-1"课程体系

杨贤江中学通过学科渗透和专项课程,实现课程设计的整体提升。"3-3-6-1"课程体系(见图10),是在原有三级课程,即国家课程、地方课程、校本课程基础上,经过一系列统筹、整合、拓展、创新,形成以智能基础、意志品行、志趣专长三大领域为基础的学校课程体系,努力把学生培养成具有学习技能、科学视角、人文素养、责任意识、勇于创新、身心健康的全面发展而富有个性的人,实现

"造就完全之人格"的终极教育目标。

图10 杨贤江中学"3-3-6-1"课程体系

智能基础领域课程具体内容为开展语文、数学、英语等各学科国家必修课程,并突出校本化改造;开展各学科校本必修课程,及各类选修课程如必修拓展、学科实验、研究性学习等。意志品行领域课程具体内容包括国家必修课程如《体育与健康》等,校本必修课程如研学活动、成人礼、社会实践、生涯规划教育、心理健康教育等,各类选修课程如业余党校学习、体育节活动、寝室文化周活动和领导力课程等。志趣专长领域课程具体内容主要包括国家必修及校本化课程如信息技术等,各类选修课程如科技节、艺术节、生活技能及社团活动等。校园文化+特色活动包括通过杨贤江铜像、陈列馆、语录等载体,营造贤江校园风貌,融入师生。每年4月杨贤江先生之诞辰,分学段组织"拜杨、祭杨、学杨、师杨"活动。高三学生在校园内祭扫杨贤江先生铜像,学习杨贤江光辉事迹;高二学生到上海龙华烈士陵园祭拜杨贤江烈士墓;高一学生到长河杨贤江故居参观等。其中,特别要求贤江班学生撰写"杨贤江教育思想"专题研究小论文。

二、聚焦核心素养,促进学生全面发展

在教育部2014年印发的《关于全面深化课程改革落实立德树人根本任务的意见》中,首次提出"核心素养体系"概念。所谓"学生发展核心素养",是指学生应具备的,能够适应终身发展和社会发展需要的必备品格和关键能力,是关于学生知识、技能、情感、态度、价值观等多方面要求的综合表现,是每一名学生获得成功生活、适应个人终生发展和社会发展都需要的、不可或缺的共同素养,

其发展是一个持续终身的过程。

杨贤江主张的"全人生指导"教育的最终目的是通过培养现代人,适应社会改造,实现青年的"圆满的人生"。杨贤江"全人生指导"思想与推进学生核心素养在实践中的落实相契合。杨贤江中学以杨贤江教育思想为核心,以全人生教育理论为依据,以通才教育为目标,注重人文素养与科学素养培育相结合,明确学生应具备的适应终身发展和社会发展需要的必备品格和关键能力,突出强调个人修养、社会关爱、家国情怀,更加注重自主发展、合作参与、创新实践,传承学校个性,探索核心素养培育之路。

(一)推动学科使命建设,打造核心素养发展基地

杨贤江主张课程内容应随时代和环境的变化而更新。他说:"各科的内容,要与学生身心发达的程度及现代当地社会的需要为主。""课业的目的、内容、方法应随时代和环境的不同而有所不同。"他批判旧教育"视课程只是文字与书本,视求学只是听课与记诵……各学科的内容又都是陈旧不适实际的应用,是狭隘的、时代落后(应为落后时代)的课程"。他要求学校与各科教师"须有与时俱进的精神及世界的眼光","不要因袭旧习",他鼓励学生"努力吸收新知识,研究新文化"。

学科组是培养学生发展核心素养的关键执行者。杨贤江中学以课程改革为契机,一直在素质教育的探索和实践中前行,分步骤开展"学科价值——学科使命——学科基地"研讨活动,逐步建立基于学科组的学生发展基地,培养学生发展核心素养。

学校在各科课程标准基础上,推动各学科组从课程、课堂等角度拓展学科价值,满足学生发展需要。为此,学校开展了"聚焦课堂""达标课堂""精彩课堂""研究课堂""生命课堂""互联网+课堂"等多种课堂教学研究,体现了对课堂教学的问题解决和价值引领。在这样不断深化认识、再造认识氛围的浸染下,学生的认知结构也不断调整、内化,最终"成型"。

学校各学科教研组开展了学科使命研讨,在系统教育思想的指导下,不断挖掘学科价值,通过举办教研组专题研讨会等活动,在思想认识上达成普遍共识,确立正确的价值观与行为准则,形成各教研组的学科使命。实行开放式教

学,以课题研究、实验设计为主,聘请教授进课堂并担纲主讲,直接与学校"对接",力求拓展学生学习的深度和广度。语文、历史、政治、美术、音乐等学科相继推出了人文专题讲座。例如语文组的欧美文学精选系列:《被缚的普罗米修斯》与《被解放的普罗米修斯》《但丁泪洒佛罗伦萨》《莎士比亚与人文主义》;政治学科的《走进哲学的殿堂》《趣味逻辑》《学博弈》;美术组的《匠心构筑巧夺天工——建筑对比》《宗教故事在艺术中的巧妙运用》《时间维度内外——雕塑生命》。

在学科价值、学科使命建设的基础上,各学科组基于学科特点,建设学生发展基地。各学科组以课程建设作为学科基地建设的抓手,充分挖掘学科组老师的专业特长与潜力,做学生发展需要的优势智能导师,多渠道培养学生优势智能,助力学生发展。目前,学校的化学学科组、物理学科组、数学学科组、语文学科组、英语学科组、政治学科组均为慈溪市星级学科组,历史学科组已经是宁波市普通高中学科基地。

(二)打造多样化课程体系,整合学生核心素养资源

杨贤江主张学校应当开设"社会运动指导"课程,使青年学生掌握参与社会改造运动的方法,主张要按照现代社会对年轻一代的要求,全面开设德育、智育、体育、美育、劳动技术教育所需的各科课程,把学生培养成符合现代社会要求的、身心全面和谐发展的一代新人。他说:"中学的必修课是普通知识,是为将来学习和工作打基础的。"并认为中学十几门课或为工具的、或为基本的、或为增进常识的,效用很大,为发展身心起见都应学好。在技能上"要训练感官,要学习技术,要有生活的本领"。他希望教师培养学生"耳聪目明,说话清楚,思想灵活,动作敏捷,才能收到教育之效果"。他告诉学生:"要随时随地,利用观察力,研究力,并养成适应力。"另外,杨贤江还多次强调过美育、心理卫生教育和劳动技术教育在学校课程中的重要性。

课程是学生终身发展和核心素养的重要支撑。近年来,学校进一步围绕学生十项素质培养要求,明确学生创新素养提升的培养目标,优化并整合学校资源、社会资源、教师资源和学生资源,自 2011 年下半年,在慈溪市率先开设具有学校特色的自主选修课,开设《国家地理和旅游》《户外运动安全知识》《"十字绣"技

艺》《影视文学与欣赏》《壁画创作》《Dreamweaver 网页制作》《人体的营养与健康》《歌唱与作曲》等 100 多门选修课,并形成了科学兴趣类课程、艺体技能类课程、人文素养类课程、语言工具类课程、技术类课程、学科拓展类课程、体验感悟类课程、文化交流类课程等八类课程。学校为打造精品课程,制定了严格的课程开设、教材和讲义审核制度,并为开课老师建立"选修课档案材料袋"。目前在学校开设的选修课程中已有 60 多门课程被评为慈溪市精品课程,已成书的校本教材有《杨贤江一生》《杨贤江言论集萃》《楷模,杨贤江》等。全体学生选课满意度、学生和家长对教学的满意度、学生和家长对学校特色认同度均在 90%以上。

(三)系统规划创新人才培养,全面提升学生核心素养

杨贤江认为受教育者受教育的目的是"在学做人,在学做一个更有效能的人"。何谓创造新世界的人,杨贤江认为:第一要有坚强的身体,能够忍得辛苦,担得起责任;第二要有灵敏的头脑,能够应付随发的事项,解决疑难的问题;第三要有消闲的能力,能够利用空余的时间,丰富社交的趣味;第四要有文化的修养,能够浚发高尚的思想,增进想象的能力;第五要有劳动的习惯,能用自力取得一部分生活资料;第六要有社会的人格,能有力谋人群幸福,消除公众祸害的志愿。他指出,人皆可成才,抱着这种观念的青年,才是向人生正路上走的青年,只要他肯努力,将来就可以做个有用的人。

学校为了适应教育改革的需要,积极探索高中阶段对拔尖创新人才早期培养和普通学生创新素养培育的办学机制、课程的开发与设置、研究性学习的教学途径、学习管理与综合评价办法,在全校范围开展以培育学生的创新精神和创新能力中心的教改实验。学校以"贤江班"为实验载体,积极构建完整的方案,明确了凸显学生创新人格和创新能力的培养目标。杨贤江中学结合学校和学生特点,制定的培养目标以全面奠基为基础,重在培养学生的创新意识和人文素养,重在培养学生的良好思维和行为习惯,培育学生探索与发现的志趣和不断进取的精神,进而锻造并形成学生自主创造活动的内在动力,不断形成探究与发现的思维、行为习惯。学校力求使学生在教师引导下能够自主开展文化与人生、文化与社会、文化与国家等诸多方面的小课题研究,通过"小课题、大作用"的发挥,为培育学生的人文素养研究能力奠基。此外,学校还重视培育学生

良好的身心素质和高度的社会责任感,不断开拓学生的文化视野,力求使学生在人文素养方面有一定的知识水平和探索能力积淀。

(四)坚持实施自主发展模式,激发学生自主培育核心素养

杨贤江中学十分强调学生的"自动""自力""自学",杨贤江认为学生具有"自动""自力""自学"这一学习的共同特征,又有个性差异。学生"自动"就是主动学习、自愿学习、有兴趣地学习,学生"自动"离不开教师的"诱掖指导",教师应循循善诱、考察各学生的天性特长,然后通过学生的能力提升实现其学业的精进、个性的完善、人生的健康成长。

"每一个学生都是一个富有的矿藏",自主发展就是让学生在生命成长的每一个阶段都有认识自身潜能的机会。杨贤江中学设计了自我教育、自主管理、自我锻造、自创社团、自主研究的自主发展模式,给学生提供了立体多样的体验舞台。杨贤江中学将社会的运行机制引入校园,提供一种生活化的校园环境,让学生在自我锻造中不断提升素养。学校运动会、贤江韵文化艺术节等大型活动早已超出了其活动本身的范畴,已经成为学生施展才华的大舞台。学生在竞标、拉赞助等体验中不仅增强了对校园生活的浓厚兴趣,而且加强了社会责任感。

杨贤江中学始终认为要把学生个性发展的主动权和机会交给学生。所以,学校积极发挥社团的独特作用,支持学生自主创设了模拟联合国社、时政评论社、动漫社、电视台、创意社等40多个社团,社团管理从章程到组织机构、从活动方式到活动内容,都由学生自主研究确定。要求每位学生每学期要有一个兴趣或一项特长,至少参加一个社团或兴趣小组来丰富自己。本着"人人进社团,周周有活动,个个有特长"的原则,落实社团建设的"六定"操作要素:定时间、定地点、定人员、定任务、定目标、定导师。

学生核心素养的培养是一项系统工程,需要学校在培养机制、体制改革、教师素质、实践教育、教育国际化等方面进行创新与研究。杨贤江中学积极践行杨贤江"全人生指导"教育思想,遵循教育规律和人才成长规律,不断深化教育教学改革,创新教育教学方法,以把学生培养成"完成的人"为目标,使学生"有整个的、圆满的人生活动",构建一个富有"特色品牌"意味的"杨贤江精神+全人生指导"的学生核心素养培养的途径和模式。

第四节　实施"三联三落",促进生涯规划润泽整个人生

杨贤江中学开展生涯规划教育,始终坚持弘扬杨贤江的"全人生指导"教育思想,吸取精华,坚持原则,坚定方向。学校开展生涯规划教育活动的策略是"三联",即"师生联心,家校联盟,社校联动";做法是"三落",即"落心灵,落课程,落生活"。

一、师生联心,"九联工程"让生涯规划教育浸润式"三落"

师生联心,老师唯有关心,才会浸润学生心灵。建立学生生涯规划教育领导小组,用情育情,用爱传爱,终究点燃的是学生对真善美的向往。2016年,在新高考背景下杨贤江中学提出在2015级开展导师制试点。"导师"即引导、疏导、传导、开导、教导、指导、训导的老师。

(一)组建生涯规划"情感型"导师团队

杨贤江中学针对浙江省普通高中选择性课改,通过"7选"活动,让学生学会选择。"7选"即让学生选课、选班、选考、选专业、选高校、选职业、选人生之路。学生在面临选择的时候,如需要引导,就可以选择导师来指导,因此学校组建了生涯规划"情感型"导师团队,开展了师生联心的"九联工程"。

1.开展师生联心的"九联工程",让教师影响学生

师生联心,同跑一段路(跑操),同解一道题(解题),同上一堂课(上课),同阅一本书(读书),同唱一首歌(唱歌),同诵一首诗(社团),同扫一块地(劳动),同进一次村(服务),同写一份书(规划)。除了定时组织集中活动外,校园处处营造出"我与导师有约"的教育氛围。一条石凳,一次食堂午餐,一次路上偶遇等都可以成为师生交流的机遇,使人的个性得到自由自在的发展,为人生的价值服务。定制"成长导师"这一项精神劳动,让学生在广阔天空下茁壮成长,让生命创造更丰盛的价值。

2.开展师生联心的"九联工程",让学生影响学生

学校把传统的普通小组组建为"成长协作小组",学生自愿选择,自愿建组。一般 6 人一组,一个班 8 组左右。每组要有组长、组名称、组口号、组契约、组活动等温暖的组织文化建设。让学生去定制聘请"成长导师",以校内老师为主,也可选择部分家长以及优秀毕业生、社会各界热心人士担任。一名导师一般带 6 个学生,结对 1~2 个"成长协作小组"。推行情感教育,开展导师对话、同伴互助、良好班集体建设等活动。"成长导师"指导"成长协作小组"要落实六项行动计划,即谈心(每周一次)、家访(开学一个月内家访 1 次)、家长会、电访、周四打表扬电话、发表扬信息)、学业指导(学习方法与经验例谈、学习成绩曲线图分析、学习动机激发、课堂学习)、职业与人生指导、班会课(每月 1 次见面会)、社会实践(社团、集会、志愿服务)。

(二)明确生涯规划"任务型"课程菜单

杨贤江中学按照"生涯梦想——生涯角色——生涯精神——生涯选择——生涯管理"五个单元,以"职场故事—职场宝典—职场练兵—拓展材料—实践活动"五个模块,编写校本教材《高中生生涯规划》(见表 10)。每个年段,供弹性选择,模块组合。全年段共 24 节课,高一、高二、高三课时比例分别为 12:6:6。

情感型导师在具体的师生联心的"九联工程"中,可以开展系列项目活动。

活动一:组织第一批、第二批"我的微梦想"认领。全体学生集中开会,下发学生"志愿导师"需求表。把"我的微梦想"张贴在志愿驿站,让"志愿导师团"认领学生的"微梦想"。"志愿导师团"与认领结对学生开展互动。对学生的"微梦想"进行归类,多捕捉学生感人的闪光点,多发现教育故事。

活动二:组织校外导师社会实践。选择假日,组织学生、家长、"志愿导师"一起跟随钱海军劳模参与"千家万户"照明活动、户外登山活动。让学生学会关爱特殊群体,学会欣赏大自然。

活动三:组织跨年段、跨班级的学法及"选课"分享会。由"志愿导师"寻找跨年段、跨班级甚至优秀毕业生一起来分享学习方法,也可聘请优秀老师,给予试点班级学生以信心和勇气。

活动四:进步学生班级访问。选择试点班进步大的 9 名学生,组成三三制,

分别去16级新班级进行班级访问,由导师带队,学生宣讲,三人分别着眼于青春健康、自我管理、学法分享,同一时间,不同地点进行分享交流,轮流循环。

活动五:学生填写《生涯规划成长手册》。手册内设计"7个内容":高中愿景九宫格、生涯畅想、"学习、工作、生活、财务、家庭、朋友、技能、休闲"圆方规划、周计划、月小确幸、季末随笔、年度成就事件等。

表 10　高中生生涯规划教育课程内容体系

单元	主题	内容	活动单
第一单元	生涯梦想	1.兴趣—生涯快乐的伴侣	制订兴趣计划
		2.性格—适当的时候低个头	给未来的一封信
		3.能力—为自己创造新生活	"自我形象"设计
		4.价值观—祖国,我是您的一名公民	"父母亲的工作访问"
		5.理想—怀揣着梦想上路	我画我写我的梦
第二单元	生涯角色	6.职业探索—工作的意义	霍兰德职业测试
		7.职业体验—不给自己设限	职业兴趣岛旅游
		8.职业与专业—公司为什么请你	职场朋友圈
第三单元	生涯精神	9.大国工匠—挖掘人生财富	工匠故事会
		10.好习惯—伴你一生	记录习惯21天
		11.责任—教养在(书桌饭桌)上	为负责任的人找特点
		12.守法—生命的底线	校园模拟法庭
第四单元	生涯选择	13.新高考方案解读—选择的意义	"七选三"指导
		14.走进一所所大学—高校与专业	大学专业设置展览
		15.选课走班—我的课堂我设计	学长学习方法交流会
		16.做生涯规划书—懂得设计的珍贵	SWOT分析法
		17.马云成长启示录—人要有梦想	寻访生涯大使
		18.团队—团结就是力量	班级团队分析
第五单元	生涯管理	19.与高考并行的路—多元选择	修订生涯规划书
		20.高三学习心理与方法—向前冲	高三百日动员
		21.高三志愿模拟填报——试一试	网上模拟填报
		22."三位一体"演练——探路	面试技能切磋
		23.高考后志愿填报——上路	我的未来不是梦
		24.在大学——重新出发	给母校的一封信

二、家校联盟,"青春课堂"让生涯规划教育互助式"三落"

杨贤江先生认为家长教育很重要,青春期需要引导!"青春期中身体有激变,精神亦有激变。……所以不全是可以排斥,宁当有适宜的指导。……在教育上讲,青年期的指导万一贻误,这不但青年个人底不幸,实是社会全体要受影响的。"生涯规划教育离不开家庭的参与。家校联盟,"青春课堂"既有"青春健康"课程,又有"五一劳动"岗位。教育不但要爱孩子,更要为孩子的家庭带来希望和欢乐,家长与孩子一起参与生涯规划教育,开展一系列互助式活动。

(一)让生涯梦想拥有家长理解

2016年杨贤江中学对自愿报名的267名家长进行8节课的轮训,让孩子的父母通过参加家长培训能够倾听学生需求。杨贤江中学前期先对学生开展调研,发现学生对"学校应该对父母开设哪些课程?"这一问题的回答是给父母上"慢慢来"课、青春期课、心灵课、生殖健康课、交流沟通课、法律普及课,要通过培训告诉父母不要急,慢慢来,从容。为此,杨贤江中学确定的课程为:《爱的启蒙——建立良好的亲子关系》《爱的引导——倾听技巧分享》《爱的陪伴——发问技巧分享》《爱的守护——性病、艾滋病预防》《爱的支持——表达技巧分享》《爱的保障——法律导航》《爱的梦想——学业指导》《爱的同行——亲子互动》。每一期家长培训班学员借助读书会、《家长思维导图训练》等体验,让家长学会沟通之道。

1.建立家长班委会和家长党员服务小组,开展家长体验式"五回"活动

让家长走进班级"当一回学生",走进寝室"当一回生活导师",走进社会"当一回义工",走进大自然"当一回健身大师",走进孩子心田"当一回青春营养师"。三年高中各班安排四次"亲子"生涯规划教育主题班会课程(见表11),每班每次上课邀请家长不少于50%。

2.生涯规划教育主题班会课课堂方式追求民主与灵性

营造一个积极向上,充满了温暖、关爱和支持的氛围,赋予学生话语权。45分钟课堂由三部分组成,15分钟校园情境剧展示;15分钟头脑风暴思考如何解决问题;10分钟解决方法的讨论与确定;5分钟赞美时间,让大家相互表达赞美和感谢,这样有助于增强学生的自信,把班级打造成一个学习者共同体。

表 11 "亲子"生涯规划教育主题班会课程单

年段	主题	课程目标	活动项目
高一上	生涯面面观	1.启发学生对生涯的探索。 2.思考影响生涯发展因素。	1.暖身活动:猜猜我是谁 2.生涯十字路口,家长故事分享
高一下	价值观大拍卖	1.澄清学生职业的价值观。 2.协助学生分析生活形态。	1.暖身活动:Seven Up 2.价值观大拍卖,家长采访
高二	职业精神论谈	1.促进学生生涯多元发展。 2.协助学生深入了解自己。	1.暖身活动:三人行 2.职业精神论坛 3.听父母讲身边的"工匠"。
高三	预见,才能遇见	1.帮助学生评估自己。 2.让学生自我激励,给生涯规划加油。	1.暖身活动:《奔跑》体操 2.《生涯规划书》展示,亲子对话。

(二)让生涯角色根植家国情怀

生涯规划教育,不能忽视"劳动"意识的培养。生活靠劳动创造,人生也靠劳动创造。杨贤江先生指出:教育的定义应是社会所需要的劳动领域之一。自有人生,便有教育。因为自有人生,便有实际生活的需要。杨贤江中学积极践行杨贤江"劳动教育"思想,行动改变陋习,细节提升价值观,把企业"7S品质管理"理念引进学校。

家国情怀,在校如家,在家如校。好习惯,源于举手之劳,劳动创造价值。学校倡导学生养成"五一劳动习惯":回收好每一个餐盘,挂好每一把拖把,挂好每一把雨伞,排好每一把椅子,整理好每一个抽屉。自 2016 年 10 月起,杨贤江中学撤销 23 只垃圾桶,全面实行班级垃圾袋装化。学校发动师生共同参与设计"拖把架",按需设置,学生满意,设计才有意义。开辟出"拖把角",制作出 8 只不锈钢拖把架,把每班 2 把的 68 把拖把统一悬挂在拖把架上。同时,34 个教室外设置 34 个"雨伞架"。让每一件细小的物品,精准定位不越位。特别是针对普高学生桌面书籍繁多的特点,评选"7S品质管理"示范班,开展劳动委员现场体验日,教会学生整理自己的学习桌,做到课本、作业本、文具盒、试卷集、生活小品等杂而不乱,有序分类,定点定位,便于取用。此外,学生寝室也实行"7S品质管理"。学校把寝室内务管理分成四大篇,即床上物品整理篇、床单与枕头整理篇、室内地面清扫篇、物品摆放篇。让学生招标承包拍摄"寝室内务"图文宣传片,共拍摄出21个分解动作,让学生按照图文,学习训练。同时,把寝室竞赛与集体荣誉凝结,团队创优,让学生在规范生活习惯的同时不断培育思维品质、学习能力并实现世界观、人生观、价值观的提升。

三、社校联动,"整合教育"让生涯规划教育开放式"三落"

杨贤江先生曾说:"青年期要准备独立的生活。这件事也多靠学校教育的方法(如添设选修科),我们自己所当留意的吧,在选择适于个性的职业,养成独立生活的精神。"生涯规划教育的能力目标是培养学生搜集信息,自主抉择能力,提升生涯规划制订和调试能力,在选择过程中,提高学生选择和决策能力。杨贤江中学通过社校联动,"整合教育",向社会要力量,这是将生涯规划教育能力落入心灵、落实课程、落实生活的根本,实现学校开门办学和开放办学。

(一)共享生涯教育共同体

教育是帮助孩子规划未来,寻求幸福。杨贤江先生指出:"要实现伟大的人格,最重要不可缺的武器,就是活动,就是创造。"杨贤江中学推出生涯规划教育体验单系列活动,唤醒学生生涯意识,培养学生选择和决策能力,共享生涯教育共同体。

提倡整合教育,将美好引入生活。如设计"信仰的力量——志愿服务分享会"项目。杨贤江中学邀请全国劳模、最美慈善人、感动人物、优秀毕业生以及团市委、关工委、检察院未成年人检察科等人员同坐一舞台,与学生面对面分享。这个项目共设立六个工作组。第一组采访组,组织现场分享会。第二组艺术组,进老人公寓体验,为老年人唱歌、跳舞、朗诵、拍照。第三组保养组,为老年人理发、洗脚、推拿、捶背。第四组清洁组,运用"断舍离"生活方式理念,做好敬老院7S清洁行动,修理物品。阐述如何节约能源,做好卫生保洁?第五组心理组,陪老年人,陪笑脸、陪聊天、陪讲故事,甚至还可让学生与社区干部一起走进居民家开展"圆桌访谈""千灯万户"体验活动。第六组编辑组,搜集活动材料,在文学社《北斗》结集报道。

杨贤江中学通过社校联动搭建生涯规划育人平台,促进学生相互帮助,相互勉励,人人向上、向好、向善,并在坚持中形成良好习惯,久而久之,形成信念,久久为功,形成素养。

（二）打造"SMC"生涯使者团队

生涯规划教育是自我教育。杨贤江先生说:"准备独立的生活。这件事也多靠学校教育的方法,我们自己所当留意的,在选择适于个性的职业,养成独立生活的精神。"学生通过自我管理,能正确认识与评估自我;依据自身个性和潜质选择适合的发展。

杨贤江中学"SMC"学生自主管理队伍是"生涯使者"团队,作为学生榜样,以自信引领生涯规划的风尚。"SMC"既是"校管会"缩写 school management committee;又代表"微笑促成合作"的服务理念(smile 微笑、model 模范、cooperation 合作)。

学校不但组织"SMC"生涯使者团队每周四晚上一小时的拓展课程学习(见表12),让"读书人"提前遇见"社会人""职业人""成功人",了解职业气质、职业素养、职业精神,给真我的学习之旅一面旗帜、一个梦想,而且鼓励"SMC"学生干部带领校园社团开展"四季沐歌"活动,如春季的诗歌,传播文化诵读的经典之声;夏季的军歌,传承爱国主义精神感召下的励志之声;秋季的红歌,传达当年度红遍全球的时尚之声;冬季的欢歌,传递辞旧迎新的希望之声。

表 12　慈溪市杨贤江中学"SMC"生涯使者拓展课程单

序号	课程名称	课程目标	社会 职业人 上课	实践基地
1	生涯规划	快乐的学习之旅	方太集团胡学时	读书会
2	职业访查	让敬业变成服务习惯	耐吉集团陈志校	学管会
3	沟通技巧	与同伴建立优质关系	青禾俱乐部徐旭利	家长沙龙
4	认识自我	我的价值观	爱心使者龚学敏	生涯课堂
5	人际关系	社交安全技能	检察官陈妍	红十字驿站
6	艺术语言	发现生活中的美	"发绣"艺术陈宁利	贤江剧场
7	社交礼仪	由内而外气质修炼	孤儿奶奶吴云章	社区活动
8	情绪管理	控制好情绪	阳明集团胡金泉	春来茶歇
9	时间管理	省时之道全在挤	全国劳模钱海军	创业园参观
10	团队合作	合作与多赢	慈善大使姚云珠	职业体验日

　　杨贤江中学生涯规划教育活动的实践开展证明了以杨贤江"全人生指导"教育思想为引领的生涯规划教育,有坚实的土壤,有坚定的信念,能够润泽学生们整个人生。近两年来,学校已开展师生联心活动 315 人次,家长培训参与人数 6 期 267 人,学生干部 SMC 培训 4 期 215 人,学生联心满意率96%,家校联盟满意度 98%,学生选课一次选定率 92%,学生市级比赛获奖率上升 25%,心理安全零事故。学校办学的美誉度也在不断提升。

第七章

杨贤江"全人生指导"思想在大学的实践

——以天津工业大学为例

杨贤江"全人生指导"思想以指导学生过健康的生活、劳动的生活、文化的生活和公民的生活为基本内容，涵盖了德、智、体、美、劳等各个方面，体现了知、情、意、行等不同的维度，最终目标是实现学生个体的全面发展。这与我国高校"培养德智体美劳全面发展的社会主义建设者和接班人"的根本育人目标是相一致的，也对当前进行思想政治理论课考试评价方式改革具有重要的启示。天津工业大学马克思主义学院以考试评价方式改革为切入点，借鉴吸收杨贤江"全人生指导"思想中对青年学生培养的内容，结合当代青年学生思想政治理论课学习实际情况，通过"知识、能力、情感、行为"四个维度的内容考核，形成了"网络考核、实践考核、课堂考核、行为考核"的"四位一体"的考核体系，充分体现考核方式的过程性、开放性、立体性与激励性。天津工业大学在思想政治理论课考试考核办法改革的理论建构与实践方面进行的一系列探索，是杨贤江"全人生指导"思想在大学中的成功实践。

第一节 借鉴"全人生指导"思想 建构高校思政课考试评价理论体系

杨贤江"全人生指导"思想以青年学生为教育对象,以树立青年学生正确的人生观为核心内容,通过采取不同的方法,培养青年学生"完全人格"的德、智、体、美、劳等核心素养,最终实现其自身的全面发展。天津工业大学马克思主义学院通过深入挖掘"全人生指导"思想的当代价值,得到"全人生指导"思想对建构高校思想政治理论课考试评价理论体系的启示。通过以"全人生指导"思想作为理论支撑,围绕学生的心理特点、理论与语境的"耦合性"、情感与话语的"粘合性"以及当代与历史情境的"同构性",创新形成了高校思想政治理论课"四维"考试考核模式。

一、创新高校思想政治理论课考试考核机制必须遵循教育基本规律

如何创新考试考核方法以达成高校思想政治理论课设定的"融汇于心"的目标,这是值得认真探讨的问题。众所周知,目前高校思想政治理论课主要涉及基本原理、道德法律、历史常识、政治理论与时事政治等内容。其中,原理类内容锻炼学生的抽象思维能力,道德法律类内容熔铸学生的交往行为原则,历史与政治类常识要求学生们准确记忆,而政治理论类内容则要求学生们能够从具体的历史语境中理解特定时期党的路线方针政策的特殊性,同时还能从这些政策具有的一般特性中,准确判断当前政治路径的出发点。可见,高校思想政治理论课内容较为复杂,这就要求考试考核机制的创新必须遵循教育的基本规律,才能事半功倍。

1.尊重学生的心理特点是养成抽象思维的关键

杨贤江要求教育者要正确地认识到学生青年时期出现的诸多问题,重视青年学生的教育。杨贤江认为,青年时期(或青年期)即人的"第二诞生期",这一

时期也是"人生的第二危险期"。这一时期内,人的心理特性和生理结构两方面都会有极急剧而且极远大的变化,对于绝大多数学生来说,由于其年龄阶段还不具备实现将语言从其所牵涉的对象自身中剥离出来的能力,他们大多将原理视为一种从具体对象物中归纳概括出的一般抽象特征,视为一种对包含事实的语言的概括能力。这就导致其在遇到怀疑主义或经验主义的方法论原则时,时常因为无法克服自身所流露出的语言的贫乏性与时空的差异性而成为上述两种哲学思潮的俘虏。产生这类问题根本原因在于青年学生社会阅历的匮乏。因此,只有回到丰富的社会实践中才能解决上述问题;只有从人的交往过程中存在的对立入手,才能从丰富生动的社会事实中体会到存在于其中的一般关系;只有从青年学生的社会实践入手,才能使他们真正地领会基本原理的精髓,这是培养抽象思维的关键,也是"着重运用辩证法来分析看待人的活动的矛盾性,引导人们正确地看待自身以及活动中出现的问题"的应有之义。

2.把握理论与语境的"耦合性"是掌握"历史智识"的关键

近代史与马克思主义中国化理论课教学在高校思想政治理论课体系中占有十分重要的地位。它所追求的目标是:阐释历史事件务必一致,复述历史事实务必准确。在教学中,只有让学习者感受到历史中那些曾经出现的形象正在与他们"同行",历史的丰富性才能在具体人的实践活动中生动地展现出来,以使理论重新回到产生它的语境之中。当然,既然这种实践是牵涉历史的,它就必须在凝缩的时空范围——舞台内展开,这就使人的实践能够跨越时间去实现理论与"现实"之间的统一。

3.提升情感与话语的"粘合性"是内化于心的关键

情感是维持人的心理活动稳定性的关键环节,它可以通过人在实践活动中形成的正面与负面情绪制约人们的动机。在这个过程中,人必须借助不断重复回忆特定的对象才能使情感不断地产生,以使其成为当下的体验。而人们的观念则充当了捕捉对象的中介,不仅为对象编码储存的过程,也为快速地提取对象提供了便捷途径。在思想政治理论课教学过程中,学生的情感体验将在很大程度上决定课堂讲授的内容能否真正为学生们所接受。因此,这就有必要重新设计考试考核的范围,打破"以卷定考,以文代思,以阅代查"的思路,通过重新设计授课的具体情境，将理论教学活动从以往僵化的课堂教学中拯救出来，以使之能够真正地"动"起来。从实践入手，提升情感与话语的粘合性，才能使教学内容能够真正内化于心。

4.掌握当代与历史情境的"同构性"是活用马克思主义的关键

马克思主义是一种活的话语体系，预告了通往新世界的可能性，包含着不断革新人类社会组织与改变自然界的创新精神，并且，在它看来，这是贯穿全部人类历史活动的一条主要线索，从而也就要求在教学活动中贯穿这种历史感。这就要求在思想政治理论课的教学中，要让学生自己主动地去介入马克思主义牵涉的基本问题，在分析对象的过程中领会其涉及的结构域，不断地发现并填补自身在解决问题时产生的理论盲点，才能真正地成为用马克思主义理论武装头脑的新时代青年。

鉴于马克思主义理论教育所应遵循的"实践"特征中包含着"知"的现实化、"能"的操作化、"情"的场境化和"行"的具体化，这就有必要打破现有思想政治理论课考试考核中以"知"的考核取代一切的倾向，构建"四维"综合考试考核模式，以更为具体的内容完善相关细节标准。

二、高校思想政治理论课"四维"考试考核模式的内涵

所谓"四维"考试考核模式就是要打破单纯以复述或组织学习内容为测评对象的量化监测体系，从智识、能力、情感与行为四个层面重新设计考试考核内容模块，增加不可量化内容的比重，凸显思想政治课的实践维度。为此，"智识维度"针对青年学生解读问题时采用的"关键词"靶向索引模式的思维特点，及语境与教学内容疏离的问题，要求提升课程的语境植入能力，以思维对象的"实在化"训练组织"实在化"对象的思维能力，通过扩展学生思维过程的牵涉因素量，实现与理论内容的契合，逐步提升学生准确掌握理论的能力；"能力维度"针对青年学生处理问题时表现出的理论与对象之间粘合度不高的问题，以时间序列为划分依据，设计难易度梯度合理的题目，从个人的现实问题入手逆向化追溯历史问题，逐步提高学生分析解决问题的能力；"情感维度"针对青年学生因"语境"空缺造成的体验"空白"问题，采用情景再现与角色再现相结合的办法，

按照社会主义核心价值观的尺度塑造学生情感体验的触发模式,锐化学生的情感触媒,以增强其自觉抵制非马克思主义世界观的能力;"行为维度"针对青年学生因忽视实践而产生的"可能性"回答式的问题,采用"问题设定"与自由探索相结合的方式,通过个人实践过程中正反两方面的经验,提升学生总结实践经验的能力,夯实其思维的真理性,增强其运用马克思主义基本原理解决问题的效果。

为增强高校思想政治课考试考核的针对性与实效性,适应时代变革对高校思想政治理论课的新要求,要在遵循青年思维与实践规律的基础上,围绕思维训练、能力考核、情景参与、实践考察等四个方面重新设计现有考试考核方法。

首先,要注重理论应用的时代感,强化对学生运用马克思主义理论分析问题能力的考察。由于专业课程压力较大,青年学生在课程学习时间分配上倾向于专业课程或与其相关的基础课程,对思想政治课关注度不高。为此,要关注当代自然科学与社会科学的最新进展,将马克思主义理论的分析框架融入学生的日常学习内容,采用师生间互动解析问题的方式,展现学生思维型与马克思主义理论型的差异,通过问题启发与学生组织材料能力的考试考核,实现思维范式的转变。

其次,要注重理论应用的历史感,考核青年学生回溯历史分析现实问题的能力。由于涉世未深、历史知识贫乏等原因,青年学生在面对世界社会主义运动历史,特别是我国社会主义运动时,往往会从自己生活时代的价值观或生活事实出发,评判不同历史时期人们的具体行为。这种解构历史的做法不仅破坏了历史事件的完整性,也忽视了特殊历史时期人们在认识方面的局限性。考虑到解释历史问题要比解释现代问题容易得多的特点,要采用问题式解析与场景式搭建的思路,从简单问题的解决方案入手,采用历史元素"再现"与模块设计相结合的方案,从历史语境中着眼个体生活与社会整体之间的关系,考核学生从微观到宏观的联结能力。

再次,要注重理论应用的生活感,考核学生运用马克思主义理论剖析自身处境的能力。针对青年学生容易迷失生活方向的现状,一方面,要在教学环节中,紧密围绕不同类型学生的学习、生活和就业等具体实践,精选案例,让学生在具象的案例中把握抽象理论;另一方面,要结合对学生性格特点、生活环境等分类的结果,采用菜单式实践教学方式,引导学生把马克思主义理论内化为分析问题、解决问题的能力,外化为学生日常行为的规范准则,实现学生对马克思主义理论运用的实践认同。

三、高校思想政治理论课"四维"考试考核模式的建构

高校思想政治理论课的"四维"评价体系就是要重点评估青年学生运用马克思主义理论的能力,重点培养青年学生的综合素质与创新能力,将以往只注重考试的做法转变为考试与考核并举,即注重评分测评与师生或学生间互动过程评价的结合。该考试考核方式的优势在于突破以个人表现程度的累加衡量整体教学效果的做法,通过评估学生间与师生间的交互影响效果,建立思想政治理论课教学影响的长效机制。它的建构方式包含以下四个方面:

1.创新考试考核模式

利用师生在课堂教学、网络教学、实践教学过程的互动优势,构建以课堂教学为主干,以实践考察、网络回答为两翼的"1+2"一体化考试考核模式,充分发挥"1+1+1"大于3的结构化优势,提升考核的实效性。课堂教学以历史问题、社会热点问题与学生实际问题为导向,考核学生复述教师解析问题思路的能力,注重对学生课堂表现的考核。网络教学以学生自主组织各类材料为导向,设置网络互动平台,采用以"互动板块"设置不同领域问题的方法,按照经济、文化、政治等领域的区分,考核学生解析问题的能力;实践教学则以"知行合一"为导向,将思想政治理论课实践活动延伸至青年学生社会实践活动、青年学生相关社团活动之中,在指导教师、活动安排等方面统筹规划,打通实践能力的"内部"通道,实现学生对马克思主义理论的认同,从而实现考试过程的全覆盖。

2.形成师生互动性考核评估办法

要以充分发挥教师和学生两个主体的积极性为原则,采用师生"一对一"专门考核,或思维分型的考核方法。在课堂教学中运用专题式、研究式、情景式等授课材料,邀请青年学生进行专门解读;此外,还要不断完善"我来讲一课""画说原理""光影留思""成长痕迹"等"个性化菜单式"考核定制模式,制定思维形

式转变的专门评估方案,充分展现青年学生思维过程,并积极运用现代化教学手段,如慕课、网络教学等,定型学生已经习得的思维模式。

3.鼓励青年学生参与马克思主义理论应用创新团队的考核设计

要创建马克思主义理论应用研究平台,广泛吸纳不同学科的青年学生参与马克思主义理论实践研究活动。同时,还要整合校内外的师资力量,制定具有吸引力、难度梯度合理的项目化运作机制,引导青年学生参与理论研读与应用研究。要结合青年学生感兴趣的社会热点与难点问题,培育"调—研—行"三层次协作机制,使青年学生能够在参与项目研究的同时提高自己的理论水平,增强其对马克思主义的理论认同,并主动向周围的人讲解自己的研究成果。

4.深化行为评价方式改革

突出行为考核,将思想政治理论课行为考核与学生日常思想政治教育活动连接起来,建立学生思想政治行为综合考核体系,确立思想政治理论课教师和学生管理工作者"双师"考核主体,合理设计考核方式,建设网络考试系统,强化过程考核与反馈,引导学生"以知导行,因行进知,知行合一"。要让青年学生积极参与社会实践的考核设计。积极开辟各类爱国主义教育基地与青年学生实践基地,鼓励青年学生利用寒暑假时间赴爱国主义教育基地进行实地考察,撰写调研报告。要完善异地客座教授的制度设计,鼓励青年学生在进行实践调查的同时,聆听调查地点的马克思主义理论者的讲座,领会马克思主义理论在不同地区的"本土"属性。而后,由指导教师辅导学生完善调研报告,并在学校范围内为他们开辟报告场所,向全体青年学生进行学术报告,以此带动周围的一批人参与到"知中国"的行列中。

第二节　借鉴"全人生指导"思想
进行高校思政课考试评价体系实践探索

高校思想政治理论课建设是一个复杂系统,涉及教学目标、教学内容、教学模式、教学方法、考核办法、教学评估、师资队伍等诸多方面。而学生成绩考核评价是其中最重要的环节,具有导向、调节、规范、激励等重要功能。传统考核办法存在诸多问题,如考试内容重复述,轻理解;考试评价重结果,轻过程;考试范围重书本,轻实践;考试形式重课堂,轻行为。这严重制约了考试环节引导、鞭策等功能的发挥,导致高校思想政治理论课针对性和实效性欠佳。而杨贤江"全人生指导思想"的以青年学生为教育对象,以培养全面发展的学生为教育目标,以指导学生过健康的生活、劳动的生活、文化的生活和公民的生活为教育内容,采取实践教育、个别接触、团体训练、自我教育等教育方法,为当前高校思想政治理论课考试评价体系实践探索提供了丰富的资源。天津工业大学正是借鉴杨贤江"全人生指导"思想进行了高校思想政治理论课考试评价体系实践探索,并且取得了一定成效。

一、思想政治理论课考核评价方式改革坚持"四统一"原则

杨贤江认为为学校教育应该把讲修养与劳动实际结合起来,知识和技能二者必不可少,青年学生既要学会灵活的知识,也要学会灵活的技能。杨贤江正确地把理论与实践结合起来,避免了过去学校教育中理论与实践脱节,只注重理论而忽视实践的不良现象,揭示了实践对于青年学生的重要意义,也是对学校教育理念和教育方式的一次革新。天津工业大学马克思主义学院吸收"全人生"指导思想的学生实践观,以提升思想政治理论课实效性为目标,坚持以考核评价方式改革为核心,突出问题意识,统筹规划,突出实践考核,坚持"四统一"原则。

1.坚持知识性考试和素质性考核统一原则

摒弃传统的唯知识考试思维,解决考试与考核剥离的问题。坚持素质教育理念,在考查基础性知识的同时,更加注重对学生理论素养、情感态度、价值观念、行为表现等方面的评估和考核。通过考核内容生活化、考核形式多样化、考核过程全程化、考核评价综合化,我校实现了从单一考试到综合考核的升级。

2.坚持考核目标和教育目标统一原则

摒弃传统的末端检验的思维,解决考试与教学过程分离的问题。在以往的教学实践中,考试只用于检验教学成效,被置于整个教学过程的末端,不能有效

发挥其反馈、引导作用。我校坚持目标导向理念,根据思想政治理论课课程立德树人的根本目标,准确定位四门课程考核评价目标。紧紧围绕考核目标处理课程重难点、恰当选用教学方法等开展教学活动,将考核融入教学过程中,实现了考试和教学的目标同向而行。

3.坚持考核内容和自觉学习导向统一原则

摒弃传统的应试思维,解决考试与学习错位的问题。坚持教师主导地位和学生主体地位的理念,把考试和学习有效对接,根据考核目标设置考核内容,围绕考核内容设置学生自主学习内容,注重开放性、实践性、突出学生创新性思维的养成,以此激发学生学习的自觉性、积极性,实现了考试和学习深度贯通。

4.坚持考试改革和课程综合建设统一原则

摒弃传统单一考试改革思维,解决考试改革和课程建设脱节的问题。坚持系统思维理念,把考核评价方式改革纳入思想政治理论课课程建设之中,以考试的目标定位机制、标准制定机制、结果检验机制、效果激励机制等方面改革为牵引,带动思想政治理论课的教学模式、教学内容、教学方法、教学研究、话语转换等方面改革,实现了局部改革和整体建设融合。

二、思想政治理论课考核评价方式改革的"四构建"举措

天津工业大学依托"课堂、实践、网络"的"1+1+1"教学立体架构,构建"四维一体"与"四位一体"的综合考核评价体系,运用现代技术手段,通过"全程融入"过程性考核评价方式,推进思想政治理论课整体改革,提升针对性和实效性。

1.构建了"协同联动"考核主体

我校摒弃传统"小思政"思维,全面落实"大思政"的要求,整合资源,协同联动,形成多元考核主体。我校由马克思主义学院牵头,各部门齐抓共管,初步形成了以任课教师考核为主,以辅导员、学工部、学生、家长、社会评价为辅的多元考核主体的体制和机制。

2.构建了"四维一体"考核维度

杨贤江注重对学生文化生活的培养,提倡学生发扬个性,要求提高学生自

学能力,重视学生文艺教育为对学生进行多维度考核提供了参考。天津工业大学摒弃"唯考分论英雄"的传统思维,围绕学生全面发展,建立起增进知识、培养能力、培育情感、践行价值的考核维度。"知识考核维度"着眼于提高学生对马克思主义基本理论的认知和理解;"能力考核维度"着眼于增强学生运用马克思主义理论分析、解决问题的能力;"情感态度考核维度"着眼于培养学生对马克思主义理论及其蕴含价值的情感认同、自信态度和正确价值观;"行为考核维度"着眼于引导学生将所学理论内化于心,外化于行,以所学理论规约自己的行为。"知能情行"层级递进又相互融合,知识考核是基础,能力考核是主体,情感考核是核心,行为考核是归宿,引导学生形成对马克思主义理论的理论认同、情感认同、价值认同、实践认同,形成综合考核维度。

3.构建了"四位一体"的考核体系

我校改革传统的单一课堂考试方式,初步形成了线上线下、课内课外、校内校外多层次的"网络考核、实践考核、课堂考核、行为考核"的体系。网络考核,以网络主客观题测试为主,侧重评估学生对马克思主义基本知识的掌握程度;实践考核,以学生的实践教学成果考核为主,侧重评估学生的理论运用能力;课堂考核,以学生的课堂表现考核为主,侧重评估学生的情感态度;行为考核,以学生的社会实践活动、志愿者活动、社团活动和日常行为表现等考核为主,侧重评估学生内化理论、践行价值的状况。

4.构建了"全程融入"的过程性考核方式

我校改革传统"一考定成绩"的终结性考试形式,建立过程性动态考核方式,全程分阶段多次考核,使考核真正成为教学的内在环节,形成考、教、学互动共进。过程性考核形成了学生全程参与学习的倒逼机制,彻底改变了学生期末突击应考的状况;形成了教师教学效果及时反馈机制,教师能够根据过程性考核结果全程掌握教与学情况,及时发现问题,及时解决问题,实现教学过程的全程优化调适,彻底改变了有考试无反馈的状况。

第三节　思政课考核评价方式
实践探索成效与经验总结

近年来,一直是"考试方法改革牵动着教师的心",教师们不断的改革探索、实践创新、总结经验,培养出了一支高素质有"战斗力"的师资团队,发表了大量的高质量的论文,开拓研究了多项课题,形成了教学品牌。

一、考核评价方式改革带动了大学思想政治理论课的整体教学改革

(一)深化了教学研究提高了教学实效性

多年的考核评价方式改革实践探索,以点带面,实现以考试改革带动整体教学改革的目的。发挥思想政治理论课所特有的育人功能为着眼点,坚持育人为本,德育为先,从课程的特点和实际出发,推动思想政治理论课向学生"真心喜爱、终身受益"的目标发展,让学生做到学而信(坚定理想信念、筑牢精神支柱)、学而用(坚持问题导向)、学而行(内化于心、外化于行)。

找准了改革切入点:由于考试是教学过程中获得教学反馈信息的重要途径,是检测教学质量的必要形式,也是评价学生是否达到培养目标的手段,所以改革切入点从传统的"千人一卷,千人一面"的考核方式向以理论思维的提升、能力的培养为目的的考核方式转变,打破"一张试卷定成绩"的传统考试模式;着眼于提高学生对马克思主义基本理论认知和思考能力,设置了"知识考核维度";着眼于提高学生对理论知识的实践运用能力,设置了"能力考核维度";着眼于提高学生的学习态度和认同感,设置了"态度考核维度"。打破"课堂沉默",注重能力考核、过程考查,让课堂充满活力,激发了学生的学习兴趣和学习主动性,有利于加深学生对已有理论知识的认识、理解和运用。

(二)推动教学方法创新

实施教学方法创新工程,积极探索教学方法改革,提高教学艺术,重点实现

"3个转变",充分调动教师、学生两个主体的积极性、主动性、创造性。

一是将现代教育技术和传统教育模式结合,增强课程的亲和力。改变传统课程"重老师讲、轻学生听"的现状,针对当前学生特点,健全微课、翻转课堂、情景教学为主体的教育技术体系,把扁平化课程转化成立体化情景,使学生主动融进课程,实现课程设计从平面化到立体化的转变。其中,利用现代多媒体信息技术,建设多素材同步融合展示、全景再现教学内容的情景教室,创设生动逼真、情景交融、身临其境的虚拟氛围,开展情景教学尝试,是学院教学方法的重要创新。

二是将教师课堂教学和学生课后学习结合,提升教学的引导力。改变传统教学"重课堂灌、轻课下导"的现状,建构全时空课堂,利用微信、手机APP等网络平台将课堂教学延展至课下,引导学生课下进行探究式学习,实现教师教学从课堂灌到课下引的转变。

三是将教师教学模式和学生行为规范结合,突出学习的实用性。改变传统学习"重理论,轻实践"的现状,构建体验式、行走式课堂,建立边学、边知、边用的学习机制,帮助学生树立正确的"三观",规约自身行为,实现学生学习从被动学到主动用的转变。

(三)建构教学模式

建立"1+1+1"即课堂教学、网络教学、实践教学一体化教学模式。

课堂教学,"三题合一",完善专题教学。收集学生关注的热点问题、社会现实的焦点问题和教学内容中的重点难点问题,寻找结合点提炼"问题";将"问题"整合为教学研究的"课题",经过科学研究、集体备课,归纳出课程教学"专题"。"三题合一"以教学与科研有机互动为基础,凝练而成教学专题,以问题为线索,以教材为基本遵循,有针对性地精讲、深讲,在释疑解惑中吸引学生的"眼",契合了学生的"味",赢得学生的"心"。

网络教学,"三网联合",建设互动平台。扩大至善网试点、泛雅课程的中心平台建设课程网站、推广手机课堂,三网功能各有侧重,相互配合,形成全时空学习平台;

实践教学,"三个结合",建设实践基地。在目前实践教学课程化、规范化、特色化的基础上,推进基地化、项目化建设的基础上,在天津市已创建了14家,拟建17家实践教学基地,广泛开展实践创新课。

二、形成"四化一中心"的实践教学模式

高校思想政治理论课,由于其特有的地位和鲜明的特点,要求我们在重视课堂理论教学的同时也要高度重视实践教学。2018年教育部印发的《新时代高校思想政治理论课教学工作基本要求》中明确规定:"从本科思想政治理论课现有学分中划出2个学分、从专科思想政治理论课现有学分中划出1个学分,开展本专科思想政治理论课实践教学。"明确规定了思想政治理论课实践学分和实践教学基本模式。

杨贤江希望青年学生在日常生活中要加强自身"动"的修养,掌握基本的劳动技能,并在学习中注意把讲修养与劳动实际结合起来,也就是要做到理论和实践相结合。我校以考核评价方式改革为契机,借鉴杨贤江的"劳动生活"观点,推动了思想政治理论课的"实践教学"展开了新一轮实践教学改革的探索。从当时提出"三个突破,走进社会大课堂",到"四驱动四目标"实践教学模式,再到今天的新探索,形成了"四化一中心"的实践教学模式。"三个突破"实践教学模式是指:课堂教学上求突破、实践方式上求突破、实践效果上求突破,引导学生走进社会大课堂。"四驱动四目标"模式:四驱动是指"构建特色实践教学体系","实施多维教学方法","建设协同创新平台","建立健全长效机制",来实现四个目标:系统化培育、立体化运行、动态化推进、规范化管理。经过多年不断实验、探索,我们形成了"四化一中心"实践教学模式。"四化"是指实践教学实现了课程化、规范化、网络化、品牌化;"一中心"是指以学生中心,具有可操作性。

(一)教学课程化:建立实践教学课程体系

天津工业大学严格按照课程体系五要素,制定了明确思政课实践教学课程体系:在课程目标方面,注重提升师生的理论运用能力、社会实践能力、网络行为自觉能力;在课程结构方面,强调课堂内的实践教学、社会实践教学、网络实践教学按照2:5:3结构设计;在课程内容方面,重视凸显教与学的实践性向度;

在课程实施上,给予每门必修课 0.5 学分、相应学时,以及人、财、物的支持;在课程评价方面,突出家校社协同考核评价的地位和作用。

(二)实践规范化:制定科学完备实践方案

实践教学方案既是达成实践教学课程各要素要求的教学设计,也是保障实践教学有序有效开展的活动规划,具有规范教学和规范实践两个维度。为此,天津工业大学思政课的实践教学按照这一逻辑进行探索,制定了详细的实践教学方案。在规范教学方面,按照教学基本要求,为实践教学单独制定实践教学的大纲、日历、进度表,明确实践教学目的、要求、内容、过程等,形成事前调查、事中检查、事后考核的规范化教学督导流程,确保实践教学有规可行。

(三)载体网络化:用网络化优化实践教学

思政课实践教学从两方面推进:一是开展对网络虚拟空间的实践教学。引导学生围绕网络热词、网络事件、网络直播、网络道德、互联网立法等主题,在网络上搜集相关文章、图片、视频、音频等,精心设计网络问卷,进行数据整理,分析研判,形成网络实践的小组观点,通过网络实践教学的学思践悟,培养学生树立正确的网络文明观、道德观、法治观。二是推动用网络技术的实践教学。借助于互联网强大的资源整合和传输功能,把互联网技术与思政课实践教学深度融合,用网络技术丰富实践教学的内容和形式。

(四)效果品牌化:形成特色鲜明实践成果

天津工业大学思政课实践教学按照实践教学品牌化建设思路,针对四门思政课必修课程的特点,经过长期实践探索,形成了各自品牌和特色:"概论"课实践教学的"课堂内实践教学+课堂外社会实践教学+网络实践教学"的创新形式。

(五)以提升师生能力为中心的能力具象化

天津工业大学在提升师生能力上进行了大胆探索和实践,把实践教学理念和要求贯穿到思政课教学各方面。在推动课堂教学革命方面,重视师生的理论运用能力的培养,要求四门必修课程的课堂教学要针对社会现实热点问题,从学生困惑讲起,循循善诱,把所学理论运用到对社会现象和问题的理解和分析上去,把理论内化于心。在社会实践教学方面,以实践基地建设为抓手,发挥好

"社会大课堂"实践育人作用,通过形式多样的社会实践教学,着力提升师生对相关知识外化于行的能力。

天津工业大学以"四化一中心"的实践教学模式努力建成实践教学课程体系,制定科学完备实践方案,优化实践教学,指导"课堂革命"凸显课堂的实践教学功能。在社会实践教学中强化实践基地教材建设,在网络实践教学中深化实践教学网络化运用。更加注重教师与学生的互动,注重课堂与社会的互动,真正做到重视思政课的实践性,把思政小课堂同社会大课堂结合起来,开创思政课教育教学的新天地。

杨贤江"全人生指导"思想始终坚持以培养全面发展的人为目标,始终要求发挥学生的主体性作用,始终贯彻"全方位"指导的核心理念。这些内容对当前高校思想政治理论课考试评价体系改革具有重要的启示作用:高校思想政治理论课考试评价体系改革要以培养全面发展的人为目标,要在考核的过程中注意学生主体作用的发挥,采用灵活多样的方法进行多维度考核,要积极构建新的"全方位"的育人模式。

中国化的马克思主义教育理论

杨贤江是把马克思主义教育理论同中国教育的具体实践相结合的开拓者。"全人生指导"思想是杨贤江对古今中外教育思想中合理内核的吸收,对中国教育现实的理解和忧患意识,对中国教育未来的憧憬,对青年问题的冷静思考,是他现代教育思想体系中的重要内容。

一、继承和发展了马克思主义教育理论

五四运动以后,马克思主义在中国广泛传播。杨贤江参加"少年中国学会",开始接触马克思主义并逐步掌握历史唯物主义的基本原理。1921年,杨贤江受聘于商务印书馆,担任《学生杂志》编辑后,开始系统地学习马克思主义的相关理论。通过深入研究马克思主义人的全面发展理论,杨贤江为"全人生指导"思想找到了科学的理论依据。1922年5月,杨贤江加入中国共产党,实现了人生观的彻底变革。此后,他坚持运用马克思主义的立场、观点和方法分析教育问题和青年问题,进一步丰富和发展"全人生指导"思想。

马克思指出,在社会主义社会,当每个人成为社会主人的时候,"社会就消灭了人直到现在受他们自己的生产资料奴役的状况,⋯⋯生产劳动给每一个人提供了全面发展和表现自己全部即体力和脑力的机会"[①]。马克思提出的关于人的全面发展学说的本质内涵,包括人的劳动能力的发展,比如体力、智力、个性和交往能力的发展等,这也是马克思所认为的人的全面发展最基本的含义;其次是人的社会关系的丰富;最后是人的个性的全面发展。这些内容都与杨贤江所提出的"全人生指导"思想在目标和内容上基本一致。

此外,马克思主义关于人的全面发展理论不仅强调实现个体人的全面发展,更要实现人的全面发展与社会全面发展的统一。马克思认为,一方面,社会是人的全面发展的基础和平台,社会发展推动人的发展;另一方面,人是社会的主体,人的全面发展是社会发展的最高价值和崇高目标,因为社会的发展实质上是人们追求幸福和发展的结果。在1922年发表的《个人心与社会心》一文中,杨贤江全面阐释人与社会的关系问题,将个人发展与社会进步有机结合,继承并发展了马克思的这一观点。杨贤江指出,"社会是个人的社会,个人是社会的个人。个人与社会不能分离,可说个人就是社会"[②],"个人不是纯粹的独立的,是具有社会的性质的"[③]。

---

① 马克思恩格斯论教育[M]. 北京:人民出版社,1979:209.
② 任钟印. 杨贤江全集(第1卷)[M]. 郑州:河南教育出版社,1995:200.
③ 任钟印. 杨贤江全集(第2卷)[M]. 郑州:河南教育出版社,1995:538.

马克思还指出了实现人的全面发展的途径:改变生产资料的私人占有制形式,对青少年一代实施全面发展的教育,以及实行教育与生产劳动相结合。他们认为,教育能使年轻人很快熟悉整个生产系统,会使他们摆脱现代这种分工为每个人造成的片面性,而资本主义教育制度本身则是实现人的全面发展的可能性和现实性的最根本的障碍。对此,杨贤江在"全人生指导"思想中提出个人改造和社会改造相结合,这与马克思指出的实现人的全面发展的途径相契合。

因此,马克思主义人的全面发展理论为"全人生指导"思想提供了科学的理论依据,"全人生指导"思想则是马克思主义教育理论中国化的重要成果。杨贤江也因此成为马克思主义教育理论中国化的先驱。

二、党的教育方针的重要理论来源

党的教育方针在吸收借鉴了前人经验和历经时代的检验中逐步走向完善,其与杨贤江"全人生指导"思想具有一脉相传、破立结合、与时俱进的关系。

（一）守正为本:党的教育方针与"全人生指导"思想的一脉相传

党的教育方针与杨贤江"全人生指导"思想在内容上具有一脉相传的特点。一方面,杨贤江"全人生指导"思想以指导青年学生树立正确的人生观为核心,其基本目标由个人目标和社会目标共同构成。培养青年学生"完全人格"是"全人生指导"思想的个人目标,追求实现人类的自由而全面发展是"全人生指导"思想的社会目标。个人目标的实现需要青年学生进行个人改造,而社会目标的实现,需要青年学生进行社会改造,通过革命实现社会的变革。我国教育方针始终坚持以人为本的理念,贯彻管理育人的方针,倡导青年主动实现自我价值和社会价值的有效结合,彰显出了青年不仅仅作为本我的个人,更是与社会不可分割的社会的人,并积极引导广大青年一代在社会实践中、在奉献社会、奉献他人中实现自身价值。应对不同的时代背景与现实需求,经过社会实践的无数次洗礼,"全人生指导"思想与党的教育方针始终坚持守正为本,其中的"正"就是任由时代如何变迁,始终把人本思想放在最核心的位置,引导青年一代在自我意识解放的同时,将自我价值的实现与社会实践有效结合,培养学生的完全人格,实现学生自由而全面的发展。另一方面,党的十九大报告中提出的"培养德智体美全面发展的社会主义建设者和接班人"，这一主要内容也可以从杨贤江"全人生指导"中引导青年学生过健康生活、劳动生活、公民生活、文化生活中得到启示与借鉴。

（二）革故为先：党的教育方针与"全人生指导"思想的破立结合

随着时代的演进和发展，也由于教育目标和教育利益的不同，教育方针的内容不断演变体现的价值追求也就有所侧重。党的教育方针体现的价值取向大概发展脉络为从为"工农服务"的国家利益的价值追求到为"政治服务"、为"经济"服务、再回归到教育的原点的为"人"服务的演变过程。①现如今的教育目标与"全人生指导"思想的价值内容各有侧重。在新的历史时期继续发挥好"全人生指导"思想的积极作用，给予党的教育方针的制定以启发，需要以革故为先的态度处理好党的教育方针与"全人生指导"破立结合的辩证关系。进行自我剖析，自我反思，从而正确地把握未来我国教育发展的前进方向与发展规律。

1.对青年的概念进行新的界定

杨贤江认为，青年时期（或青年期）即人的"第二诞生期"，这一时期也是"人生的第二危险期"。所谓青年时期，"即为自十二岁或十四岁到身体完全成熟的一段年期"②，也就是我们人类从出生到成长，就是从胎儿到大人，要占据一个长达 25 年的时期。这与我国当下对青年一词概念的界定有所不同。青年的内涵随着政治经济和社会文化环境的变更而不断充实，根据世界卫生组织确定新的年龄分段，青年人的年龄上限已经提高到 44 岁，我国统计局界定是 15 岁到 34 岁为青年。对青年一词概念界定的不同关系到受教育群体的不同，影响着教育目标的确立。借鉴"全人生指导"思想应结合当下青年的心理特征、心理过程、心理条件，在尊重新时代青年特性的前提下，运用好"全人生指导"思想中共性的合理成分，取其精华，推陈出新。制定更加符合当下青年成长规律和心理特征的教育方针，破立结合，立足当下，培养出一代又一代有理想、有本领、有担当的新时代青年。

---

① 马宝娟.新中国成立以来党的教育方针的价值取向历史演进分析[J].南京工业大学学报(社会科学版),2015,(4):59-65.

② 任钟印.杨贤江全集(第 2 卷)[M].郑州:河南教育出版社,1995:349.

2.对教育的社会目标进行引导

杨贤江认为个人目标的实现需要青年学生进行个人改造,而社会目标的实现,需要青年学生进行社会改造,通过革命实现社会的变革。其社会目标的提出以及通过革命实现社会变革的方式是建立在革命与战争时代背景下的民主主义革命时期。在其特殊的时代背景下,青年学生进行社会改造,通过革命实现社会的变革具有合理性,彰显了"全人生指导"思想不仅仅是一个育人的思想,更是一个运用历史唯物主义观点寻求国家独立,民族解放,青年自强的理论蓝图。

新时代条件下,我们要结合当下的时代主题与国家实情,对"全人生指导"中青年教育的社会目标进行必要的引导和改造。一方面,社会的进步已经改良为非对抗性的自我完善、自我发展,社会的主要矛盾不再是对抗性的阶级矛盾,暴力革命的社会变革方式逐渐丧失必要。另一方面,中国现阶段的教育目标已转变为培养青年、少年、儿童在品德、智力、体质等方面全面发展,成为有理想、有道德、有文化、有纪律的建设人才。实践的导向性呼喊着思想的革新,由是观之,面对新的实践要求,社会目标的实现应坚持革故为先的原则,辩证吸收前人思想的合理成分,以我为主,为我所用。

(三)鼎新为重:党的教育方针与"全人生指导"思想的与时俱进

始终把人本思想放在最核心的位置,坚持守正为本,以及用革故为先的态度处理好我国教育方针与"全人生指导"破立结合的辩证关系,为的就是守正初心,革故鼎新,为新时代我国教育方针提供切实的理论依据与实践经验,推动我国教育事业的与时俱进。两者之间与时俱进的关系则体现在:党的教育方针借鉴和吸收"全人生指导"思想,不断结合时代背景满足自身发展的同时,又给予了"全人生指导"思想新的实践土壤和理论阐释,赋予了其新的时代内涵,充实、发展、完善了"全人生指导"思想。

马克思指出:"一个时代的精神,是青年代表的精神;一个时代的性格,是青年代表的性格","全人生指导"思想正确地回答了青年、社会和国家共同成长进步的时代课题,对中国教育产生了深远的影响,发挥着不可磨灭的积极作用。20世纪20年代,许多青年学生在"全人生指导"思想的指引下进一步明确人生目的,找到人生发展的方向,追求具有"完全人格"的德、智、体、美、劳全面发展,并走向革命的道路。

中国特色社会主义进入新时代,我们要根据当前我国学校青年学生思想政治教育的新变化,结合党和国家对青年学生的新要求,深刻挖掘"全人生指导"思想的当代价值,继承其合理成分,对"全人生指导"思想进行创造性转化和创新性发展,不断赋予其新的时代内涵,更好地满足新时代青年发展的需要。

永远的杨贤江

附录一　杨贤江大事年表

1895 年　出生于浙江余姚县云和乡杨家村（今浙江省慈溪市长河镇贤江村）的一个成衣匠家庭。

1903 年　到村里的私塾学堂读书开始接受启蒙教育。

1907 年　完成了私塾所有课业，到郑巷溪山学堂（今浙江省余姚市郑巷小学）读书，开始接受正规的学校教育。

1909 年　完成郑巷溪山学堂所有课业，以优异成绩考入余姚县诚意高等小学堂（今浙江省余姚市泗门镇中心小学）。

1911 年　以优异成绩毕业于诚意高等小学。

1912 年　考入浙江省立第一师范学校（今浙江省杭州高级中学）。

1917 年　毕业于考入浙江省立第一师范学校，到南京高等师范学校（今东南大学）任职。

1919 年　经邓中夏介绍参加以改革社会为宗旨的"少年中国学会"。

1921 年　受聘于商务印书馆，到上海担任《学生杂志》编辑。

1922 年　经沈雁冰和董亦湘介绍，加入中国共产党。

1923 年　任中共上海地方兼区委国民运动委员会会员。

1924 年　被选为中共上海地区兼区委候补委员，不久递补为正式委员，任改组后的国民党上海市党部青年部长，负责组织国民党委员会，指导国共合作的统战工作。在此期间，曾到杭州、宁波等地建立党的组织，返故里创办《余姚青年》。

1927 年　被委任为苏浙沪三党部驻汉办事处委员，后担任国民革命军总政治部机关报《革命军日报》总编辑。"四一二"反革命政变后，被国民党列为重犯通缉，在中共安排下东渡日本，化名李浩吾。

1929 年　由日乘船返沪，任中共中央文化工作委员会委员，继续从事写作，并发起组织了"社会科学家联盟"，同国民党的反革命文化围剿做不屈斗争。

1931 年 在日本长崎病逝。

附录二 政治启蒙老师——谈杨贤江

杨贤江同志,又名李浩吾,中国共产党党员,一八九五年出生,一九三一年逝世。他虽然过早地离开了人世,但他在短促的一生中,投身革命,对马克思主义教育思想在中国的传播起了启蒙的作用,对当时的青年运动做出了卓越的贡献,是党在文化教育战线上一名忠贞而坚强的战士。在教育理论和指导青年的工作上,为我们留下了宝贵的遗产。在中国新民主主义革命史上,特别是在现代教育史和青年运动史上有其光辉的地位。今天我们学习杨贤江的革命精神和教育思想,有其重要的现实意义。

——张承先

"英雄",那又是一个已经过去了的不甚好听的名辞,但拿它来代表贤江的艰苦卓绝的斗争精神,则它也似乎恰恰的好用(用在最好的——方面的字义上)。

在政治运动里,他也显出他的坚贞纯一的崇高的精神来。他信仰着某种主义的时候,他便为这主义而献身,而奋斗,一点也不退却,一点也不徬徨。他是一个最好的先驱者,最好的工作的人。他服从纪律,他服从命令。

——郑振铎

贤江同志是大革命时代的青年导师,一个经过考验的共产党员。他主编的《学生杂志》(商务出版)为大多数革命青年所热爱。

——杨之华

他终身为革命的文教事业而努力,刻画了一个革命知识分子明朗的典型。贤江同志是优秀的知识分子,是光荣的共产党员。他放下了旧知识分子的架子,否定了士大夫的习气,勇敢的走向人民队伍,在共产党领导下,他形成了布尔什维克的品质,堪为革命知识分子的模范。

——潘汉年

贤江同志的为人民大众的教育思想依旧永存在中国文教工作者的心中。直到这一年盛夏我在一家小书店的编辑室中遇见贤江同志的时候,我才从知识分子的革命者中间,发见了一种能够在最险恶的环境中认清中国革命的光明远景,坚持对党的信仰和忠贞,既不焦躁又不悲观的坚韧踏实的品质。在白色恐怖笼罩着整个中国的时候,我从他的这种安详镇定的态度中,深切地感到了一个作为共产党员的革命知识分子的气概与庄严。

——夏衍

他是我党早期杰出的马克思主义教育理论家,是无产阶级文化教育战线的忠坚斗士。他不仅为创立中国式的马克思主义教育理论做了许多开拓性工作,有不少建树;而且他的治学精神、治学方法更值得我们学习。我常常勉励自己要成为他那样的教育理论工作者。

杨贤江以马克思主义教育理论家所特有的洞察力,系统研究了古今中外的教育史实,用无可辩驳的确凿证据,彻底批判了流行于教育界、充斥在教科书的种种奇谈怪论。见解深刻,论述有力,使人耳目一新。他创立了一个富有民族特色即中国式的马克思主义教育理论体系,从而在教育理论界大放光明,为新兴的无产阶级教育事业奠定了科学的理论基础。他的这些成果已经成为我国教育理论宝库的珍贵财富,他的治学态度和科研方法亦应成为我们教育理论工作者的学习典范!

——喻立森

今天在向四个现代化前进的时候,要使中国人民满足物质文明和精神文明的需要,实事求是地说,就要有千千万万个像杨贤江同志那样的青年导师和革命教育家。所以我们还得向他学习,学习,再学习。

——胡愈之

　　杨贤江同志为革命理想脚踏实地地奋斗了一生。他在世只有短暂的 36 年，可是他的一生是闪耀着共产主义光辉的一生，是奋发向前坚持革命的一生，是实实在在干革命的一生。他的一贯思想作风是实实在在。他对革命事业认真负责，从不叫苦。他的组织性纪律性很强。文委开会，他准时参加，有准备地发言。在地下工作，大家患难与共，互相帮助，他的表现是突出的。他为人诚恳笃实，与同志之间是实实在在的革命情谊。

——吴亮平

　　贤江同志不仅学的是教育，而且做着实际的教育工作，推行进步的教育理论。他又律己甚严。虽然在大革命失败后，在上海那样穷困，从不曾见着他发一些牢骚，有点什么意见。党的工作，总是尽一切力量去做。

——李一氓

　　贤江同志主张求学和做事都要究明动机。他说："我们求学，我们做事，都有他正当的动机。这个动机是什么？就是为了贡献人类，为了利益社会。出于这个动机而求学办事的，就是纯洁。不出于这个动机而出于赚钱、得势、享名、行乐或别种狭隘的私利的动机而求学办事的，就是不纯洁。"我读这几句话，对贤江同志的虔敬心情无法描摹，只能说这样一句话："贤江同志呀，您真是个纯洁的人！"同时我诚恳地祝愿当代的青年，希望你们求学和做事全都出于这样的动机，因而全都成为纯洁的人。

——叶圣陶

　　也就在担任了《学生杂志》的编辑以后，贤江兄参加了革命运动。他之接受马列主义，也是从那时起的。大革命时代，他曾在武汉工作，其后，亡命日本约一年，卖文为生。在他积劳得病以前，翻译了一些马列主义的书籍，都是从日文转译的，其中之一就是恩格斯的《家族的起源》，贤江兄逝世已十八年。十八年，多少大事件发生，可惜他已经不在了，而在人民大翻身的今天，他也看不见了；

十八年中，贤江夫人姚女士辛苦抚育儿女，不是一件容易的事，幸而现在两个儿子都已长大，而且都参加了革命工作。革命者有后，贤江兄地下有知，当亦含笑。

——沈雁冰（茅盾）

　　他引导青年走革命道路，并且自己投身于革命的洪流中，他的革命行动正如他讲革命道理一样，是激动人心的。他对青年进行思想教育的方法，尤其值得我们深思。如果在更早的时候能够读到杨贤江的这些青年指导的论文，也许在我坎坷的人生道路上可以少走一些弯路。这样，我对杨贤江就不是抽象的认识，而是感到似乎就在身边的一位意志坚强而又循循善诱的好老师。

——潘懋元

附录三　永不消逝的光辉——杨贤江纪念文章

1.教育部、团中央联合举行大会
纪念杰出的青年运动领导人、马克思主义
教育理论家杨贤江同志逝世 50 周年

韩英和张承先讲话，希望教育工作者、青年工作者和广大青年，重视杨贤江革命精神和教育思想的研究和宣传

　　新华社北京 1981 年 8 月 9 日电　教育部和共青团中央今天在人民大会堂联合举行大会，纪念我国坚定的共产主义战士、杰出的青年运动领导人，马克思主义教育理论家杨贤江逝世五十周年。

　　教育部长蒋南翔主持纪念大会。共青团中央第一书记韩英在会上讲了话。教育部常务部长张承先作了报告。

　　杨贤江又名李浩吾，浙江余姚人。生于 1895 年，幼年刻苦好学。1919 年同李大钊、毛泽东、邓中夏、张陶天、恽代英等加入"少年中国学会"，并任学会的南京分会书记。1920 年同李大钊、恽代英等七人被选为领导"少年中国学会"的评

议员。从 1921 年起,担任《学生杂志》的编辑工作近六年。他在中国共产党创建初期就参加了革命斗争,并加入了中国共产党。他除主编《学生杂志》外,还协助恽代英编辑《中国青年》。1924 年,他同恽代英一起分工负责学生方面的工作。他积极投入了"五卅"运动,还参加了上海工人武装起义的组织工作。1927年"四一二"事变后,杨贤江同志被派到武汉国民革命军总政治部,担任《革命军日报》社长。蒋介石背叛革命后,他被迫于当年年底到日本避难,从事研究、撰写和翻译教育方面的论文、著作。1929 年 5 月,他从日本回到上海后继续坚持革命活动,参加党的地下文委的领导工作,发起组织"社会科学家联盟"。由于他工作繁重、生活困难,积劳成疾。于 1931 年 8 月 9 日逝世,终年仅 36 岁。

杨贤江同志在从事革命活动和理论工作的十年当中,著译很多。据现在所搜集到的资料统计,他在报刊上发表的论文、短评、译文共三百多篇;写给青年学生的通讯有二百多封;回答青年学生的问题,约近千则。著有我国第一本用历史唯物主义观点来研究教育史,根据社会发展形态来叙述教育发展过程的著作《教育史 ABC》,以及我国第一部系统用马克思主义观点阐明教育原理、理论紧密联系中国实际的著作《新教育大纲》。他还翻译了恩格斯的《家族、私有财产和国家的起源》等著作。

韩英在讲话中说,杨贤江同志为我国的人民教育事业和青年工作做出了卓越贡献。他是我国革命青年学习的光辉榜样。今天我们开会纪念他具有重要的现实意义。

张承先在报告中说,杨贤江同志在他短促的一生中,对马克思主义教育思想在中国的传播起了启蒙作用,对当时的青年运动作出了卓越贡献,是党在文化教育战线上一名忠贞而坚强的战士。在教育理论和指导青年的工作上,他为我们留下了宝贵的遗产。他在中国新民主主义革命史上和青年运动史上有着光辉的地位。

张承先说,多年来我们对这位革命先驱者的理论和实践研究还不够。希望教育工作者,青年工作者和广大青年,重视杨贤江革命精神和教育思想的研究和宣传,在党的领导下,为办好社会主义教育事业,为教育青年一代健康成长,为把祖国逐步建设成为现代化的高度民主的,高度文明的社会主义国家,而努力奋斗。

会上，当年与杨贤江一起工作过的叶圣陶、吴亮平、李一氓先后讲了话。胡愈之、夏衍作了书面发言，董纯才也在会上讲话。他们在讲话中回忆了杨贤江光辉的一生。

出席大会的有首都教育界、共青团干部及上海市、浙江省的代表等共一千多人。大会开始前，蒋南翔、韩英等会见了杨贤江同志的子女。

（原载 1981 年 8 月 10 日《人民日报》）

原文如下：

在纪念杨贤江同志逝世五十周年大会上的讲话
张承先

各位同志、各位朋友：

今天，我们在这里集会，纪念我国马克思主义教育理论家、杰出的青年运动领导人之一，坚定的共产主义战士杨贤江同志逝世五十周年。

杨贤江同志，又名李浩吾，中国共产党党员，一八九五年出生，一九三一年逝世。他虽然过早地离开了人世，但他在短促的一生中，投身革命，对马克思主义教育思想在中国的传播起了启蒙的作用，对当时的青年运动做出了卓越的贡献，是党在文化教育战线上一名忠贞而坚强的战士。在教育理论和指导青年的工作上，为我们留下了宝贵的遗产。在中国新民主主义革命史上，特别是在现代教育史和青年运动史上有其光辉的地位。今天我们学习杨贤江的革命精神和教育思想，有其重要的现实意义。

杨贤江同志出生于浙江省余姚县一个贫苦手工业工人的家庭。幼年刻苦好学，十七岁进入浙江第一师范学校读书，在五年的学习期间，博览中外古今有关哲学、伦理学、心理学、教育学以及其他社会科学和自然科学著作，修习英文，自学日文，经常参加各种社会活动。一九一七年师范学校毕业后，他到南京高等师范学校任职。一九一九年同李大钊、毛泽东、邓中夏、张闻天、恽代英等同志参加少年中国学会，被推任该会南京分会书记。一九二〇年，同李大钊、恽代英等七人被选为领导少年中国学会的评议员。从一九二一年起，担任《学生杂志》的编辑工作近六年,经常在该刊发表短评,揭露帝国主义侵略,抨击军阀黑暗政治,剖析旧中国半殖民地半封建社会,解答学生思想、学习、生活等方面的问题。短评立论新颖,简要生动,揭露深刻,批判尖锐,深为广大学生青年所喜爱。同时发表一些教育专论,也很受读者欢迎。

"五四"运动后,杨贤江在恽代英等同志的影响下,努力学习马克思主义,世界观发生了转变,阶级觉悟有了提高,在中国共产党创建初期,他就参加了革命斗争,加入了中国共产党。这时,他除了主编《学生杂志》外,还在其他几个社会科学刊物上发表论文,并在上海大学附中兼课。一九二四年,被选为中共上海地方兼上海区执行委员会候补委员,后为委员,同恽代英同志一起分工负责学生方面工作,并曾担任改组后的国民党上海市党部青年部长,亲自参加许多实际的革命活动,如在上海学生运动中担负领导责任,利用公开的职务和场合,给青年学生演讲革命道理;组织印刷工人讨论革命问题;到郊区农村协助办农会;到杭州、宁波等地进行党的组织活动等。

一九二五年积极投入"五卅"运动,和沈雁冰、侯绍裘等同志组织教职员救国同志会,参加讲演团,向学生、工人、店员作专题演讲。一九二六年,被选为国民党左派所组织的上海特别市党部委员,继续领导学生运动,坚持斗争。

一九二六年底,北伐军逼近上海,上海工人运动、学生运动蓬勃开展。杨贤江在领导学生运动的同时,还积极参加上海工人武装起义的组织工作并亲临斗争现场。一九二七年"四一二"事变后,他被派到武汉国民革命军总政治部,担任《革命军日报》社社长。蒋介石背叛革命后,中国革命暂时处于低潮,白色恐怖笼罩全国。有些参加过革命的知识分子失去信心,或愤激焦躁,或悲观消极,甚或离开革命队伍;杨贤江则始终对革命抱着镇静的、乐观的态度,对党抱着无限的信仰和忠贞,由武汉辗转回到上海转入地下继续坚持斗争。后来,由于白色恐怖日甚一日,他根据党的指示,于当年年底到日本隐蔽。并担任中国留日学生共产党组织负责人。

在日本的一年多时间里,他一刻也没有停止革命工作。他利用手中的笔,积极从事研究和翻译,搜集大量资料,分析研究资本主义社会的教育情况,撰写和翻译了许多教育论文著作。《教育史ABC》一书就是这时写成的。

一九二九年五月，杨贤江回到上海后，继续坚持革命活动，参加党的地下文委领导工作，发起组织社会科学家联盟同时，在极端困难的条件下，根据党组织部署，以惊人的毅力，继续从事教育理论的译著工作，完成了《新教育大纲》这部辉煌的教育著作。

由于他工作繁重，生活困难，积劳成疾，患肾结核症，到日本就医无效，不幸于一九三一年八月九日逝世，终年仅三十六岁。

杨贤江同志由一个富有爱国思想和正义感的小资产阶级知识青年成长为一个具有共产主义思想的革命者。一九二二年以前，他虽然对帝国主义侵略和军阀统治下旧中国的种种社会黑暗现象强烈不满，要求变革，但是对马克思主义还知道得很少，不可能认识社会问题的本质，也不可能找到变革社会的正确途径。他的哲学观点，受了宋明理学家、欧洲人文主义以及康德思想的影响；他的教育观点，基本上还是"教育万能论"与"教育救国论"。

在马克思主义的启发影响和社会现实的教训下，杨贤江对社会问题和教育问题的认识，逐渐深入。参加中国共产党以后，他在党的直接教育下，坚决地走向唯物主义，不断地批判自己以往所受的唯心主义和教育救国思想的影响。他认识到只有被压迫者起来反抗压迫者，打倒列强和军阀，"推翻现存社会制度"，求得"政治经济问题的总解决"，实现无产阶级专政，才能彻底解决一切社会问题，也才能合理地解决青年失学、失业以及生活、家庭、婚姻等问题。

一九二六年以前，他的主要精力在于研究青年问题，指导青年运动。他把青年问题摆在整个社会问题中来研究，认为青年问题是社会问题最集中也是最尖锐的反映，青年运动是革命运动的重要组成部分，而学生运动又是"我国青年运动的先锋"，"自有它的特殊地位"。他指出学生求学的目的，在于改造社会，使群众获得幸福的生活。而在反动统治下，要改造社会就必须进行革命，所以青年学生应当积极参加革命工作。"只有革命的教育，才是中国需要的教育"，中国所需要的"是能研究中国现状，然后对症下药的人才"。而青年学生要参加革命工作，"必须是我们的阶级力量，可决不是个人的力量"，"一定要有极坚固的组织，极严明的纪律"，这就必须参加革命的政党。他还进一步指出，要打倒帝国主义和军阀，单靠学生运动是不够的，"中国国民革命运动的主力军为工人农民"，"全中国人口百分之八十以上的农民，为革命的主要动力"，所以必须把学生运动扩大成青年运动，扩大到广大劳动青年群众中去，"努力唤醒劳动青年的阶级觉悟"。此外，在学生运动的策略和方法上，他也发表了很多精辟的见解。

杨贤江全面关怀青年的政治思想、道德品格以及学习、工作、生活、健康各个方面。他所写的指导青年的论文，所发表的"通讯"和"答问"，涉及的范围很广，大至天下大事、国家前途、社会发展，小至自学方法、兴趣爱好、起居生活，无所不包。他对于青年的生活状况和思想感情，了解深入；他教育青年，态度严肃，而又充满真挚感情；解决问题，合情合理，决不作空泛之谈。他反对那种"第一不从学生本身着想，第二不从社会环境着想"的旧训育方法。他认为必须从调查社会环境，了解青年身心特点入手来研究分析青年问题。教育青年，关键在于树立革命人生观，使青年立志改造社会，为此，他主张学校应开设"唯物社会观""社会运动指导"等课程。他认为教育应当德智体三育并重，"融会精彻"；还要培养学生的劳动习惯和艺术修养。他认为一个革命的青年，应该是身心健康的青年，指导青年立志改造社会和指导青年过"正常生活"是一致的，而杨贤江自己就是一位把革命和生活结合得很好的典范。他既是一位身负重任、坚韧不拔的革命者，是一位善于处理政治与业务、学习与健康、工作与生活的严肃、热情朴实、勤劳、朝气蓬勃的青年人。

一九二八年以后，杨贤江以主要精力从事教育理论研究工作。这一时期所写的《教育史 ABC》《新教育大纲》两部著作，奠定了杨贤江作为新兴教育理论先驱者光辉的历史地位。《教育史 ABC》是我国第一本用历史唯物主义观点来研究教育史，根据社会发展形态来叙述教育发展过程的著作；《新教育大纲》则是我国第一部系统地用马克思主义观点来阐明教育原理的、理论紧密联系中国实际的著作，也是杨贤江最主要的教育著作，集中反映了他的教育思想。

杨贤江的《新教育大纲》以及其他教育论著，大多写作于二十年代末期。这个时期的旧中国社会，仍然是半殖民地、半封建的性质。帝国主义加紧对中国进行侵略，军阀连年混战，官僚买办重重压榨，民不聊生，文盲占全国青壮年百分之八十以上，知识青年彷徨苦闷。在教育上，帝国主义进行文化侵略推行奴化教育，国民党政府把教育作为蒙骗人民、压制革命的手段，推行所谓"党化教育",搞专制愚民政策。而资产阶级学者和教育家,却幻想通过教育,改良政治,拯救中国。他们空喊"普及教育",鼓吹改良主义。许多教师和学生,则迷信教育是超轶政治的"清高"事业,埋头教书、读书,不过问政治。面对着这些复杂情况,杨贤江认为必须运用马克思主义观点,联系中国当时的实际,"解释教育的本质,说明教育的作用,辟除对教育的迷信,纠正对教育的误解",分清理论是非,使一般青年学生,对当时的教育性质有所认识;使有志于社会变革的教师和青年,掌握理论武器,以之指导革命实践。他对于帝国主义和国民党政府反动的教育政策,给予无情的揭露,坚决的打击;对于资产阶级改良主义的各种错误观点与主张,摆事实,讲道理,分析批判。他指明教育的社会主义方向和教师、学生的革命责任。他通过传播马克思主义教育思想,建立中国新兴教育科学理论,作为当时从事理论研究的战斗任务,他对于理论工作的重视,体现了一个文化教育战线上的革命者的气魄和远见。

杨贤江在二十年代所提出的许多重要的教育论点,至今仍值得我们认真学习:他指出教育同经济基础有着依存关系,教育要受生产方式也受政治制度所制约,同时,又对经济的发展、政治的变革起一定的促进作用。他认为教育"是社会所需要的劳动领域之一,是给与社会的劳动力以一种特殊资格的"。教育是由于社会生产劳动的需要而产生,并在生产劳动过程中发展起来,教育同生产劳动本来是紧密结合在一起的。到了阶级社会,教育成为阶级统治的工具。他揭露了以往阶级社会教育的特征,指出教育权跟着所有权走;教育只为统治阶级的利益服务。他用无可否认的大量事实驳斥了资本主义教育是所谓"社会化""平民化""公平化""和平化"等等骗人的谰言,指出资本主义教育存在种种不可调和的矛盾冲突。

他批判了当时流行的种种错误的教育观点,如教育"神圣""清高""中正"和"独立",指出这是对教育本质的曲解;他又批判了当时夸大教育作用的种种理论,如"教育万能""教育救国"和"先教育后革命",指出这些错误的理论是歪曲教育与革命的关系,企图在激烈的阶级斗争中,以教育代替革命,这是对当时的革命事业有害的。他认为要变革当时不合理的社会制度,只有进行革命在革命中,教育应当作为"革命武器之一";在革命胜利之后,"教育是保卫政权并促进政权的一种机能"。

他指明教育的社会主义方向与道路,就是马克思在《共产党宣言》和《哥达纲领批判》中所提出的教育理想与原则。而从资本主义到共产主义中间,必须经过一个无产阶级专政时期,这个时期的教育,必须为无产阶级专政服务,学校教育必须进行改革。

他还指出教师是不占有生产手段、靠出卖劳动力为生的劳动者,属于被统治阶级而不是统治阶级。教师应当组织起来,参加革命,"只有革命的教育者,才是中国需要的教育者",帮助被压迫人民求解放,也是为了自己的解放。教师"不但应当指导学生去革命,还应当指导群众去革命",应当走向社会与工农群众结合,教育者自身也要受教育。

杨贤江从事革命活动和理论工作不过十年左右,但他遗留给我们的著译却很多。据现在所搜集到的资料统计,他在报刊上发表的论文、短评、译文,共三百多篇;写给青年学生的通讯,二百多封;回答青年学生的问题,一千六百余则除《教育史 ABC》和《新教育大纲》外,他翻译了恩格斯的《家族、私有财产和国家的起源》、平克维支的《苏维埃共和国新教育》等著作六部。

杨贤江的教育思想和指导青年的言论,在当时和后来都产生了很大的影响。它是"五四"以后以马克思主义武装起来的新文化生力军在教育理论方面的先驱。它像一发威力巨大的炮弹,轰击着旧中国反动统治下的教育制度;像一把锐利的解剖刀,剖析了改良主义的教育理论;也像一把火炬,照亮了青年前进的道路。许多青年学生,把他引为知心朋友,向他倾吐内心的思想感情;许多教师和学生,在他的启发影响下,走上了革命的大道。他所写的著作,国民党政府列为"禁书",却受到广大教育工作者和知识青年的热烈欢迎。《学生杂志》在他主编期间,销数激增;《教育史 ABC》和《新教育大纲》两书,多次再版重印,这在当时是少见的。《新教育大纲》在苏区以及后来的抗日根据地和解放区,还成为师范学校和教育工作者的重要教育读物之一。

杨贤江同志逝世到今天,已经五十周年了。他的逝世,使我们党失去了一位忠诚的党员,使教育战线失去了一位优秀的理论家,也使全国进步青年失去了一位深受尊敬和爱戴的老师。然而,他的精神,至今仍鼓舞、激励着我们去为共产主义而奋斗;他的著作,至今仍是剖析资本主义教育,研究社会主义教育的重要遗产。回顾历史,我们可以看到,他在二十年代就已确信并大力传播的革命教育思想,至今仍然光彩夺目;他当年奋不顾身为之坚持不懈的反帝反封建的革命行动,至今仍感人至深;而他所走过的光辉道路,正是革命的知识分子思索、探求的必经之路。

在全国人民同心同德,充满信心,在党的领导下,为建设社会主义现代化强国而努力奋斗的今天,我们纪念杨贤江同志,就是要:

学习他坚信马列主义原则,坚信社会主义方向,坚持党的领导,献身无产阶级革命事业,坚持真理,敢于斗争鞠躬尽瘁,奋斗终生的革命精神。

学习他重视教育理论,把它作为革命的重要工作,为建立新兴教育理论而勇挑重担、高瞻远瞩的精神。

学习他热爱青年,同青年思想感情息息相通,对青年循循善诱,为指引青年走上革命道路、健康成长而呕心沥血的精神。学习他勇于探索,独立思考,紧密联系群众,深入调查研究,理论联系实际,实事求是的精神。

学习他高度的组织观念,忘我的劳动态度,严于律己,以身作则,认真负责,一丝不苟,素朴踏实,平易近人的优良品质和作风。

同志们!多年来,我们对这位革命先驱者的理论和实践,研究还不够。这次纪念大会是个开始,希望教育工作者、青年工作者和广大青年,重视杨贤江革命精神和教育思想的研究和宣传,掌握杨贤江同志所遗留给我们的宝贵的理论和经验,在党的领导下为办好社会主义教育事业,为教育青年一代健康成长,为把祖国逐步建设成为现代化的、高度民主的、高度文明的社会主义强国而努力奋斗!

2.杨贤江教育思想研究会　杨贤江教育基金会在京成立
胡乔木建议为杨贤江立传

据新华社北京9月5日电　杨贤江教育思想研究会今天在北京成立。杨贤江又名李浩吾,浙江余姚人,是我国早期马克思主义教育理论家,我党革命教育工作的先驱。他早年参加了由李大钊发起的少年中国学会,后任《学生杂志》的编辑,当时在青年中影响很大。1923 年杨贤江加入中国共产党,并帮助恽代英编辑《中国青年》杂志。他与恽代英同是我党最早的青年运动领导人,杨贤江着重从事教育方面的工作和研究,译著很多。他撰写的《教育史 ABC》是我国第一部用历史唯物主义观点研究教育史,根据社会发展形态叙述教育发展过程的著作;他写的《新教育大纲》是我国第一部运用马克思主义观点阐明教育原理,并与中国实际相结合的著作。杨贤江于 1931 年病逝,终年三十六岁。

今年 2 月,叶圣陶、胡愈之、吴亮平、李一氓、夏衍五位教育界前辈写信给胡乔木同志,建议在中国教育学会下设立杨贤江教育思想研究会,深入开展对杨贤江教育思想的研究和宣传。胡乔木于 3 月写信给教育部负责同志表示赞成和支持,并建议趁一些熟悉杨贤江的老同志还健在,从速写一部详备的杨贤江传。

又讯,杨贤江教育基金会 9 月 5 日在北京成立。杨贤江的女儿将杨贤江夫人姚韵漪积蓄的一万元人民币捐献给基金会,用以开展研究、宣传杨贤江的教育思想和奖励在普通教育、师范教育和幼儿教育中成绩突出的人员。

姚韵漪从事教育工作达四十年,今年 1 月临终前,她嘱咐子女将平时省吃俭用积攒下来的一万元钱捐给国家,以完成杨贤江未竟之志。

(原载 1984 年 9 月 6 日《人民日报》)

3.杨贤江同志精神不朽

潘汉年

杨贤江同志逝世已经十八年头,他终身为革命的文教事业而努力,刻画了一个革命知识分子明朗的典型。他早在五四运动的时候,就积极领导青年运动,提倡新教育,号召知识分子为人民服务,反对帝国主义、封建势力的反动教育。这些号召在许多中年人、青年人中留下了不可磨灭的印象。他从不会为反动统治对他的威胁而动摇、退缩,他始终不渝地引导着广大青年,向反封建的革命的道路上迈进。

贤江同志是优秀的知识分子,是光荣的共产党员,由于他放下了臭知识分子的架子,否定了士大夫的习气,勇敢地走向人民队伍,在共产党领导下,它形成了布尔什维克的品质，堪为革命知识分子的模范。

今天贤江同志离开我们已经整整十八年了，在这漫长的岁月中，国内的情形久经曲折，终于走上了光明灿烂全中国将胜利的境地，贤江同志所提倡的新教育，在各地也正如火如荼的开展着，随着整个革命的胜利，而更加发展普遍，这是可以告慰长眠地下的杨贤江同志的。

（原载 1949 年 8 月 9 日《解放日报》）

4.学习杨贤江同志的革命精神

杨之华

在上海妇女节联欢会上，我遇见了久别的老友、贤江同志的夫人韵漪。她告诉我三个孩子都长大了。一个在天津军管会，一个在三野后勤部，另一个在浙江游击队。她笑了，我也笑了。这是韵漪同志在贤江同志逝世十八年后的艰苦奋斗中教育出来的果实。她没有被悲哀征服。她教育了自己的孩子。她还在教育界为人民服务二十多年。她和三个革命的后代都承着贤江同志的革命事业。她是一个勇敢的女性。

贤江同志是大革命时代的青年导师。一个经过考验的共产党员。他主编的《学生杂志》（商务出版）为大多数革命青年所热爱。"五四"以后的青年，有的继续革命，有的消沉以至堕落。但贤江同志给走失迷路的青年指出了方向——无产阶级领导的民主革命的道路。当时我们常在演讲会上，听到他庄严朴素而有力的演辞，也在党的支部会上听他的发言。上海的学生尤其是商务印书馆的工友同志得他的帮助很多。"五卅"以后，他没有被白色恐怖所吓倒，他在困难条件下还继续他的写作工作。他从没有拒绝过党分配他的工作，他对人的诚恳态度能使人感动，他沉默寡言，但他一发言就能说服人，这是由于他平日很用功，努力学习马列主义的缘故。我还记得当他病重的时候，还不断地读书。我到他家，时常见他桌上拢着很多的书。我第二次逃难到他家时，只见韵漪哭着，却看不见贤江同志，他已死在日本了。

这次重见韵漪，在我们彼此的交谈中，不免重温贤江和秋白的革命交情，他们时常在党的会议上讨论反帝反封建军阀的宣传工作。贤江同志是有力的革命宣传家。我们追念烈士,只有把他们的遗业加勉自己,他们所教育的革命种子会经历了暴风雨,但在毛主席的正确领导下实现了他们的理想。我们在胜利中追念着贤江同志,要推进全国的解放,努力学习贤江同志的革命精神,在困难中继续考验自己。

(原载 1949 年 8 月 9 日《解放日报》)

5.追念与告慰

夏衍

日子真是过得太快,要不是韵漪同志的来信提醒,我简直不能相信贤江同志的逝世已经过了十八年了! 十八年前我们几个朋友瞒着人偷偷地到明德里他的寓所去瞻拜他装在白木匣子中的骨灰的情景,不还像眼前的事么?

但是毫无疑问,我们的党失去了这么一个忠贞的同志,全中国的进步青年失去了这么一位坚毅的导师,的确已经十八年了。在今天,除出四十岁以上的文化教育工作者之外,也许熟悉和知道杨贤江这个光辉的名字的人已经不太多了。但是我敢于说,由贤江同志奠定了初基的人民教育事业,已经由他的后继者发扬光大,而他在二十年前写下的《新教育大纲》,到今天也依旧是中国教育思想史上的一本不朽的著作(记得去秋在香港文汇报上看见有一位读者登报征求李浩吾著的所有著作,我便从旧书摊上买了这本书送他,而这位不知道李浩吾就是杨贤江的读者回信告诉我说:要没有这本书的启发,他是不可能下决心献身于教育事业的)。贤江同志的躯体死了, 贤江同志的为人民大众的教育思想依旧永存在中国文教工作者的心中。十八年前在最黑暗的时期"赍志以殁"了的贤江同志,作为一个决心献身于人民解放事业的共产党员,在今天应该是无遗憾了。

就个人讲,我和贤江同志应该说没有太深的私交,虽则在中学时代就曾通过信,后来也曾在他编辑的杂志上写过文章,可是认识他却是在一九二七年大革命失败之后。这一年四月中旬我回到上海,宝山路商务印书馆门前工人纠察队的血迹还没有清扫,在当时满天都是乌云,碰到的同年辈的知识分子朋友不是孤愤暴躁,就是悲观消极,和这些朋友们谈论时事,似乎除出孤注一掷和消极等待之外,中国革命已经再没有明确的出路了。直到这一年盛夏我在一家小书店的编辑室中遇见贤江同志的时候,我才从知识分子的革命者中间,发现了一种能够在最险恶的环境中认清中国革命的光明远景,坚持对党的信仰和忠贞,既不焦躁又不悲观的坚韧踏实的品质。他讲得不多,谈到一些在困难中颓丧却步的朋友他也只淡淡的付之一笑。可是即使在他极简短的谈话中,使我们明确地感到了他对革命事业的信心,和一切反动派加之于我们的暴压,必然地会在全人民的反击前面失败。在白色恐怖笼罩着整个中国的时候,我从他的这种安详镇定的态度中,深切地感到了一个作为共产党员的革命知识分子的气概与庄严。这一深刻的印象,直到十八年后的今日,在我也还是异常明晰的。

贤江同志逝世之后,经过了十八年的艰苦奋斗,在公言,中国人民在我党伟大领袖毛泽东同志的领导之下,克服了无数次的危难,打退了无数次内外敌人的封锁、围剿与压迫,终于走上了全国即将解放的境地;在私言,贤江同志的遗孤由于韵漪同志含辛茹苦的抚育教养,也一个个都成了解放战争中的峥嵘的战士。那么我们相信,当我们今天在你墓前告慰的时候,你也应该欣然色喜了吧。

（原载 1949 年 8 月 9 日《解放日报》）

6.回忆杨贤江同志

夏衍

1927 年大革命失败之后,我从日本回到上海,寄居在虹口有恒路一号绍敦电机公司的楼上。这家公司的主人蔡叔厚,是我的中学的同学。他当时还是独身,也还没有参加革命组织,但他的楼上却住满了“四一二”之后被国民党通辑的共产党人。我住进去之前,住在那里的已经有在广州和沈雁冰同志一起编辑过革命刊物的张秋人同志,和杨贤江同志一家(杨贤江同志、他的夫人姚韵漪同志,和我们大家都叫他“妞妞”的一个两三岁的男孩),大家都是浙江人,在反对蒋介石这一点上有共同语言,但是性格作风上却有很大的区别。秋人是耿直的人,经常大声地议论时政,对我和蔡叔厚这些还没有入党的人,也毫不掩饰他的观点,而杨贤江同志则“循规蹈矩”、沉默寡言,除了大清早用两个铁哑铃锻炼身体,整天读书写作,偶尔逗弄一下孩子之外,简直像个“道学先生”。可是每天晚上,当店铺关了门,我和蔡叔厚的朋友们在楼下聊天、吃宵夜的时候,常常会有一些我们都不认识的人来找他,而且会一直谈到深夜。有一天,一个来找他的人一进门就认识了张秋人,经过介绍,才知道他就是当时共青团中央的负责人李求实。由于他的堂兄李国琛是我在日本时的好友,也由于那时我和蔡叔厚都已经入了党,所以他就告诉我,杨贤江在上海和江浙一带的学生运动负责实际工作,并在第一次国共合作时期当过国民上海市党部的青年部长。这一段话真使我大吃一惊,因为不论在性格、言行乃日常生活,杨贤江同志实在和当时的共产党人太不一样了。1927 年夏秋之交,正是一个大革命的转折时期。一方面,由于白色恐怖严重,上海的几家大报上几乎每天都有一大片"'×××'脱离共产党的声明"的广告,国民党反动派和青红帮联合起来,利用他们的宣传工具,大肆宣传共产党杀人放火,公妻共产;而另一方面,在大革命中由于对国民党的屠杀政策的仇恨和对陈独秀的投降主义的愤怒,党内滋长了一种左倾的急性情绪,不少人唯恐自己不"左",不仅在口头上大言壮语,连生活上也蓄长头发,系红领带,实际上把自己在群众中孤立起来。因此,在这种极左的气氛中,杨贤江同志就是表现出了作为一个真正共产党员的高尚品质。他几乎可以说足不出户,准时准刻地锻炼身体,有计划地读书、写作。那么,他是不是少做了对党的工作呢? 1949 年李一氓同志在一篇《追念杨贤江同志》的文章中说:"他律己甚严,虽然在大革命失败后,在上海那样穷困,从不看见他发一些牢骚,有什么一点意见。党的工作,总是尽一切力量去做,甚至于把自己的为生活而写作的工作停下来。当时在地下工作时,假如分配什么文字工作,总是他首先交卷,并且按月自动交纳党费。这在今天来讲,组织观念,艰苦生活,杨贤江同志无愧为前辈的典型。"这不是一氓同志一个人的看法,而是贤江同志所有旧友新交的共同评价。他身体力行地做到了"勤修苦练"这句老话。他懂得英、日两国外文,据他自己说,他的日文是在夏丏尊先生的指导下自己学会的。他讲得不太流利,但他翻译的日文书籍却是准确流畅。他能阅读英语书报。但是每天清晨,总有一段时间独自高声朗读英语。他平易近人,而又有点"木纳近仁"的风格,所以很少和人辩论或者"喜怒形于颜色"。记得 1927 年秋天,正在汪精卫正式宣布反共之后,张秋人同志拿着一张登满了"脱党启事"的报纸,指指点点地对贤江同志说：某几个人我早就知道他们是投机分子，他们脱党并不稀奇。可是，他指着一个人的名字，怒气冲冲地说，这个人我把他看作好人，现在也做出这种事来。贤江同志只是淡淡的一笑，停了一回，低声地说："让所有的投机分子离开，有什么坏处。"据我回忆，这次谈话之后不久，秋人同志就在杭州被捕牺牲。因此，他的一句话，对我这个新党员来说，印象就格外深刻。

据贤江同志在浙江第一师范的同班同学朱文叔先生说，1917年毕业的时候，他是一个"全优的模范学生"。他入了党，在极端困难的条件下，我们都认为他是一个共产党员的典范。他的为人治学，他的夫人姚韵漪同志曾用"精密、睿智、坚韧、沉着、恳挚、切实"这十二个字来表达他的品质，我认为这是十分恰当的。我认识他的那一年他才三十二岁，在这样的青年时代，不仅政治上成熟坚贞，在生活上又是如此认真严肃，这在当时的朋辈中，真可以说是难能可贵的了。记得有一次我们几个人在郑振铎同志家里闲聊，谈到贤江时，周予同先生忽发奇论，说在杨贤江身上，可以看到朱舜水学说和马克思主义的奇妙结合。这句话我想了很久。贤江同志是余姚人，恰好朱舜水故乡。那么从他幼年到五四运动前后，受一点朱舜水学说的影响，或者说在立身治学方面他吸收了一些朱舜水思想中的可取之处，如认真负责，谨严不苟等等，也可以说是合乎情理的。我在他编辑的《学生杂志》上读过他的许多文章，特别感兴趣的是他署名或不署名的"通讯""答问"之类，正说明了他对广大青年读者一丝不苟的负责精神。抗战中有一次我问邹韬奋同志，你办《生活杂志》有什么"诀窍"，他回答说，第一是抓社论，更重要的是写"答读者问"。他还说，社论可以请志同道合的人写，而通讯和答问则非是自己执笔不可。从韬奋的话中我想起了贤江同志，在认真负责，一丝不苟，紧密联系群众这一点上，他们两个是完全一致的。

贤江同志一家什么时候离开绍敦公司去日本，我已经说不清楚了。我们朝夕相处，大概不足一年时间。他去日本，一则是因为国民党反动派对他的追捕，另一原因是蔡叔厚入党后，由于他是一家公司的"老板"又有"小孟尝"之称，所以在广州暴动之后，有不少"流亡者"都住在他家里。1928年初，这家公司成了闸北委的联络站。不久，蔡调到特科工作，我们这些人挤在一起显然是不可能了。贤江去了日本，我搬到了沪东塘山路。

1930 年,蔡叔厚又从特科调到了国际远东情报局。这样,过去的朋友借他的地方联系的机会也没有了。贤江在日本只待了很短一段时期,回来后住长浜路明德里,组织上曾要我通知他,绍敦公司这个地方不能去了。他听了有点惊奇,我也不能对他作任何解释。

据蔡叔厚同志后来和我说,当他知道贤江得了肾癌之后,他才通过朱文叔先生,去探望过他一次。我和他之间,也就没有见面的机会,直到李一氓同志把他的骨灰瓶带回上海,安葬在永安公墓的时候,我们几个旧友和同志才在经子渊先生写的"杨贤江墓"四个大字的墓碑前面向他挥泪告别。

时间已经过去了半个世纪,今天的青年,包括从事青年运动和教育工作的人,恐怕也很少有人知道杨贤江这个名字了。因此,在他逝世五十周年的日子里举行一次纪念会,重新印行一些他的著作,特别是我党最早用马列主义思想来研究教育工作的名著《新教育大纲》(当时用的是李浩吾的笔名),让今天的青年人知道六十多年来青年运动走过来的艰辛道路,学习老一辈革命家的精神和风格,奋发图强,振兴中华,都是有深刻的意义的。所以,我希望教育工作者、青年工作者和青年们,重视杨贤江同志革命精神和教育思想的研究和宣传。

(原载《人民日报》1981 年 8 月 13 日)

参考文献

一、著作类

[1] 中共中央马克思恩格斯列宁斯大林著作编译局. 马克思恩格斯选集(第1—4卷)[M].北京:人民出版社,2012.

[2] 中共中央马克思恩格斯列宁斯大林著作编译局.马克思恩格斯文集(第1—10卷)[M].北京:人民出版社,2009.

[3] 习近平. 习近平谈治国理政(第1卷)[M].北京:外文出版社,2018.

[4] 习近平. 习近平谈治国理政(第2卷)[M].北京:外文出版社,2017.

[5] 习近平. 习近平谈治国理政(第3卷)[M].北京:外文出版社,2020.

[6] 教育部课题组. 深入学习习近平关于教育的重要论述[M].北京:人民出版社,2019.

[7] 中共中央文献研究室. 习近平关于青少年和共青团工作论述摘编[M].北京:中央文献出版社,2017.

[8] 任钟印. 杨贤江全集(第1—6卷)[M].郑州:河南教育出版社,1995.

[9] 李浩吾. 新教育大纲[M].福州:福建教育出版社,2007.

[10] 李浩吾. 教育史 ABC[M].北京:知识产权出版社,2017.

[11] 中央教育科学研究所,厦门大学合编.杨贤江教育文集[M].北京:教育科学出版社,1982.

[12] 潘懋元等. 马克思主义教育理论家杨贤江[M].北京:人民出版社,1983.

[13] 杨贤江教育思想研究会.杨贤江纪念文集[M].北京:商务印书馆,1985.

[14] 孙培青,郑登云. 杨贤江教育思想研究[M].上海:华东师范大学出版社,1989.

[15] 金立人,贺世友. 杨贤江传记[M].南京:江苏教育出版社,1990.

[16] 中国教育学会杨贤江教育思想专业委员会. 杨贤江与中国教育现代化

[M].杭州:浙江大学出版社,2003.

[17] 潘懋元等.纪念杨贤江诞辰110周年丛书[M].北京:光明日报出版社,2005.

[18] 黄永刚,张健华.杨贤江现代教育理论体系研究[M].杭州:浙江大学出版社,2015.

[19] 张健华,黄永刚.杨贤江"全人生指导"思想文集[M].天津:天津人民出版社,2015.

[20] 张健华.杨贤江纪念画册[M].天津:天津人民出版社,2017.

二、报纸期刊类

[1] 潘懋元.杨贤江(李浩吾)教育思想——中国近代教育史研究资料[J].厦门大学学报(哲学社会科学版),1954(1):127-139.

[2] 潘懋元.马克思主义教育思想的传播者——杨贤江——杨贤江同志逝世三十周年纪念[J].厦门大学学报(社会科学版),1961,(02):28-56.

[3] 潘懋元.关于杨贤江教育思想若干问题的我见[J].中国教育学会通讯,1981,(04):37-41.

[4] 徐昉(杨贤江女,原名杨川之).向父亲——杨贤江学习[J].人民教育,1981,(08):20-22.

[5] 金立人.论杨贤江的教育起源论[J].上海师范大学学报(哲学社会科学版),1981,(04):136-141.

[6] 贾笃恒.杨贤江——青年教育思想的启示[J].青年探索,1987,(02):31-34.

[7] 罗波.杨贤江的"全人生指导"与青年社会化[J].四川师范大学学报(社会科学版),1988,(06):63-68.

[8] 黄永刚.杨贤江[J].历史教学,1988,(11):40-41.

[9] 陈本铭.杨贤江的青年教育思想及其现实意义 [J].教育论丛,1988,(02):60-63+28.

[10] 张如珍.杨贤江的青年教育思想 [J].西北师大学报（社会科学版）,1988,(03):84-88.

[11] 宋恩荣. 杨贤江的"全人生指导"思想[J]. 中国教育学刊,1989,(04):55-58.

[12] 钱忠源. 永不消逝的光辉——纪念杨贤江同志逝世 60 周年[J]. 中国教育学刊,1991,(04):14-15.

[13] 谈儒强. 杨贤江的"全人生指导"与全面发展[J]. 中国教育学刊,1995,(02):9-11.

[14] 任钟印. 一部有益的生活教科书——读《杨贤江全集》[J]. 教育研究,1995,(05):31-34.

[15] 周谷平. 杨贤江与马克思主义教育思想的传播 [J]. 教育研究,1996,(08):47-51+59.

[16] 李元华. 浅谈杨贤江论青年教育[J]. 首都师范大学学报(社会科学版),1997,(05):123-127.

[17] 李剑萍. 杨贤江与马克思主义教育学理论在中国的形成[J]. 山东师大学报(社会科学版),1999,(05):53-56.

[18] 潘懋元. 素质教育思想的先驱——杨贤江的"全人生指导"思想[J]. 河北师范大学学报(教育科学版),2001,(03):5-6.

[19] 申国昌,陈德安. 杨贤江的学习思想[J]. 华东师范大学学报(教育科学版),2002,(02):85-96.

[20] 冯秋香. "全人生指导"和"全人教育"思想比较研究[J]. 河南社会科学,2003,(03):177-179.

[21] 宋恩荣. "全人生指导"——中国特色的素质教育理论与实践[J]. 河北师范大学学报(教育科学版),2004,(01):5-11.

[22] 张健华. "全人生指导"教育思想的时代意义[N]. 光明日报,2006-04-24(008).

[23] 肖朗,陈家顺. 杨贤江的"全人生指导"思想——"人的全面发展"教育思想本土化的范例[J]. 教育研究,2006,(09):19-23.

[24] 徐定宝. "全人生指导"的教育思想[N]. 宁波日报,2007-04-02(B01).

[25] 王晖. 杨贤江的青年人生观教育思想及其启示 [J]. 教育探索,2007,

（08）:3–4.

[26] 周颖华. 杨贤江"全人生指导"教育思想的当代启示[J]. 现代教育科学，2008,（12）:103–104.

[27] 刘胡权,纪雪艳. "全人生指导":"五四"精神影响下的青年教育观[J]. 当代青年研究,2008,（04）:13–18.

[28] 王晓东,余万予,周宝芽. 小原国芳与杨贤江体育思想的比较[J]. 首都体育学院学报,2010,22（05）:37–39.

[29] 刘巧利. 杨贤江:我国马克思主义教育科学的先驱者[N]. 中国教育报,2011–05–26（005）.

[30] 杨晓.《新教育大纲》中"教育史以社会发展形态为分期"的框架来源考察[J]. 教育学报,2012,8（05）:112–117.

[31] 吴洪成,方家峰. 现代教育家杨贤江论学校体育[J]. 内蒙古师范大学学报（教育科学版）,2013,26（10）:141–144.

[32] 俞跃,褚亚杰. 杨贤江"全人生指导"思想的现实意义[J]. 宁波大学学报（教育科学版）,2016,38（02）:33–36.

[33] 诸葛沂. 到青年中间去:杨贤江教育思想重温[N]. 浙江日报,2017–02–20（011）.

[34] 张健华,陈泽. 派生主体视域下高校全程全方位育人体系构建——中国共产党早期教育思想的当代启示[C].天津市社会科学界第十三届学术年会优秀论文集（上）,2017:90–92.

[35] 陈泽,张健华. "全人生指导"思想的当代价值[N]. 光明日报,2020–04–28（13）.

后 记

为纪念中国共产党建党 100 周年、杨贤江逝世 90 周年,经过无数个日夜的不倦探索与思考,我们完成了《杨贤江"全人生指导"思想与实践研究》书稿。

本书由张健华拟定大纲,并与钟彬、陈泽、樊晓敏共同撰写完成。其中,第五章第二节"搭建'全人生'课程及评价体系"由慈溪市贤江小学张卓卿撰写。天津工业大学董云峰、袁伟华、杜谆、经理,天津财经大学李君,天津美术学院刘拓宇,天津中医药大学刘祖浩,天津商业大学宝德学院刘畅,以及天津工业大学的在读硕士研究生刘舒晴、张艺歆、白世林,都不同程度地参与了本书的资料搜集工作。宁波市教科所徐鸿均,余姚市泗门镇中心小学校长叶建松,余姚市郑巷小学校长陈月波,慈溪市贤江小学校长张卓卿,慈溪市杨贤江中学党总支书记沈祖乔和教师黄百央、吴新尧、严伯冲、邹鑫权,都为我们的写作提供了大量资料,并在我们前往宁波实地调研时提供了支持与帮助。黄永刚(杨贤江外孙)、杨杰(杨贤江孙)、陈根来、杜鸿林、李家祥、李全生、张宏伟等专家参与本书的审改工作。在此一并表示感谢。

本书为天津市哲学社会科学规划后期资助项目"杨贤江'全人生指导'思想与实践研究"(项目编码:TJHQ2001)的最终成果和天津市哲学社会科学规划项目"中国共产党早期教育家思想对高校思想政治教育的启示"(项目编码:TJKSQN20-009)的成果之一。感谢天津市社会科学规划办公室把本书列入后期资助项目计划,有力地支持了本书的出版工作。

最后,我们还需要说明几个问题。第一,不能因为 1922 年杨贤江入党后世界观的彻底变革而否定 1922 年之前杨贤江关于"全人生指导"思想的论述。历史的发展不是一个锐角,而是一个抛物线。同样,杨贤江的"全人生指导"思想不是他入党之后就立即产生的,它也经历了一个漫长的形成过程。尽管 1922 年之前,杨贤江还不是一个纯粹的唯物主义者,没有完全站在马克思主义的立场,运用辩证唯物主义和历史唯物主义的观点和方法来分析教育问题,但并不能因此否定 1922 年之前的教育论述中的合理成分。值得注意的是,1922 年之后,杨贤江通过对马克思主义的深入学习,为"全人生指导"思想找到了科学的理论基础,对之前发表的文章中的部分内容作了修正,进一步发展完善了"全人生指导"思想。总之,"全人生指导"思想的形成是一个连续的过程,也是一名坚定的共产主义战士的成长过程,我们要正确看待,不能对其肯定一半,否定一半。

第二,本书对于"全人生指导"思想基本内涵中内容的概括,是按照杨贤江的本意概括为健康的生活、劳动的生活、文化的生活和公民的生活四类。但由于杨贤江关于"全人生指导"思想的内容十分丰富,因此本书在归类总结具体内容时不能做到面面俱到。此外,本书在总结"全人生指导"思想的基本内涵,特别是概括"全人生指导"思想的基本内容时,并不是按照杨贤江发表文章时间的顺序开列流水账。因为这样写,势必会把"全人生指导"思想的内容分裂的很零碎(因为有些内容的论述分散在杨贤江不同时间发表在《学生杂志》和《教育杂志》的文章之中)。

第三,本书对"全人生指导"思想的研究是站在一个新的角度,因此产生了一些新的论点和新的表述,得出了一些新的结论。但本书对"全人生指导"思想基本内涵的总结和当代价值的挖掘还是不够。相信随着对杨贤江生前资料的不断发现(特别是他在日本时期的文献资料),"全人生指导"思想的内容会更加丰富,在今后的研究中会有更多的价值被我们挖掘出来。

由于作者的水平有限,本书疏漏之处在所难免,唯望今后能有机会弥补。

作者

2020 年 10 月